Thanks to you, Wayne, for always believing in me

Jenny Latz

DAS GLÜCK BEGINNT IM KOPF

Mein Weg zum selbstbewussten Leben

Pendo Verlag Zürich

Vorwort In diesem Buch erzähle ich meine Geschichte als Frau ohne Haare. Eine Geschichte, die zweifellos anders verlaufen wäre, wenn an der Schwelle vom Mädchen zur jungen Frau nicht das Schicksal zugeschlagen hätte. All die Geschichten hätte ich nicht erlebt, all diesen berühmten und unbekannten Menschen wäre ich niemals begegnet, wenn ich meine Haare nicht verloren hätte.

Seit einem Vierteljahrhundert habe ich keine Haare mehr auf dem Kopf. Es fing in meinem zehnten Lebensjahr an. Ich verlor ein erstes Büschel Haare. Am Ende meiner Schulzeit starb meine Mutter. Mein Leben, das bis dahin recht harmonisch verlaufen war, änderte sich radikal. Ich verlor erst mein Kopfhaar, später auch die Gesichts- und Körperbehaarung. Für mich brach eine Welt zusammen. Nichts stimmte mehr. Ich wagte es nicht mehr, ohne Kopfbedeckung das Haus zu verlassen. Ich versteckte mich, zog mich immer mehr in Isolation und Depression zurück. Es folgten unzählige Therapieversuche bei unterschiedlichen Ärzten. Alle vergeblich. Ich wusste hinterher nur, dass ich zu den etwa eine Million Betroffenen gehörte, die an dem so genannten »kreisrunden Haarausfall« leiden, medizinisch »Alopecia areata« genannt.

Der Haarausfall prägte mein Leben. Mein Freundes- und Bekanntenkreis änderte sich grundlegend. Bald stellte ich fest, dass ich von den »Exoten« unserer Gesellschaft eher akzeptiert wurde als von den so genannten Normalbürgern. Am schwierigsten war die Partnersuche. Auch meine Familie hatte größte Schwierigkeiten, mit dem Verlust meiner Haare umzugehen. So war ich innerhalb kürzester Zeit mit völlig neuen, mir unbekannten Hindernissen konfrontiert. Jeden Morgen musste ich mir die Augenbrauen anschminken und vor jedem Verlassen meiner Wohnung darauf achten, dass ich eine Kopfbedeckung trug, egal welche Temperaturen draußen herrschten. Es gab niemanden, der mir mit Erfahrungen und Rat Hilfestellung leisten konnte. Der Beginn des Berufslebens als Lehrerin stellte mich vor neue Probleme. Die ständige Angst, vor die Klasse treten zu müssen, verursachte Alpträume. Perücken konnten meine verlorene Haarpracht nicht ersetzen. Ich versteckte meine Kahlheit unter Tüchern, wurde von Schülern deswegen gehänselt. Schließlich führte mich mein Lebensweg sogar nach Afrika, wo ich bei Voodoo-Leuten Hilfe suchte.

Ganz langsam, Schritt für Schritt, lernte ich im Laufe von über zwei Jahrzehnten so manch heikle Lage zu meistern. Nichts und niemand hatte mich auf dieses Leben als kahle Frau vorbereitet. Ich musste mühsam aufs Neue lernen, mit jeder Situation umzugehen.

Schließlich fand ich die Kraft, zu mir selber zu stehen. Statt einer Psychotherapie ging ich mit meiner Glatze in die Öffentlichkeit. Ich stand Künstlern Modell, posierte für Fotografen und arbeitete als Mannequin. Mit der Zeit erfuhr ich neue, ungeahnte Möglichkeiten, um das Leben wieder lebenswert zu machen. Mit jedem kleinen Schritt eroberte ich mir meine Freiheit zurück, so sein zu können, wie ich war: kahlköpfig. Es dauerte ein Vierteljahrhundert, bis ich eine neue, eine andere, aber eine selbstbewusste Frau wurde.

Mit meiner Wahl zur Bundesvorsitzenden der Selbsthilfeorganisation Alopecia Areata Deutschland e.V. wurde mir die Verantwortung übertragen, diese gelebten Erkenntnisse an andere Betroffene weiterzureichen. Ihnen zu zeigen, dass es möglich ist, sein Schicksal zu akzeptieren. Ja, dass man sogar die ursprünglich negative Ausgangssituation ins Positive umkehren kann. Ich wurde zum Vorbild für viele Frauen, die glauben, nicht den herrschenden Schönheitsidealen zu entsprechen. Im Jahre 1998 veröffentlichte ich mein erstes Buch »Haar-Los, der Ratgeber bei Haarausfall«. Ich erhielt unzählige Leserzuschriften von Frauen und Männern, die wissen wollten, wie ich konkrete Alltagssituationen mit diesem Stigma bewältigt hatte. Ich wollte meine Geschichte aufschreiben. Menschen Mut machen, die ein ähnliches Schicksal erleiden müssen, die auf die eine oder andere Weise nicht in das in unserer Gesellschaft etablierte optische Bild passen. Sie alle kennen Situationen, wie ich sie durchlebt habe. Viel zu wenige Menschen wissen etwas über diesen Haarausfall, der besonders Frauen zur Verzweiflung oder in die Isolation treibt. Ich lehne Mitleid ab. Ich möchte unabhängig und selbstständig leben können.

Wir haben es in der Hand, unsere Zukunft selbst zu gestalten. Hören wir doch endlich damit auf, uns ständig zu bedauern, weil wir keine Haare haben! Statt dessen sollten wir jeden Tag mit dem guten Vorsatz beginnen: ein Stückchen mehr zu uns selbst zu stehen. Nur so erobern wir uns täglich eine neue Freiheit. Die Freiheit: Ich bin, wie ich bin!

1

Viele düstere Anzeichen hatten diesen Moment angekündigt. Als ich in mein Spiegelbild starrte, ahnte ich, dass sich mein Leben für immer verändert hatte. Der ganze Kopf war von kahlen Stellen übersät, als hätten sich Motten durch meine Haare gefressen. Blanke Flecken, Mahnmale meines Zerfalls, zwischen denen sich dünne, glanzlose Haarsträhnen einsam ihren Weg bahnten. Verzweifelt zerrte ich an meinen Haaren. Die Strähnen hingen mir wirr ins Gesicht. Meine Augen füllten sich mit Tränen. Die Schminke lief über mein Gesicht und bildete schwarze Rinnsale im Waschbecken. Ich versuchte, mich gegen mein Spiegelbild zu wehren. Aber der Schrecken hielt meinen Blick gefangen. Wo war das attraktive Mädchen geblieben, das andere junge Frauen mit neidvollen Blicken betrachtet hatten? Das Bild, das sich mir mit grausamer Härte bot, schien mit meiner Realität nichts zu tun zu haben.

»Lieber Gott, hilf mir!« Ich schlug die Hände vors Gesicht, wollte nichts mehr sehen, hoffte, dass ich bald aus diesem bösen Traum aufwachen würde. Ein Trugbild, eine Sinnestäuschung. Doch als ich wieder aufschaute, musste ich feststellen, dass das Grauen mein Begleiter blieb.

Verzweifelt versuchte ich ständig aufs Neue, aus dem verbliebenen Rest eine Frisur zu schaffen. Immer wieder rutschten die Strähnen auseinander, kaum dass ich sie mit Spangen aneinander befestigt hatte. In den vergangenen Monaten war es mir stets gelungen, die Haare zwischen den kahlen Stellen durch geschicktes Toupieren und kunstvoll wie ein Blumengesteck mit Klammern zu einer Frisur zu binden. Nun wollte nichts mehr halten. Alles zerfiel in Einzelteile – wie mein Leben. Ich erkannte mich selbst nicht wieder. Nein, das war nicht ich! Oder doch? Meine Kehle war wie zugeschnürt. Ich hatte das Gefühl, keine Luft mehr zu bekommen, glaubte zu ersticken. Dann legte sich die Dunkelheit über mich. Ein Stück meiner Seele bröckelte ab und schwebte für immer davon.

Als ich wieder zu mir kam, fand ich mich auf den kalten Fliesen des Badezimmers wieder. Ich hatte keine Ahnung, wie lange ich dort gelegen hatte. Mit dem Bewusstsein kehrte die Angst zurück.

»Warum hilft mir denn niemand?«, schluchzte ich.

Ich wollte nicht mehr leben! So nicht! Die Gedanken wirbelten im Kreis herum. Immer schneller. Meine Haare waren ein Teil von mir, vielleicht sogar der wichtigste Ausdruck meiner gerade erst erblühten Weiblichkeit. Ich begriff plötzlich, dass nichts selbstverständlich ist. Alles ist ein Geschenk, das man erst schätzen lernt, wenn man es auf immer verloren weiß. Mir schien, ich hatte alles verloren: meine Haare, mein Frausein, mein Glück.

Was war mit mir geschehen? Was hatte ich getan, dass ich vom Schicksal so entstellt wurde? Wem konnte ich noch unter die Augen treten? Ich wollte nie mehr in einen Spiegel schauen. Eine unbändige Wut erfasste mich. Mit letzter Kraft zog ich mich am Waschbecken hoch, wagte nochmals den Blick in den Spiegel. Mein Gesicht war vom Weinen verquollen, die Haut fleckig gerötet, von der verlaufenen Schminke verschmiert. Die Haarfransen klebten mir am verschwitzten Kopf. Wenn ich mich nicht sehen konnte, wie sollten dann andere meinen Anblick ertragen? Ich griff nach dem schweren Zahnputzglas aus Porzellan und schleuderte es meinem Abbild entgegen. Der Spiegel zerplatzte in tausend Stücke. Es war, als hätte ich mich selbst zerschlagen. Dann brach ich endgültig zusammen. Die Trauer um die verlorene Schönheit ergriff von mir Besitz.

Das Klingeln brachte mich in eine Gegenwart zurück, an der ich keinen Anteil mehr zu haben schien. Nein, ich wollte nicht öffnen. In diesem Zustand konnte ich niemandem unter die Augen treten. Ich hielt mir die Ohren zu. Aber es half nichts. Das Klingeln wollte nicht enden.

»Es ist nicht wahr! Gleich ist alles vorbei!«

Ich stürzte zur Wohnungstür und drückte auf den Öffner. Eilige Schritte im Hausflur näherten sich. Dann klopfte es.

»He, mach auf! Was ist denn los?«

Es war Roland, mein Freund.

»Er kommt mir zur Hilfe«, schoss mir ein Hoffnungsblitz durch den Kopf. Ich riss die Tür auf und warf mich schluchzend an seine Brust.

»Wie siehst du denn aus? Liebes, warum weinst du denn? Was ist los? Bist du denn noch nicht fertig?«

Fragen über Fragen, auf die ich tausend und keine Antwort kannte. Schützend umschlang er mich und drückte mich fest an sich. Seine tröstliche Berührung tat gut.

»Nun beruhige dich. Sag doch, was los ist.« Sanft strich er mir über den Kopf.

»Meine Haare! Wie ich aussehe!«, stieß ich hervor.

»Aber das hast du doch bis jetzt immer geschafft.«

» Ich versuche schon seit einer Ewigkeit, die Stellen zu verdecken. Aber es rutscht immer wieder auseinander.«

»Nun beruhige dich doch!«

Ich befreite mich ruckartig aus Rolands Umarmung. Ich wollte mich nicht beruhigen. Ahnte Roland, was es bedeutete, seine Haare zu verlieren und nichts dagegen unternehmen zu können? Konnte überhaupt irgendjemand wissen, wie ich mich fühlte? Wunderschöne, lange Haare bis zur Hüfte hatte ich noch ein Jahr zuvor besessen. Als die ersten Stellen kahl wurden, hatte ich versucht, die Katastrophe zu vermeiden, und ließ die Haare kürzer schneiden. Aber die Löcher waren unaufhaltsam gewachsen und schließlich ineinander übergelaufen, bis mein kahler Kopf nur noch einzelne behaarte Flecken aufwies. Und jetzt? Es war nichts geblieben, außer Löchern.

Roland nahm mich erneut in die Arme und küsste mich zärtlich auf die Stirn. Trösten konnte er mich nicht.

»Ich komm nicht mit. Geh allein auf die Party.«

Ich wollte mich in meinem Schneckenhaus verkriechen, obwohl ich mich seit langem auf diese Einladung gefreut hatte. Gemeinsam hatten wir den Segelschein gemacht und waren Mitglied in einem Yachtclub. An diesem Samstag im Oktober fand die Party statt, die nach alter Tradition das Ende der Segelsaison beschloss. Roland und ich waren eingeladen, diesen Abend bei Freunden im Partykeller mit anderen Seglern zu verbringen. Aber für mich ging es um Leben oder Tod.

»Ich geh nicht ohne dich. Außerdem sind wir beide eingeladen.«

Noch immer standen wir im Flur meiner kleinen Studentenwohnung. Ich begann zu frösteln.

»Aber wie ich aussehe! Als hätten Ratten mich angefressen.«

»Komm, lass mal sehen, ob man da was machen kann!«

Roland schob mich behutsam vor sich her ins Bad. »Um Gottes willen! Was ist denn hier passiert?«

Das Bad glich einem Schlachtfeld. Boden und Waschbecken waren übersät von funkelnden Bruchstücken des Spiegels, die tausendfach mein Elend widerspiegelten.

»Da ist nichts mehr zu machen. Die Stellen sind zu groß. Ich schaffe es nicht mehr, sie zu verdecken.« Die Scherben knirschten unter unseren Füßen.

»Dann binde dir eben ein Tuch um.«

Hätte er gesagt, ich weiß, wie du deine Haare sofort wieder bekommen kannst, ich hätte alles getan. Doch bis er mich dazu überredet hatte, ein Tuch zu tragen, dauerte es eine Ewigkeit. Schließlich band ich eins um den Kopf. Übergangsweise. Allzu gerne gab ich mich dieser Illusion hin: Morgen wird alles besser!

Niemand sprach mich auf der Party darauf an, warum ich plötzlich ein Kopftuch trug. Man hatte uns schon sehnsüchtig erwartet und fragte sich nur, warum wir so spät kamen. An diesem Abend füllte die Trauer jeden Winkel meines Körpers aus. Ich fühlte mich eingeschränkt in meiner freien Selbstdarstellung. Alle anderen konnten sich so zeigen, wie sie wirklich waren. Doch ich war gezwungen, mich zu verstecken. Würde ich mich nie mehr in der Öffentlichkeit so zeigen können, wie ich war? Wie sollte ich mit diesen entstellenden Haarresten überleben? Meine Haare reflektierten meine Weiblichkeit. Davon war ich überzeugt. Ich war also keine Frau mehr. Es war nur eine Frage der Zeit, bis sich Roland nach einer anderen umsehen würde. Ich wich Gesprächen aus, lief ständig ins Bad, um zu sehen, ob mein Tuch noch richtig saß. Wollte mit meinem Schmerz viel lieber allein sein. Der Rest der Partygesellschaft schien meine Verwirrung nicht zu bemerken. Ich fühlte mich einsam und ausgegrenzt. Ungeduldig erwartete ich den Zeitpunkt, an dem ich endlich wieder nach Hause fahren durfte.

Roland blieb übers Wochenende bei mir, und es gelang ihm tatsächlich, mich ein wenig zu beruhigen. Er kümmerte sich liebevoll um mich, gab mir das Gefühl, wichtig zu sein. Am Sonntag brachte er mir das Frühstück ans Bett.

»Wir werden uns informieren. Ich bin sicher, dass es etwas gibt, um deine Haare wieder wachsen zu lassen.« Nur allzu gern war ich bereit, Rolands Worten Glauben zu schenken. Ich begann, die Dinge etwas pragmatischer zu betrachten. Wozu gab es schließlich Ärzte? Ich würde den finden, der mir helfen konnte. Bis dahin würde ich übergangsweise Tücher tragen. Man konnte es Glück im Unglück nennen, dass sie mir ohnehin gut standen.

Die Katastrophe hatte sich eigentlich lange vorher angekündigt. Schon in meiner Kindheit zeigte sich von Zeit zu Zeit eine kahle Stelle auf meinem Kopf. Aber immer war es meiner Mutter gelungen, dieses mysteriöse Problem zu lösen.

Der Weiße Sonntag 1965 wird mir stets in Erinnerung bleiben. Es herrschte für die Jahreszeit ungewöhnlich warmes Wetter. Die Sonne strahlte vom Himmel, dem für uns Kinder so wichtigen Anlass entsprechend. Es wehte ein leichter, angenehmer Wind. Die Eltern hatten uns fein herausgeputzt. Wir Mädchen trugen weiße Kleidchen und Kränze im Haar. Mein kinnlanges Haar war schön frisiert.

Aufgeregt standen wir vor der Kirche, als plötzlich von hinten eine Windböe kam, die meine schöne Frisur ein wenig durcheinander brachte. »Merkwürdig«, dachte ich nur, als mir plötzlich kalt am Hinterkopf wurde. Dann kam das Startzeichen, dass wir zu zweit in die Kirche einmarschieren sollten. Die Zeremonie begann. Es blieb keine Zeit, über Ungereimtheiten nachzudenken.

»Mutti, vor der Kirche war mir plötzlich so kalt am Kopf«, sagte ich, als meine Mutter am nächsten Tag die üblichen Vorbereitungen traf, um mir die Haare zu waschen.

»Was meinst du damit?«, fragte sie, während sie die Wassertemperatur testete.

Meine Mutter stellte die Shampooflasche auf den Rand

der Badewanne. Ich kniete mich hin und beugte den Kopf über den Wannenrand.

»Weiß nicht, es war einfach nur so ein komisches Gefühl.« Meine Mutter untersuchte meinen Kopf und fand eine Stelle am Hinterkopf, auf der absolut keine Haare wuchsen. Sie war glatt, blank und kreisrund.

»Das müssen wir mal dem Arzt zeigen«, bemerkte sie in einem Ton, der mir den Eindruck vermittelte, dass es sich um nichts Besonderes handelte. Also machte ich mir nichts weiter daraus.

Gleich am nächsten Tag fuhr meine Mutter mit mir ins Krankenhaus, zum Chefarzt persönlich. Nachdem der freundliche, alte Mann mit dem weißen Kittel, der Goldrandbrille und dem weißen Haar sich meinen Kopf genau angeschaut hatte, schickte man mich aus dem Zimmer. Lange wartete ich auf einem unbequemen, harten Stuhl vor der Türe mit der riesigen Türklinke. Krankenschwestern eilten an mir vorbei, lächelten mir flüchtig zu. Ich langweilte mich. Ich hasste es, stillsitzen zu müssen. So begann ich, über den Krankenhausflur zu spazieren. Neugierig steckte ich meine Nase durch jeden offenen Türspalt und versuchte einen Blick auf das Geheimnis dahinter zu erhaschen.

»Jenny, was treibst du denn da?«, ertönte die ungeduldige Stimme meiner Mutter.

»Mutti, Mutti, können wir endlich nach Hause?«

Meine Schuhe klapperten auf dem blank geputzten Linoleum, als ich auf meine Mutter zurannte.

Auf dem Heimweg erklärte sie mir: »Wir müssen deinen Kopf ab jetzt ganz genau kontrollieren.« Diese Aussage erschreckte mich ganz und gar nicht. Ich war bisher als gut behütete Tochter in einer abgesicherten Beamtenfamilie aufgewachsen. Wann immer ich auf Hindernisse in meinem jungen Leben stieß, lief ich Hilfe suchend zu meiner Mutter.

Alle Probleme räumte sie mühelos aus dem Weg. Genauso würde es auch mit den kahlen Stellen sein. Da war ich ganz sicher. Denn da war etwas, was da nicht hingehörte. So viel verstand ich.

Meine Mutter versuchte, die haarlosen Stellen unter Kontrolle zu halten, indem sie sofort mit der Behandlung begann. Sie rieb mir jeden Tag den Kopf mit einem Mittel aus der Apotheke ein. Es brannte fürchterlich. Beim Haarewaschen in der Badewanne hinterließ das vom Kopf herablaufende Wasser rote, brennende Streifen auf meiner Haut. Außerdem musste ich jeden Morgen ein halbes Glas Saft mit einem Teelöffel eines zähen weißen Gels trinken. Ich hasste diese ganze Prozedur und das hysterische Getue. Es behagte mir gar nicht, dass meinen Haaren plötzlich so viel Sorge zuteil wurde. Wuchsen sie doch in schöner Regelmäßigkeit immer wieder nach. Was sollte also das ganze Theater?

Kurz vor dem Abitur stellten sich mir dieselben Fragen wie vielen jungen Menschen in diesem Alter. Was sollte ich studieren? Wofür interessierte ich mich? Sollte ich überhaupt studieren?

Ich gehörte zu den besten Schülern im Kunstunterricht. Die theoretischen Fächer wie Mathematik, Geschichte und die Grammatik in den Fremdsprachen lagen mir weniger. Meine Mutter hatte sich bereits an der Folkwang-Schule in Essen nach den Aufnahmebedingungen erkundigt. Mein Vater aber war der Überzeugung, dass Bildermalen eine brotlose Kunst sei und ich besser etwas »Vernünftiges« lernen sollte. Aber wie alle Mädchen in diesem Alter hatte ich viele Träume, was meine Zukunft betraf. Ich war zu einem hübschen schlanken Teenager herangewachsen. Meine seidig glänzenden Haare reichten bis zur Hüfte. Meinen geheimsten Wunsch hatte ich jedoch nicht einmal meiner Mutter verraten: Am liebsten wollte ich Schauspielerin werden.

Einige Wochen vor den schriftlichen Prüfungen im Februar 1974 begleitete ich meine Mutter bei ihren Einkäufen. Schwer beladen mit Plastiktüten verließen wir das Geschäft. Plötzlich brach meine Mutter zusammen. Ihr Körper zuckte heftig, und sie stürzte auf die Knie. Die Tüten glitten ihr aus den Händen, und Äpfel und Orangen rollten über den Bürgersteig. Tomaten platzten beim Aufprall auf und bildeten rote Flecken auf den Pflastersteinen. Durch den Eierkarton sickerte langsam eine gelblich weiße Masse.

»Was ist denn mit dir, Mutti?« Entsetzt kniete ich neben ihr auf der Straße.

»Oh, mein Bauch«, stöhnte sie und krümmte sich vor Schmerzen.

»Mutti, Mutti, was soll ich denn nur tun?«

Völlig durcheinander begann ich das Obst wieder aufzusammeln und in die Tüten zu stopfen. Nie hatte sie mir die Chance gegeben, eigene Entscheidungen zu treffen. Sie wusste immer, was zu tun war.

»Hilf mir, Kind!«

Meine Mutter versuchte, sich langsam wieder aufzurichten. Ihr Gesicht war kreideweiß. Ich ließ das Durcheinander auf der Straße liegen und stützte sie.

»Soll ich einen Arzt rufen?«

»Nein, nein, lass nur! Es geht schon wieder.«

Mit Müh und Not gelang es mir, sie mit der Straßenbahn nach Hause zu bringen.

Am nächsten Tag suchte sie ihren Frauenarzt auf, um sich untersuchen zu lassen. Mit dem üblichen sorglosen Lächeln kam sie nach Hause.

»Was hat der Doktor gesagt?«, fragte ich aufgeregt an der Tür und hoffte, dass sie mich beruhigen würde.

»Er hat ein Geschwür an der Gebärmutter festgestellt.«

»Und jetzt?« Ich wehrte mich gegen diese Bedrohung.

»Er ist der Meinung, dass ich mich im Krankenhaus vorstellen soll, um mich operieren zu lassen. Aber mach dir keine Sorgen, mein Kind. Der Mutti wird schon nichts passieren.«

Meine Mutter sprach mir gegenüber von sich selbst immer in der dritten Person. Vielleicht rührte es daher, dass sie sich stets in die zweite Reihe stellte. Alle anderen waren wichtiger. Manchmal wünschte ich, sie hätte einmal an sich gedacht. Dann wäre manches für mich leichter gewesen. Aber sie schaffte es immer, mich zu beruhigen. Ich konnte mir einfach nicht vorstellen, dass meine Mutter krank würde. Ich war der Meinung, sie würde ewig leben.

Eine Woche vor dem schriftlichen Abitur fand die Operation statt. Mein Vater blieb den ganzen Tag über in der Klinik. Meine Großmutter hatte mir gesagt, dass ich zu Hause auf ihn warten sollte. Wir bewohnten ein recht großes Haus zur Miete. Von außen sah es aus, als wäre es aus Bauklötzen zusammengesetzt. Vom Flachdach aus konnte man die ganze Umgebung überblicken. Ich liebte dieses Haus mit seinem riesigen Garten und den alten Bäumen. Ich saß mit Roland in meinem Zimmer in der ersten Etage, als ich endlich hörte, wie die Haustüre geöffnet wurde. Mein Vater! Ich stürzte die Treppe hinunter und folgte ihm ins Wohnzimmer. Er schien mich nicht wahrzunehmen.

»Was ist mit Mutti?«, rief ich, während ich hinter ihm herlief.

Er gab keine Antwort, tat nur, was er immer tat, wenn er von der Arbeit nach Hause kam.

»Was ist mit Mutti?«

Er ließ langsam die Rollläden herunter, legte das kleine Nagelscherchen mit der Schutzkappe, an der eine Nagelfeile befestigt war, wie gewohnt auf das Radiogerät.

»Warum antwortest du mir nicht?«

Ich war wie von Sinnen.

»Was ist mit dem Geschwür? Ist es Krebs? Muss die Mutti sterben? Sag doch endlich was!«, schrie ich.

Meine schlimmsten Befürchtungen standen nun drohend zwischen uns im Raum. Er blieb abrupt stehen. Ohne sich zu mir umzudrehen, fragte er:

»Und wenn es so wäre?«

Nein, es konnte nicht sein. Er hatte ausgesprochen, was ich niemals hatte hören wollen. Ich drehte mich um und stürzte die Treppe hinauf in mein Zimmer. Ich nahm zwei, drei Stufen auf einmal. Dann riss ich die Tür auf und warf mich in Rolands Arme.

»Was ist passiert?«

»Die Mutti muss sterben. Die Mutti darf nicht sterben!«, schluchzte ich.

An diesem Abend gelang es Roland nicht, mich zu beruhigen. Ich heulte mir die Augen aus. Kann man überhaupt jemandem Trost spenden, dem ein lieber Mensch genommen wird? Die Zeit, von der ich so unendlich viel zu besitzen glaubte, floh mit einem Mal vor mir davon. Warum, warum? Der Schmerz war nicht zu ertragen. Sie war alles für mich, und ich war nichts ohne sie. Erst die völlige Erschöpfung ließ mich nach Stunden in einen unruhigen Schlaf fallen.

Als die Ärzte meiner Mutter den Bauch aufschnitten, um das Geschwür zu entfernen, mussten sie feststellen, dass alle Organe bis zum Magen von Metastasen überwuchert waren. Es gab keine Hoffnung mehr. Die nächsten sieben Monate wurden die schlimmsten meines Lebens. Meine Mutter musste ständig für ein, zwei Tage in die Klinik an den Tropf. Von der Chemotherapie gingen ihr büschelweise die Haare aus. Mein Vater hatte mit ihr zusammen eine Perücke gekauft, der man ihre Künstlichkeit auf den ersten Blick ansah. Zu

Hause war meine Mutter kaum noch in der Lage, sich selbst zu helfen. So kamen meine Großmutter und die ältere Schwester meiner Mutter täglich zu uns, um sie zu versorgen und den Haushalt zu führen. Der Geruch von Krebs beherrschte bald das ganze Haus, kroch in jede Ritze des Bodens, verseuchte Stoffe, Bett, Möbel, während meine Mutter zusehends körperlich verfiel.

Ich weigerte mich, den Tatsachen ins Auge zu sehen. Meine Mutter hatte mich gelehrt, wie man erfolgreich Probleme verdrängt. Es gelang mir, den Tod einfach beiseite zu schieben. Ich war nicht bereit, mein Leben den veränderten Verhältnissen anzupassen. Nach wie vor ging ich mit meinen Freunden aus, kam oft erst im Morgengrauen nach Hause, was zu wachsenden Konflikten mit meinem Vater führte.

»Deine Mutter ist todkrank, und du treibst dich rum!«, schrie er mich an.

»Die Mutti wird nicht sterben!«, war immer wieder meine Antwort.

Ich bestand das Abitur mit einer Durchschnittsnote von 3,3 und bewarb mich an der Universität Köln um ein Studium der Germanistik, Politologie und Theaterwissenschaft. Etwas Besseres fiel mir nicht ein.

Der Zustand meiner Mutter verschlechterte sich von Tag zu Tag. Sie sah bleich aus. Ihr Gesicht und ihre Augen waren von einem gelblichen Schimmer überschattet.

Was geschah mit meiner heilen Welt? Ich wusste nicht, wie ich mit dieser Situation umgehen sollte. Gerne hätte ich mich mit meiner Mutter darüber unterhalten. Stets war sie meine Ratgeberin gewesen, hatte mich mit Liebe überschüttet. Aber man hatte mir strengstens verboten, mit ihr über ihre tödliche Erkrankung zu sprechen. Niemand hatte ihr erzählt, wie es tatsächlich um sie stand. Das Thema war tabu.

Dann kam mein Vater eines Tages nach Hause und sagte: »Die Mutti ist tot.«

Einfach so, als wäre das Wetter unerwartet umgeschlagen. Da war er, der Satz, vor dem ich seit Monaten versuchte davonzulaufen. Nein, nein, nicht meine Mutter. Ich würde nie mehr mit ihr sprechen können. So viel hatte ich doch noch mit ihr tun wollen! Wir wollten nun Freundinnen sein, wo ich mein eigenes Leben beginnen konnte. Sollte ich keine Chance mehr bekommen, all dies zu erleben? Wer würde mich in den Arm nehmen, wenn ich traurig war? Es war ein Schicksalsschlag, und ich wusste nicht, wie ich ihn verarbeiten sollte. Meine Mutter starb drei Tage nach ihrem 54. Geburtstag. Von einem Tag auf den anderen musste ich erwachsen sein. Doch erwachsen ist man erst, wenn man gelernt hat, Hilfe anzunehmen, ohne die Angst, betrogen zu werden. Davon war ich weit entfernt. Mein Leben, das bis vor wenigen Monaten noch so ruhig gewesen war, würde nie mehr dasselbe sein.

Im Sommer 1975, ein Jahr nach dem Tod meiner Mutter, schien sich mein Leben zumindest nach außen hin ein wenig normalisiert zu haben. Die Zeit vermochte tatsächlich, seelische Wunden zu heilen, wenn auch nur sehr langsam. Ich war von zu Hause ausgezogen und versuchte, nun allein zurechtzukommen. Mit meinem Vater war ich zerstritten, wir hatten seit dem vergangenen Weihnachtsfest keinen Kontakt mehr. Er konnte mir den Auszug nicht verzeihen. »Dann sieh zu, wie du dein Studium finanzierst!«, hatte er mir zum Abschied mit auf den Weg gegeben. Dabei hätte ich mir so sehr gewünscht, mich an ihn lehnen zu können.

Mit Rolands Familie verstand ich mich sehr gut, auch schon, als meine Mutter noch lebte. Wann immer ich Probleme hatte, fand ich jemanden, mit dem ich sprechen konnte. Vater, Mutter, Großeltern, Geschwister, Onkel und Tanten – alle standen mir bei und gaben mir das Gefühl dazuzugehören. Sie brachten mir Verständnis und die Liebe entgegen. Ich hatte eine neue Familie gefunden, die ich so dringend benötigte, um überleben zu können.

Mit zusätzlichen Studentenjobs während des Semesters schaffte ich es halbwegs, finanziell über die Runden zu kommen. Ich hatte sogar an einem Schreibmaschinenkurs teilgenommen. Dadurch vergrößerten sich meine Chancen auf einen Aushilfsjob. Inzwischen hatte ich auch gelernt, wie man mit geringen Ausgaben eine komplette Mahlzeit zubereiten kann. Nach zwölf harten Monaten gelang es mir, ein wenig Geld für einen Urlaub zu sparen. Roland und ich entschlossen uns für vier Wochen Spanien. Wir mieteten ein Haus außerhalb von Calpe, einem Ort zwischen Valencia und Alicante an der Mittelmeerküste. Zum ersten Mal seit dem Tod meiner Mutter fühlte ich mich richtig wohl. Ich genoss die Sonne und das Klima. Und schließlich trug dieser Urlaub auch dazu bei, dass ich wieder mit meinem Vater in Kontakt kam.

In den ersten Urlaubstagen entschloss ich mich, ihm einen Brief zu schreiben. Obwohl ich nicht damit gerechnet hatte, erhielt ich zu meiner großen Überraschung bald eine Antwort.

10. September 1975
Liebe Jenny!
Vielen Dank für Deinen Brief, der am Samstag ankam.
Heute sind Deine Karten bei Omi und den Tanten
eingetroffen.
Nachträglich meinen herzlichsten Glückwunsch zu
Deinem Geburtstag. Ich hatte ihn nicht vergessen. Vor
einem Jahr haben wir Mutti zum letzten Mal ins

Krankenhaus gebracht. Am Samstag war das erste Jahrgedächtnis, wie Du weißt.
Dir scheint es ja in Spanien gut zu gefallen. Dass Frankreich teuer ist, ist ja bekannt; dass es aber schlechtes Essen gibt, ist wohl nur eine Ausnahme. Im Großen und Ganzen ist ja die Hinfahrt gut verlaufen. Hoffentlich verläuft auch die Rückfahrt gut. Ich hoffe, dass Ihr auch mit der guten Möbeleinrichtung fertig werden könnt.
Ich wünsche Dir und Deinen Freunden noch einen unbeschwerten Urlaub in Spanien.
Viele herzliche Grüße, auch an Roland und die anderen
Papi

Nach diesem Schriftwechsel besserte sich unser Verhältnis wieder, auch wenn er seine Erziehungsversuche nicht unterlassen konnte. Ja, es wurde fast schöner als je zuvor. Den Heiligen Abend verbrachten wir gemeinsam bei meiner Großmutter und meiner Tante, die beide seit langem verwitwet waren und gemeinsam im Haus meiner Großeltern lebten. Doch Glück und Freude hielten nicht lange.

Bereits einige Wochen vor dem Weihnachtsfest verspürte ich wieder das bekannte Gefühl am Hinterkopf. Wenn der eisige Wind mir durch die Haare wehte, empfand ich einen kalten Zug am Kopf. So gut es ging, versuchte ich es zu ignorieren.

Doch bald war nicht zu übersehen, dass ich massenweise Haare verlor. Allerdings gingen mir nie alle Haare auf dem Kopf aus. Immer wieder wuchsen an manchen Stellen neue Haare nach. Gleichzeitig verlor ich viele andere. Es war ein ständiges Kommen und Gehen. Was da mit meinem Körper geschah, machte mir Angst. Wenn ich nur für eine Viertelstunde auf einem Sessel gesessen hatte, war die ganze Rückenlehne mit Haaren übersät. Aber anstatt meinen Kopf genauer zu untersuchen, sagte ich mir immer wieder: »Es ist nichts. Ich bilde mir das nur ein.« Ein hilfloser Versuch, mich zu beruhigen. Bei jedem Bürsten reagierte die Kopfhaut enorm schmerzempfindlich. Da meine Haare lang und vor allem sehr fein waren, dauerte es nach jedem Waschen eine ganze Weile, bis ich sie entwirrt hatte. Am besten ging es, indem ich zunächst alle nach vorne bürstete und dann nach hinten. Aber genau das bereitete mir erhebliche Schmerzen. Ich spürte, wie sich jede einzelne Haarwurzel in der Kopfhaut drehte. Doch tapfer verdrängte ich den Horror. Ich wollte es einfach nicht zur Kenntnis nehmen. Diese Strategie hatte sich bis jetzt bewährt. Irgendwann verschwanden die Probleme von ganz allein. Nicht so bei diesem Haarausfall. Es verschlimmerte sich sogar von Tag zu Tag.

Es war Tante Linda, die jüngere Schwester meiner Mutter, die am Heiligabend das ganze Ausmaß der Katastrophe in Worte fasste.

»Mein Gott, Jenny. Du musst unbedingt zum Arzt.«

»Was ist denn?«

»Du hast den ganzen Nacken kahl. Und außerdem noch rechts und links darüber zwei große Stellen, die auch völlig blank sind.«

Meine schlimmsten Befürchtungen bestätigten sich. Ich hatte Angst, so große Angst wie nie zuvor. Fast zehn Jahre nach der ersten kahlen Stelle, die ich nicht weiter beachtet hatte, schien ich nun vollends die Kontrolle über meinen Körper zu verlieren. Ich fühlte mich plötzlich verloren und allein. In meiner Familie und meinem Freundeskreis hatte nie jemand vor einer solchen Situation gestanden.

Tante Linda schickte mich schließlich zu einer Hautärztin. Doch auch sie besaß offenbar nicht die geringste Ahnung, warum mir die Haare ausfielen. Die massive Aussicht, bald völlig kahl zu werden, war bei der Untersuchung bereits kaum zu übersehen. Fast jedes Haar, das die Ärztin berührte, hielt sie auch sogleich zwischen den Fingern. So ging es mir selbst schon seit Wochen und Monaten. Überall lagen Haare, ausgefallene, tote Haare, beim Haarewaschen verstopfte regelmäßig der Abfluss.

Auch wenn diese Hautärztin nicht gerade großes Vertrauen in mir weckte, hoffte ich dennoch inständig, sie würde es richten. Irgendjemand musste mir zu Hilfe kommen, wenn ich es nicht selbst in den Griff bekam. Sie verordnete mir ein teures Haarwuchsmittel. Gewissenhaft nahm ich die Tabletten regelmäßig ein. Der Beipackzettel erklärte, dass dieses Medikament allgemein bei Haarausfall und dünner werdenden Haaren eingesetzt wurde. Wochen vergingen. Doch nichts geschah. Die kahlen Stellen dehnten sich weiter aus. Es war wie ein Buschfeuer. Ständig kamen neue kahle Flecken hinzu, während die anderen Stellen langsam ineinander liefen. Als sie so groß waren wie ein Pfennig hatte ich sie noch ignoriert. Jetzt gab es kein Entrinnen. Mein Körper gehorchte mir nicht mehr. Es war, als sei ich verflucht.

Ich versuchte es auch mit den Mitteln, mit denen meine Mutter mich früher behandelt hatte. Im Reformhaus kaufte ich Silicea Kieselerde. Mit einer durchblutungsfördernden Lotion aus der Apotheke rieb ich mir die Kopfhaut ein. Nichts zeigte irgendeine Wirkung. Nach Ablauf von 12 Monaten hatte sich die Wüste auf meinem Kopf nur noch weiter ausgedehnt.

Ein Jahr später war es so weit. Die vorhandenen Haarreste reichten nicht mehr aus, um die Kopfhaut zu bedecken. Ohne Kopfbedeckung konnte ich nicht mehr das Haus verlassen. Nach diesem Abend auf der Party mit Roland trug ich nun jeden Tag Kopftücher. Ich hatte mir ein ganzes Sortiment zugelegt. Alle Farben und Muster – zu jeder Kleidung besaß ich das passende Tuch. Die Kopfbedeckungen ermöglichten es mir, in allen Situationen meine Kahlheit zu verstecken. Glücklich war ich jedoch nicht. Ich fiel auf. Menschen schauten mir nach. Auf der Straße beschimpften Jugendliche mich als Kümmeltürkin. In meiner Stammkneipe musste ich mir Kommentare wie »Sieh mal, die hat wohl noch die Lockenwickler drin!« anhören. Auch meine Familie bemühte sich, mein Äußeres der Norm anzupassen.

»Schaff dir doch eine Perücke an!«, schlug mir Tante Linda vor.

»Ich weiß nicht. Ich habe keine große Lust, wie die alten Omas auf der Straße rumzulaufen. Die sehen doch furchtbar aus.«

»Das musst du auch gar nicht. Es gibt doch auch Echthaarperücken. Das sieht bestimmt ganz natürlich aus.«

»Und wer soll das bezahlen? Die kosten doch bestimmt ungeheuer viel Geld.«

»Du bist doch noch bei deinem Vater privat versichert, oder?«

»Ja.«

»Na, dann zahlt das die Versicherung.«

»Und wo soll ich da hingehen?«

»Du kannst zu meinem Friseur gehen. Ich werde ihn mal anrufen und für dich einen Termin vereinbaren. Eine Bekannte von uns hat sich dort eine Perücke machen lassen. Die sieht richtig gut aus.«

Für Tante Linda war es immer äußerst wichtig, dass nicht nur sie und ihr Mann gut aussahen, auch andere Menschen wurden nach den gleichen Kriterien betrachtet und fein säuberlich in die entsprechenden Schubladen sortiert. Sie kaufte in den exklusivsten Geschäften der Stadt. Geld spielte keine große Rolle, denn die beiden hatten den winzigen Omnibusbetrieb meines Großvaters zu einem blühenden modernen Busunternehmen ausgebaut. Auch wenn es uns nie schlecht ging und wir durch die Tätigkeit meines Vaters im Staatsdienst nie jeden Pfennig umdrehen mussten, so war ich doch nicht an diesen High-Society-Status gewöhnt. Egal, ich war endlich wieder in behüteten Händen. Jemand traf eine Entscheidung für mich. Jetzt würde es Tante Linda schon richten. Davon war ich überzeugt.

Der Friseur hatte sein Geschäft in der Innenstadt. Er war äußerst geschäftstüchtig und überschüttete mich gleich zu Beginn mit seinem Redeschwall. Alte Erinnerungen erwachten in mir an die Zeit, in der übermächtige Friseure mit riesigen Scheren an meinem Kopf herumschnippelten. Sobald sich jemand von den Erwachsenen mit meinen Haaren beschäftigte, hatte das Ärger für mich bedeutet. Ich hatte stets eine panische Angst vor dem Haarschneiden. Jeder Besuch beim Friseur bedeutete für mich eine Tortur. Sobald ich auf dem Stuhl saß, ergriff mich eine Todesangst. Riesengroß erschien mir die Schere, die dicht neben meinem Ohr schnippte. Die Gesichter der Friseure verzogen sich zu Fratzen in einem Gruselfilm. Ich fühlte mich willenlos ausgeliefert und flehte meine Mutter um Rettung an. Ich schrie um mein Leben, klammerte mich mit aller Kraft an ihr fest, wollte nur schnell raus aus diesem Horrorkabinett. Oft mussten diese Besuche abgebrochen werden. Niemand begriff, was in mir vorging. Niemand verstand mich. Nicht einmal ich selbst. Viele Jahre hatte ich seitdem keinen Friseursalon mehr von innen gesehen.

»Nehmen Sie bitte dort hinten in der Kabine Platz!«

Er ging voran in die hinterste Ecke des Salons. Körperlich platzte er aus allen Nähten, die Mühe hatten, diesen Fleischberg unter Kontrolle zu halten. Allzu viele Haare trug auch er nicht mehr auf dem Kopf. Ständig rieb er sich die unförmigen Wurstfinger. Ganz so, als hätte er endlich einen dicken Fisch im Netz. Im hinteren Teil des Ladens gab es zwei Kabinen, die mit Vorhängen vom übrigen Raum abgeteilt waren. Offensichtlich platzierte man hier Kundinnen, deren Anblick der Öffentlichkeit nicht zuzumuten war. Ich setzte mich vor den Spiegel und wurde vom Chef persönlich bedient. Tante Linda hatte für alles gesorgt.

»Haben Sie ein Foto mitgebracht?«

»Hier bitte.«

Ich zog die Aufnahme aus meiner Tasche, die mich im Urlaub in Spanien im Jahr zuvor mit langen, seidig glänzenden Haaren zeigte. Meine Tante hatte mir gesagt, dass der Friseur ein Foto brauche, um die Perücke so originalgetreu wie möglich anfertigen zu lassen. Ich sollte nachher wieder so aussehen wie vor dem Haarausfall. So jedenfalls wollte ich es, und genau das hatte mir meine Tante auch versprochen.

»Ich werde Ihnen nun kurz erklären, was wir machen«, sagte der Friseur.

»Zunächst mache ich einen Gipsabdruck von Ihrem Kopf, damit die Perücke später auch genau sitzt. Diesen Abdruck schicken wir an die Firma, die dann nach Ihren Maßen die Perücke für Sie knüpfen wird.«

»Und das wird genauso aussehen wie früher?«

»Natürlich! Sie brauchen sich keine Sorgen zu machen. Sie sind bei uns in besten Händen.«

Meine alte Abneigung gegen Friseure ergriff nun vollends von mir Besitz. Warum mussten die immer so schleimig sein? Na ja, aber Tante Linda.

Ich nahm das Tuch ab. Da saß ich wieder entblößt und schutzlos, wurde von fremden Menschen angestarrt. Verstecken wollte ich mich vor der Welt. Doch es schien kein Schlupfloch für mich zu geben.

Der Friseur schmierte die Gipsmasse auf meinen Kopf. Es war unangenehm zu spüren, wie sich die Masse verfestigte. Ich hatte das Gefühl, als wäre mein Kopf in einen Schraubstock eingeklemmt. Es gab kein Entrinnen. So war es schon bei früheren Friseurbesuchen gewesen. Dann nahm er den Abdruck ab. Das Ergebnis war eine weiße gehärtete Badehaube.

»Voilà!« Triumphierend hielt er sie mir unter die Nase.

»Wir werden Sie benachrichtigen, wenn die Perücke fertig ist. Hinterlassen Sie bitte Ihre Telefonnummer am Empfang.«

Mein Vater erhielt per Post einen Kostenvoranschlag von DM 1600.–, während ich der Dinge harrte, die da kommen sollten.

Der ersehnte Anruf kam Wochen später.

»Frau Latz, Sie können Ihre Perücke abholen«, sagte die beflissene Stimme des Friseurs am Telefon.

Das ließ ich mir nicht zweimal sagen. Noch am gleichen Nachmittag saß ich wieder vor dem Spiegel in der Kabine. Nun konnten mir die ignoranten Ärzte alle mal den Buckel runterrutschen. Ich schloss die Augen. Jetzt würde ich endlich wieder aussehen wie früher. Ein wenig zurechtfrisieren, und ich war wieder die alte Jenny, so wie man mich noch in guter Erinnerung hatte, so wie ich mich selbst immer noch sah, wenn kein Spiegel in der Nähe war.

»Na, dann wollen wir mal sehen. Es ist ein wunderschönes Stück geworden.«

Von hinten setzte er mir die Perücke auf den Kopf.

»Sehen Sie? Es sieht ganz natürlich aus«, kommentierte er die Arbeit.

Vorsichtig öffnete ich die Augen. Doch was ich im Spiegel erblickte, hatte nichts mehr mit mir zu tun. Zwar war der Rattenfraß, der schutzlose, kahle Schädel verschwunden, aber ... Ich erstarrte, war unfähig zu sprechen.

Da ich auf dem Foto einen Seitenscheitel getragen hatte, war auch in die Perücke auf der rechten Seite ein kurzer, etwa zwei Zentimeter langer Scheitel eingeknüpft worden. Von diesem Scheitel aus schwangen sich Unmengen von Haaren, wie ich sie selbst nie besessen hatte, in hohem Bogen über meinen Kopf, um auf der linken Seite recht drahtig bis über die Schulter zu fallen, wobei sie sich in einer leichten Welle nach außen drehten. Diese Außendrehung war auch auf der rechten Seite vorhanden.

»Wir können natürlich noch etwas frisieren.«

Dem Friseur schien mein entsetztes Gesicht nicht verborgen geblieben zu sein.

»Wie fühlen Sie sich mit Haaren?«

Ich fühlte mich miserabel. Ich sah aus wie eine Fünfzigjährige, die versucht, den Zwanzigjährigen den Rang abzulaufen. Aber ich war doch selbst gerade zwanzig geworden. Außerdem kribbelten die winzigen Knötchen, mit denen die Haare eingeknüpft waren, wie eine ganze Armee von Ameisen auf meinem Kopf.

»Das pikt so!«, sagte ich kaum hörbar mit erstickter Stimme.

»Daran gewöhnen Sie sich mit der Zeit«, versuchte mich der Friseur zu beruhigen. Da war sie wieder, die schleimige Art!

»Ich möchte die Perücke trotzdem wieder absetzen.«

»Aber Sie sollten sie am besten gleich tragen. Nur so können Sie sich daran gewöhnen.«

»Nein«, widersprach ich energisch. »Können Sie die Perücke bitte einpacken?«

Ich war den Tränen nahe. So viel Hoffnung hatte ich darauf gesetzt, mithilfe dieser Perücke wieder wie früher aussehen zu können. Alles sollte wieder normal sein. Niemand würde etwas bemerken. Doch nun schwappte die nächste

Katastrophe über mich hinweg. Mit diesem Ding auf dem Kopf traute ich mich nicht auf die Straße. Jeder würde stehen bleiben und sich totlachen.

Die Perücke wurde in einer Papiertasche verstaut, und ich fuhr mit der Straßenbahn zu meinem Vater, wie wir es verabredet hatten, denn er wollte meine neue Frisur bestaunen. In der Straßenbahn, an der Haltestelle, auf dem kurzen Fußweg zu der Wohnung meines Vaters, ständig achtete ich darauf, dass die Papiertüte keine neugierigen Blicke auf ihren Inhalt zuließ. Bei dem Tuch, das ich trug, konnte man annehmen, dass ich eine schlecht sitzende Frisur überdecken wollte oder meine Haare heute zu fettig und strähnig waren, um sie offen zu tragen. Aber wenn jemand einen Blick in diese Papiertüte riskiert hätte, wäre mein Geheimnis sofort gelüftet. Anstatt die Tasche an ihren Griffen zu tragen, klemmte ich sie mir fest unter den Arm und hielt den ganzen Weg über den oberen Rand der Tüte umklammert.

»Warum trägst du die Perücke nicht?«, fragte mein Vater gleich an der Tür.

»Lass mich erst mal rein!«

»Wo ist sie denn?«

Wir standen uns in der Diele gegenüber.

»Sie ist in der Tüte.«

»Und warum hast du sie nicht auf?«

»Das wirst du gleich sehen.«

Ich zog das Kopftuch ab, nahm die Perücke heraus, setzte sie auf und schaute meinen Vater an.

»Nimm sofort dieses Ding ab!«, befahl er mir entsetzt.

Im gleichen Atemzug war er schon im Wohnzimmer am Telefon und wählte die Nummer des Friseurs.

»Latz. Meine Tochter kommt gerade mit der Perücke zu mir«, sagte er in dem barschem Ton, der mir stets Angst einflößte. »Meine Tochter sieht mit diesem Ding aus wie eine alte Frau auf jung getrimmt. Es ist eine Unverschämtheit, ein junges Mädchen derartig zu entstellen. Die Perücke wird zurückgebracht.«

Ich konnte nicht hören, was der Friseur sagte. Aber er bekam auch nicht viel Gelegenheit, sich zu verteidigen.

»Nein, Sie bekommen keinen Pfennig.«

Er knallte den Hörer auf.

Die Perücke brachte mein Vater höchstpersönlich zurück. Ich habe keine Ahnung, wen der Friseur damit im Nachhinein beglückt hat. Jedenfalls haben wir nichts bezahlt. Mein Vater hatte sich für mich eingesetzt, hatte für mich gekämpft. Vielleicht würde jetzt doch alles wieder gut.

2

Mein Kater Charly hatte sich neben mir auf dem Sofa zusammengerollt und schnurrte zufrieden vor sich hin. Seine weißen Pfoten sahen gegenüber dem übrigen schwarzen Fell aus, als trüge er Schuhe. Sie zuckten leicht. Er jagte wahrscheinlich wieder im Traum einer imaginären Maus nach. Die Wärme des anschmiegsamen Katzenkörpers verringerte ein wenig das Gefühl der Hilflosigkeit und Einsamkeit, das in gewohnter Regelmäßigkeit von mir Besitz ergriff. Wie sollte es weitergehen? Meine Angst wuchs. Ich traute mich kaum noch auf die Straße, verpasste Vorlesungen an der Uni. Jedes Klingeln an der Türe ließ mein Herz vor Panik schneller schlagen. Würde ich für immer kahl bleiben? Keine Medizin half, kein Naturmittelchen, kein Glauben und keine Hoffnung. Es war grausam, wenn ich, die ich jetzt war, über die, die ich gewesen war, nachdachte. Es waren zwei verschiedene Leben, irgendjemand hatte eine Weiche verstellt, und ich war ins Nichts hinausgerast.

Seit zwei Tagen hatte ich wieder mal meine kleine Studentenwohnung nicht verlassen, die mir als Schutzwall gegen die Blicke der Außenwelt diente. In den vergangenen Monaten hatte ich alle Mediziner konsultiert, die mir kompetent genug erschienen, diese aggressive Krankheit unter Kontrolle zu bringen. Alle waren ratlos.

»Warum hilft mir denn niemand?«

Mein Schluchzen schreckte Charly auf. Er sprang von der Couch und zog es vor, im Schlafzimmer ein wenig Ruhe zu suchen.

»Lasst mich doch alle allein!«, schrie ich dem Kater nach.

Dennoch schien es meinem Kater gleichgültig zu sein, wie ich aussah. Er liebte mich gewiss nicht wegen meines Aussehens. Wahrscheinlich hatte er überhaupt keinen Schönheitssinn. Ich kann mir auch nicht vorstellen, dass er einen Menschen als schön empfunden hätte. Aber die Menschen? Wo waren sie geblieben? Viele Freunde gingen auf Distanz. Es blieb mir noch Roland. Er war mein Halt gewesen, als mein Leben sich zwei Jahre zuvor drastisch geändert hatte. Wir waren seit drei Jahren zusammen. Roland sah gut aus. Viele Mädchen aus meiner Abiturklasse waren hinter ihm her, als wir uns ineinander verliebt hatten. Er trug seine blonden Haare schulterlang. Seine wasserblauen Augen spiegelten die empfindsame Seele wider. Roland, seine Eltern und seine beiden Schwestern waren so etwas wie meine neue Familie. Sollte ich eines Tages, wenn ich Roland heiratete – wie es längst ausgemacht war –, eine Braut mit Kopftuch sein? Würden meine Kinder eine Mutter ohne Haare ertragen müssen? Es war eine grauenhafte Vorstellung, wenn ich daran dachte, einmal in einem Kreißsaal ein Kind zu gebären. Nackt und kahl würde ich dort liegen und mich so hilflos fühlen. Erotische Ausstrahlung und Sex-Appeal würde Roland bei mir nicht mehr finden. Ich befand mich in einer festen Beziehung. Aber wie lange noch, bis Roland sich einer anderen Frau zuwenden würde, einem weiblichen Wesen, das diesen Namen wirklich verdiente?

Ich vergrub mein Gesicht in den Kissen. Die Trauer und Ausweglosigkeit verursachten körperliche Schmerzen. Ich hasste die ganze Welt, machte alle verantwortlich für mein Schicksal. Nie mehr wollte ich einem Menschen vertrauen.

Ich hielt ein Bild von mir in Händen, das mich auf einer Terrasse in Spanien zeigte. Unter meinen Tränen bildeten sich aufgequollene Flecken auf dem Foto. Das Lächeln auf dem Foto blieb. Eigentlich hatte ich die Bilder des vergangenen Urlaubs ins Album kleben wollen. Doch anstatt in schönen Erinnerungen an die vier Wochen Spanien zu schwelgen, kroch die Trauer in meiner Kehle hoch und drohte mich zu ersticken. Ich betrachtete die letzten Aufnahmen von mir mit schönem, glänzendem Haar, das mir bis zur Hüfte reichte. Roland hatte diese Schwarz-Weiß-Fotos von mir gemacht und sie selbst entwickelt. Ja, das war ich. Seine schöne Jenny. Wenn kein Spiegel in der Nähe hing, stimmte das innere Bild, das ich von mir hatte, nach wie vor mit diesen Fotos überein. Doch die Gewissheit, dass diese Schönheit vergangen war, ließ mich nicht los und kroch mir unter die Haut, so dass ich fröstelte. Nur ein knappes Jahr trennte mich von dieser perfekten jungen Frau.

Ich hasste mich. Ich hasste die Ärzte. Ich verabscheute alle Menschen, die nicht in der Lage waren, mir zu helfen. Und das Schlimmste war: Sie hatten alle Haare! Was für einen Sinn hatte es weiterzuleben, wenn ich nicht dem Bild entsprechen konnte, das ich von mir selbst hatte? Gleich beim ersten Versuch, meinem Leben ein Ende zu setzen, scheiterte ich kläglich. Ich hatte alles gut geplant. Ich hatte Schlaftabletten genommen. Allerdings reichte die Menge gerade dazu, mich in einen tiefen traumlosen Schlaf zu versetzen. Am raffiniertesten hatte ich ausgeklügelt, wie schnell man mich finden könnte, wer zuerst in meiner Wohnung auftauchen würde. Denn so richtig sterben wollte ich eigentlich nicht. Ich hoffte darauf, dass die anderen endlich begreifen würden, welche Qualen ich durchlitt, wenn man mich kurz vor Schluss noch finden würde. Jemand würde kommen und zu mir sagen: Wenn du so sehr darunter leidest, dann sage ich dir, wie du gleich deine Haare wieder bekommen kannst. Aber niemand kam. Ich wachte vorher auf. Alleine.

Stattdessen mündeten meine lebensmüden Aktionen stets in schöner Regelmäßigkeit in Auseinandersetzungen mit Roland. Zwischen uns spielten sich immer häufiger die heftigsten Szenen ab. Mir mein Leben zu nehmen gelang mir nicht. Also putschte ich mich zu wahren Hassorgien gegenüber Roland auf. Lediglich eine andere Form der Zerstörung. Ich verhielt mich unfair ihm gegenüber. Aber ich konnte es nicht zugeben und schon gar nicht ändern. Er gehörte zu den Menschen, die das besaßen, was ich verloren hatte: Haare. Immer häufiger verließ Roland bei solchen Streits wutentbrannt meine Wohnung, setzte sich in sein Auto und brauste davon. Ich hatte die Situation provoziert, die genau meinen Gefühlen entsprach. Ich war allein, einsam und verlassen von der Welt. Ich gehörte nicht mehr dazu. Ich hatte das Gestern verloren und konnte das Morgen nicht finden.

Nachdem sich die kahlen Stellen nun endgültig nicht mehr verdecken ließen, und der erste Versuch, mich mit falschen Haaren zu bedecken, kläglich gescheitert war, zog ich eine Perücke aus Kunsthaar in Erwägung. Mir war klar, ich würde nie mehr so aussehen wie früher. Aber auch Menschen, die Haare hatten, entschieden sich irgendwann einmal zu einem völlig neuen Stil. Doch wo sollte ich mich nach einem solchen Hilfsmittel umsehen?

Da fiel mir der Perückenladen ein, in dem meine Mutter sich eine Kopfbedeckung zugelegt hatte, als sie während der Chemotherapie ihre Haare verloren hatte.

»Gehst du mit mir eine Perücke kaufen?«, fragte ich Roland, als er abends bei mir vorbeischaute.

»Warum soll ich da denn mitkommen? Kannst du das nicht alleine erledigen? Ich habe morgen so viel zu tun.«

»Ach bitte, geh doch mit! Ich trau mich nicht, da alleine reinzugehen. Wenn mich jemand sieht.«

»Wer soll dich denn sehen? Es denkt sich doch niemand was dabei, wenn du in einen Perückenladen gehst«, versuchte mich Roland zu beruhigen. Aber es nutzte nichts. Ich bettelte so lange, bis er nachgab.

»Also gut! Ich hol dich so gegen fünf zu Hause ab.«

Der Perückenladen befand sich mitten in der Innenstadt. Ich war froh, dass es schon früh dunkel wurde, und hoffte, dass mich niemand beim Betreten und Verlassen des Ladens sehen würde. Ich befürchtete, dass mich jeder anschauen, dass jeder Wildfremde mein Geheimnis kennen würde.

»Guten Tag, was kann ich für Sie tun?« Eine freundliche Dame kam uns entgegen. Sie war ziemlich füllig. Ich schätzte sie auf ein mittleres Alter. Aber sie machte sofort einen sympathischen Eindruck auf mich und verströmte eine warme, fast mütterliche Atmosphäre.

»Ich suche eine Perücke«, gab ich ihr verschämt zu verstehen.

»Nehmen Sie bitte hier in der Kabine Platz!«

Sie streifte einen Vorhang beiseite. Mein Blick fiel auf eine nett, aber ein wenig altertümlich eingerichtete Kabine mit einem Frisiertisch und einem darüber hängenden Spiegel. Vor dem Tisch stand ein Sessel, wie ich ihn von zu Hause kannte. Tante Bertha und meine Großmutter hatten solche Sessel. Sie bestanden aus dunklem Holz, und Sitz- und Rückenpolster waren mit handgefertigten, gestickten Gobelinarbeiten bezogen. Ich setzte mich vor den Spiegel, als die Verkäuferin mich fragte:

»Suchen Sie eine Vollperücke oder ein Haarteil?«

»Eine Vollperücke, glaube ich.«

»Würde es Ihnen etwas ausmachen, das Tuch abzuziehen?«

Ihre Stimme klang freundlich und verständnisvoll.

Ich nahm das Tuch ab. Da saß ich nun mal wieder vor meinem Spiegelbild mit den verbliebenen Strähnen auf dem Kopf, die bis auf die Schultern fielen. Ich konnte mich einfach nicht von ihnen trennen, denn wenn eines Tages vielleicht doch das Glück zu mir zurückkehren und meine Haare wieder wachsen würden, hätte ich zumindest bereits erste Substanz auf dem Kopf. Dann ginge alles schneller.

»Ich habe Ihre Adresse von meinem Vater bekommen. Meine Mutter hat hier eine Perücke gekauft, als ihr bei der Chemotherapie die Haare ausfielen«, erklärte ich.

Nachdem ich meinen Namen genannt hatte, sagte die freundliche Dame:

»Ja, an Ihre Mutter erinnere ich mich noch sehr gut. Wie geht es ihr?«

»Sie ist vor zwei Jahren gestorben.«

»Oh, das tut mir Leid. Entschuldigen Sie bitte die indiskrete Frage!«

Diese völlig fremde Frau gab mir ein Gefühl von Geborgenheit. Sie würde mir helfen. Dessen war ich nun gewiss.

Nach einigem Herumprobieren war endlich die passende Frisur für mich gefunden. Die neue Perücke war etwa schulterlang und dunkelbraun. Sie hatte keinen Scheitel. Die Haare fielen lockig ineinander, so dass niemand merkte, dass ich eine Perücke trug.

»Roland, komm mal gucken!«

Roland, der vorne am Eingang gewartet hatte, warf einen Blick in die Kabine und schien freudig überrascht.

Ich lächelte ihn im Spiegel an und auch ein wenig mich selbst. Zum ersten Mal seit langer, langer Zeit.

»Weißt du, was ich mir am meisten wünsche? Einfach wieder so zu sein wie alle anderen – und nicht mehr fremd. Ich möchte fühlen wie sie, denken und aussehen wie sie, mich in nichts von ihnen unterscheiden – in gar nichts. Das ist mein sehnlichster Wunsch!«, sagte ich auf dem Heimweg zu Roland.

»Aber du bist, wie du bist. Ich könnte mir dich gar nicht anders vorstellen«, gab er zurück. Viel sprachen wir nicht mehr an diesem Abend.

»Hallo, Jenny. Hier ist Jürgen.«

Mein Cousin Jürgen war der jüngste Sohn von Tante Linda. Mit Jürgen hatte ich mich schon in meiner Kindheit am besten verstanden. So freute ich mich, von ihm zu hören.

»Mensch, Jürgen. Lange nichts von dir gehört. Wie geht's dir?«

»Gut. Hör mal, warum ich anrufe. Wachsen deine Haare eigentlich inzwischen wieder?«

»Keine Spur! Warum fragst du?«

»Ich habe da heute im Radio einen recht interessanten Bericht gehört. Aber vielleicht weißt du ja ohnehin schon davon. Es scheint nämlich eine neue Behandlung für deinen Haarausfall zu geben.«

»Nein, ich habe nichts gehört. Erzähl!«

»Die haben da so einen Professor von der Uniklinik Münster interviewt. Leider habe ich den Namen nicht richtig verstanden. Ich war mit dem Auto unterwegs, als das Interview im Radio kam. Ich glaube, der hieß Heppel oder so ähnlich. Er behauptete, dass mit seiner Methode den Leuten garantiert die Haare wieder wachsen.«

»Weißt du denn, wie der die Patienten behandelt?«

»Der pinselt denen irgend so eine Flüssigkeit auf den Kopf.«

»Nein, davon weiß ich nichts. Finde ich aber toll, dass du gleich an mich gedacht hast.«

»Du müsstest mal bei der Uniklinik in Münster anrufen. Die können dir sicher weiterhelfen. Vielleicht bekommst du einen Termin.«

»Da rufe ich gleich morgen früh an. Das wäre schön, wenn die endlich was gegen diesen Haarausfall gefunden haben.«

Jürgen hatte Recht gehabt. Den Professor gab es wirklich in Münster. Er hieß Happle und behandelte mit irgendeinem Mittel, das auf den Kopf aufgetragen wurde. Doch ich musste mich etwas gedulden, bis ich einen Termin wahrnehmen konnte, denn offensichtlich hatten viele Menschen dieses Interview im Radio gehört und setzten ihre Hoffnung in die neue Behandlungsmethode. Die Zeit erschien mir wie eine Ewigkeit. Zweifel nagten an mir. Bislang hatte die Schulmedizin mich im Stich gelassen. Sollte ich wirklich einen neuen Versuch wagen und vielleicht eine erneute Enttäuschung riskieren? Unzählige Hautärzte hatte ich konsultiert, jeden Hinweis aufmerksam verfolgt, Unmengen an Mittelchen geschluckt, aufgetragen, Nebenwirkungen ertragen. Auch alternative Heilmethoden hatten nicht geholfen. In meiner Heimatstadt war ich bei einem Hautarzt gewesen. Ich schätzte ihn so um die achtzig. Ein freundlicher, älterer Herr mit Goldrandbrille und weißen Haaren, der durchaus Vertrauen erweckend auf mich gewirkt hatte. Gründlich hatte er meinen Kopf untersucht und sich die kahlen Stellen ganz genau angeschaut.

»Sie müssen sich den Kopf mit Eigenurin einreiben. Dann werden auch die Haare wieder wachsen.«

Damals gab es noch keine Carmen Thomas und ihr Buch über Urin. Als Nachkriegskind war ich zu äußerster Reinlichkeit erzogen worden. Behandlungen mit Urin gehörten der Vergangenheit an, in der man noch auf die moderne Apparatemedizin verzichten musste. Meinen Urin auf meinen

Kopf aufzutragen rief Ekelgefühle in mir hervor. Doch der Wunsch, meine Haarpracht wiederzubekommen, ließ mich auch über diesen Schatten springen. Fleißig sammelte ich meinen Morgenurin ein, um mir anschließend damit den Kopf zu massieren. Eigentlich roch es gar nicht so unangenehm, wie ich befürchtet hatte. Tag für Tag, Woche für Woche. Doch die kahlen Stellen blieben kahl. Maßlos enttäuscht gab ich schließlich auch diese Behandlung auf. Und nun ein neuer Versuch? Mir wurde klar, dass ich keine andere Wahl hatte. Wie sollte es sonst weitergehen? Immer wieder bekam ich Heulkrämpfe bei dem Gedanken an eine Zukunft mit Glatze. Wie lange sollte dieser Alptraum noch dauern? Wenn im Fernsehen eine Werbung für Shampoo oder Haarspray lief, brach ich in Tränen aus. Wie gerne hätte auch ich diese Produkte wieder benutzt. Frauenzeitschriften kaufte ich nicht mehr, weil ich den Anblick von Fotos mit den neuesten Frisuren nicht mehr ertragen konnte. Vor dem Spiegel mein leicht gebräuntes Gesicht unter der bleichen Kappe aus Kopfhaut. Es sah ganz fremd aus, mager, mit leichten Höhlungen in den Wangen. Die Lippen waren schmaler geworden, und ich fand dieses fremde Gesicht von einem heimlichen Mangel gezeichnet. Es war nackt und armselig, und ich schämte mich seiner und wollte nichts mit ihm zu tun haben. Ich konnte mein Gesicht und Haare ruhig ablegen, sie wurden nicht mehr gebraucht. Dieser Gedanke ließ ein Gefühl der Leere in mir aufkommen, das ich unbedingt loswerden musste. Ich sagte mir, dass es kindisch wäre, um Haare zu trauern, aber das quälende Gefühl, etwas Wichtiges verloren zu haben, ließ sich nicht verscheuchen.

Endlich war es so weit. Zusammen mit Roland fuhr ich nach Münster in die Universitätshautklinik. Ich musste die verschiedensten Abteilungen durchlaufen und zahlreiche Untersuchungen über mich ergehen lassen. Dann endlich durfte ich mit Professor Happle persönlich sprechen.

»Kommen Sie herein, Frau Latz!«

Roland wartete auf dem Flur. Er wollte nicht mit hereinkommen. Warum auch immer.

»Die notwendigen Voruntersuchungen sind gemacht worden, wie ich aus den Unterlagen ersehen kann.«

»Ja, aber ich wüsste gern Genaueres über die Behandlung. Vor allem wie sie durchgeführt wird. Müsste ich ständig nach Münster kommen?«

»Sie sind Studentin?«, fragte er mich.

»Ja, ich studiere an der Universität Düsseldorf.«

»Dann könnten Sie sich auch dort an der Uniklinik behandeln lassen. Wir sind dazu übergegangen, junge Mediziner verschiedener Kliniken in die Therapiemethode einzuarbeiten, damit die Patienten dort auch behandelt werden können. In Düsseldorf führt eine junge Kollegin die Behandlung durch.«

»Das wäre natürlich ideal für mich, denn die Uniklinik ist gleich um die Ecke von der Universität.«

»Ich schreibe Ihnen den Namen der Ärztin auf. Sie müssten dann dort einen Termin vereinbaren. So, vielleicht noch ein paar erklärende Worte zu DNCB. Das ist eine Abkürzung für Dinitrochlorbenzol. Das Mittel wird in einer bestimmten Konzentration auf die Kopfhaut aufgetragen. Die für Sie angemessene Konzentration muss zunächst aufgrund der Hautreaktionen herausgefunden werden. DNCB ruft eine Kontaktallergie auf der Kopfhaut hervor. Dadurch versuchen wir, das Haarwachstum wieder anzuregen. Es kann zu einem leichten Brennen mit Rötungen der Haut und zu Juckreiz kommen.«

»Wie groß sind die Chancen, dass ich meine Haare wieder bekomme?«

»Wir haben bis jetzt recht gute Erfolge erzielen können.«

Neue Hoffnungen regten sich. Endlich, endlich! Bald wäre dieser Alptraum vorüber. Ich entschloss mich, sofort mit der Düsseldorfer Klinik Kontakt aufzunehmen.

Wenige Tage später befand ich mich in der Hautklinik der Universität Düsseldorf. Wieder wurden unzählige Untersuchungen durchgeführt, bevor man mir in einem Gespräch eröffnete, dass ich als Patientin für diese Behandlung akzeptiert sei. Dann fotografierte man meinen Kopf von hinten, von beiden Seiten und von oben.

»Warum machen Sie die Fotos?«, fragte ich.

»Die Behandlung befindet sich noch im Versuchsstadium. So können wir beweisen, dass Ihre Haare aufgrund der DNCB-Behandlung wieder gewachsen sind. Es wird zunächst nur eine Seite des Kopfes mit dem Mittel behandelt. Sobald der Haarwuchs auf dieser Seite wieder vollständig ist, werden wir die Behandlung auf der anderen Seite fortsetzen«, erklärte mir die Ärztin. »Wir werden dann Aufnahmen von den verschiedenen Stadien machen.«

»Aber sehen nicht alle Glatzköpfe gleich aus? Woran kann man denn sehen, dass das mein Kopf ist?«

»Wir nehmen für diesen Versuch nur Patienten, die irgendwelche besonderen Kennzeichen auf dem Kopf haben.«

»Habe ich denn welche?«

»Ja, Sie haben drei Leberflecken auf dem Kopf.«

Was man so alles von sich erfuhr, wenn man eine Glatze hatte. Ein bisschen mulmig war mir schon zumute. Ich war ein medizinisches Versuchskaninchen. Ob die Ärzte wirklich so genau wussten, was sie da taten? Aber blieb mir etwas anderes übrig? Über ein Jahr trug ich nun schon die Perücke. Und es hatte sich trotz all der Arztbesuche nichts getan. Vielleicht konnte es anderen Patienten helfen, wenn ich mich zur Verfügung stellte. Vorausgesetzt, der Versuch würde erfolgreich verlaufen. Was konnte ich also verlieren? Es gefiel mir, zu den Pionieren gehören zu dürfen.

Auf dem Weg in die Universität fuhr ich nun einmal wöchentlich in die Klinik, um mich behandeln zu lassen. Man begann auf der rechten Seite meines Kopfes. Es ging immer sehr schnell. Ich musste nicht lange warten, und die Behandlung selbst dauerte nur wenige Minuten. Man pinselte mir das DNCB auf, ich zog wieder die Perücke auf und machte mich auf den Weg. Die Flüssigkeit sah aus wie reiner Alkohol und hinterließ keine Spuren von Nässe. Bei den ersten zwei, drei Malen geschah nichts. Dann wurde die Konzentration des Mittels erhöht, um eine Reaktion der Kopfhaut zu provozieren. Ich verließ das Klinikgelände, um zu meinem Wagen zu gehen, den ich in einer Seitenstraße geparkt hatte. Plötzlich verspürte ich ein leichtes Brennen auf meinem Kopf.

»Das ist die erste Reaktion auf das Mittel«, dachte ich mir und fuhr los.

Ich schaffte es gerade noch, den Wagen auf dem Parkplatz an der Uni, fünf Minuten von der Klinik entfernt, abzustellen. Mein Kopf schien lichterloh in Flammen zu stehen. Die Schmerzen waren unerträglich. Ich hatte das Gefühl, als würde sich die Perücke mit ihrem Netz in meine Kopfhaut brennen. In Panik sprang ich aus dem Wagen, schlug die Türe hinter mir ins Schloss und rannte, so schnell ich konnte, ins Gebäude. Gleich am Eingang befanden sich die Toilettenräume. Ich stürzte in die Damentoilette. Niemand befand sich in diesem Raum. Doch auch wenn ich nicht allein gewesen wäre, es hätte mich nicht interessiert. Ich riss mir die Perücke vom Kopf, drehte das kalte Wasser auf und hielt den ganzen Kopf unter den kühlenden Wasserstrahl. Erst als ich mir vorsichtig tupfend mit Papierhandtüchern die Kopfhaut abtrocknete, sah ich im Spiegel das ganze Ausmaß. Die ganze rechte Seite war mit roten, dick angeschwollenen und ineinander überlaufenden Quaddeln übersät. Ich musste noch mehrmals nasse, kalte Papierhandtücher auflegen, bevor ich wieder die Perücke aufziehen konnte.

Wenige Tage später konnte ich mir die Haut in Streifen vom Kopf ziehen. Neue Hautschichten wuchsen nur langsam nach. Ich hatte fast rohes Fleisch anstelle von neu erhofften Haaren. Morgens war das Kopfkissen von eitriger Gewebeflüssigkeit durchtränkt. In den folgenden Wochen und Monaten wurden diese Reaktionen Teil meines Lebens. Es machte mir Angst. War es das wert? Ich war versucht, die Behandlung abzubrechen. Niemand hatte mich darüber aufgeklärt, dass es so schlimm und schmerzhaft werden könnte. Doch die Hoffnung auf eine neue Kopfbehaarung und die Aussicht, vielleicht langfristig anderen Betroffenen helfen zu können, ließen mich weitermachen. Tapfer ertrug ich die qualvollen Schmerzen.

Meine Mühe wurde belohnt. Tatsächlich waren nach einigen Monaten auf der behandelten, rechten Seite des Kopfes die ersten Haare zu sehen. Die Ärzte trugen das Mittel weiter auf, auch dort, wo sich bereits ein dichter Wuchs dunkler, kräftiger Haare ausbreitete. Stück für Stück wurde die Konzentration des Mittels abgeschwächt, so dass auch die Schmerzen und das Brennen bald ganz verschwanden. Immer wieder wurden Fotos von meinem Kopf gemacht.

Nachdem eine Seite meines Kopfes so gut wie vollständig wieder mit Haaren bedeckt war, die auch weiter zu wachsen schienen, begann man mit der Behandlung des restlichen Kopfes. Auch hier musste ich wieder zu Beginn die gleichen Schmerzen und Qualen erleiden, bis die ersten Haare kamen. Ich hatte große Brandblasen auf dem Kopf. Aber mit jedem neuen Tag wuchs meine Hoffnung. Hoffnung darauf, bald wieder ganz normal aussehen zu können.

Eines Tages fuhr ich zur Klinik, nachdem zwei Drittel meines Kopfes wieder behaart waren. Ich hatte die Perücke bereits abgezogen und saß auf einem Hocker, um auf einen Arzt zu warten.

»Guten Tag, Frau Latz.« Er gab mir die Hand. »Sie können die Perücke wieder aufsetzen. Ich muss mit Ihnen reden.«

»Pinseln Sie heute nicht?«

»Nein. Ich habe eine schlechte Nachricht für Sie.«

Ich ahnte nichts Gutes.

»Wir müssen die Behandlung mit DNCB abbrechen.«

Der Raum drehte sich vor meinen Augen. Mir wurde schlecht. Es durfte nicht wahr sein.

»Aber warum denn? Ich habe doch fast alle Haare wieder?«

»Ich weiß. Und deshalb tut es mir auch besonders Leid. Aber wir haben festgestellt, dass die Patienten nach völligem Absetzen des Mittels innerhalb kürzester Zeit wieder alle Haare verlieren. Das heißt, dass es sich lediglich um eine Symptombehandlung handelt. Außerdem haben wir starke Schwellungen der Lymphknoten bei den Patienten konstatiert, die offensichtlich auf die Behandlung mit DNCB zurückzuführen sind. Dies wiederum bedeutet, dass das Mittel in die Blutbahn gerät.«

Es war vorbei. Meine Schönheit, meine Weiblichkeit, mein Glück. Da saß ich nun mitten in diesem weiß gekachelten Klinikraum, der an einen Schlachthof erinnerte, und kämpfte gegen die Tränen an. Würde ich nun alle Haare wieder verlieren?

»Aber der Professor möchte gerne noch mit Ihnen persönlich sprechen. Haben Sie Zeit?«, vernahm ich die Stimme des Arztes durch den Nebel der Verzweiflung. Natürlich hatte ich Zeit. Ich wusste plötzlich gar nicht mehr, was ich eigentlich an diesem Tag hatte tun wollen. Wie mechanisch folgte ich dem Arzt in das Zimmer des Professors.

Hölzern nahm ich an einem Schreibtisch ihm gegenüber Platz. Freundlich und mit dieser ewigen ärztlichen Zuversichtsmiene lächelte mich der Professor an.

»Sie haben gehört, dass wir die Behandlung mit DNCB abbrechen müssen?«

»Ja.«

»Ich möchte Sie nun darüber aufklären, welche anderen Möglichkeiten der Behandlung Ihres Haarausfalls sich bieten.«

»Ja.« Vielleicht hatte ich ja doch noch eine Chance?

»Die bekannteste und erprobteste Methode ist die Behandlung mit Kortison. Hierbei werden dem Patienten Kortisonspritzen in die Kopfhaut verabreicht.«

»Das ist doch sicherlich sehr schmerzhaft?«

Langsam wusste ich wieder, wo ich war. Ich versuchte mich auf das zu konzentrieren, was mir da mal wieder von einem dieser Herren in Weiß erzählt wurde.

»Nur ein wenig«, beantwortete er meine Frage. »Wir betäuben die zu spritzenden Stellen zunächst, so dass Sie kaum noch etwas von der Kortisonspritze merken werden.«

»Ach so. Und wie groß sind die Chancen?«

»Zu 98 bis 99 Prozent werden Ihnen wieder Haare wachsen. Aber ich muss Sie darauf hinweisen, dass die Wahrscheinlichkeit irreparabler Schäden, wie zum Beispiel Diabetes, ebenso hoch ist.«

Ich hatte schon von den Folgen einer Kortisonbehandlung über längere Zeit in hohen Dosen gehört. Pergamenthaut, Stiernacken, Wasseransammlungen im Körper, im Gesicht.

»Heißt das, dass ich ein aufgequollenes Gesicht bekommen werde? Und dass mein Körper voll Wasser laufen wird?«

»Ja. Um einen Haarwuchs zu provozieren, müssen wir das Mittel hoch dosieren. So hoch, dass diese Nebenwirkungen nicht auszuschließen sind. Die Entscheidung liegt bei Ihnen.«

Was für eine Wahl! Als ob das so einfach wäre! Plötzlich ging ein Ruck durch meinen Körper.

»Nein. Lieber behalte ich meine Figur und mein Gesicht und lebe damit, keine Haare zu haben, als dick und aufgedunsen zu sein. Da helfen mir die Haare auch nichts.«

Was sagte ich da? Wie sollte ich es schaffen weiterzuleben?

»Sie haben sicherlich Recht. Ich bewundere Ihre Entscheidung. Aber es ist meine Pflicht, Sie über weitere Behandlungsmöglichkeiten aufzuklären. Ich bin sicher, dass Sie in der Lage sind, Ihr Leben auch ohne Haare zu meistern.«

Ich war mir nicht so sicher. Im Moment hatte ich wieder viele Haare auf dem Kopf und konnte mich hinter der Hoffnung verstecken, dass sie bleiben würden. Vielleicht war ich eine Ausnahme. Aber wenn nicht?

Wieder stand ich am Anfang. Täglich überprüfte ich, ob ich Haare verlor. Mein ganzes Leben drehte sich um meine Erkrankung. Die Spannungen mit Roland nahmen zu. Er wollte von dem Thema nichts mehr hören. Und ich? Ich fühlte mich nun auch von ihm im Stich gelassen. Ständig lebte ich in der Angst, meine Haare wieder zu verlieren. Einige Wochen nach Abbruch der Behandlung an der Düsseldorfer Klinik bestätigte sich meine Befürchtung. Wieder lagen sie überall büschelweise herum. Mit zitternden Fingern nahm ich sie vorsichtig auf. Nein, es durfte nicht sein! Warum hatte diese unheimliche Krankheit ausgerechnet von mir Besitz ergriffen? Gab es denn niemanden, der mir helfen konnte? Ich versuchte, die trüben Gedanken zu verdrängen. Doch es gelang mir nicht.

Ich kapselte mich immer stärker ab, ging seltener mit Roland aus. Meine sozialen Kontakte beschränkten sich im Wesentlichen auf wenige Personen an der Uni. Leute, die ich aus Krefeld kannte, und eine ehemalige Klassenkameradin, die jedoch bald schwanger wurde, ihr Studium abbrach, heiratete und im trauten Heim verschwand. Mit ein paar neuen Kommilitonen unterhielt ich mich von Zeit zu Zeit, aber eher über gemeinsame Seminararbeiten. Man traf sich regelmäßig in der Mensa oder in der Cafeteria des Fachbereichs. Viele besuchten dieselben Seminare und Vorlesungen wie ich. So war es auch selbstverständlich, dass man immer wieder dieselben Gesichter sah, ohne die Namen zu kennen oder weiter gehendes Interesse zu bekunden.

In der Cafeteria überkam mich häufig das Gefühl, beobachtet zu werden. Er war etwa in meinem Alter, hatte die blonden, in der Stirn schon etwas lichten Haare kräuseln lassen und trug einen dicken, blonden Schnauzbart. Er gefiel mir recht gut. Zwar kam mir sein Gesicht bekannt vor, jedoch wusste ich ihn nicht einzuordnen. Aber er musste mich kennen, denn er war offensichtlich völlig hypnotisiert, sobald er mich erblickte. Doch da ich mich inzwischen wieder unter meiner dunklen Wuschelperücke versteckte und mir selbst oft im Spiegel fremd vorkam, verwarf ich diesen Gedanken sofort. Immerhin hatte ich keine Haare auf dem Kopf, musste mit diesem Ding herumlaufen und besaß jede Menge Gründe für Komplexe. Aber dieser Knabe schien meine Probleme nicht zu bemerken. Ich fühlte mich geschmeichelt. Doch die Angst davor, entdeckt zu werden, hielt mich fest umfangen. Es dauerte Wochen, bis ich es wagte, seinen Blick zu erwidern. Es begann eine Zeit des Flirtens ohne Worte, die ich sehr genoss und die meinem Selbstbewusstsein gut tat. Dass dies nicht ewig so weitergehen könnte, darüber wollte ich nicht nachdenken. Eines Tages stand er plötzlich in der Cafeteria vor mir, ausgerechnet, als ich alleine war.

»Seit langem will ich dich schon ansprechen, aber ich habe mich nie getraut. Übrigens, ich bin der Bernd.« Er reichte mir seine schmale Hand.

»Wie – nicht getraut?«, stotterte ich erstaunt. Hätte denn nicht mir der Mut fehlen müssen, zurückzuschauen, seine Blicke zu erwidern?

»Du hast immer so einen aufrechten Gang, so majestätisch, wie eine Königin schreitest du über die Flure, wenn ich dich mit den anderen sehe. Da dachte ich mir, dass du dich sicher nicht für einen wie mich interessierst.«

Seine Worte waren schüchtern, ja fast bewundernd. Die Art und Weise, wie er sie hervorbrachte, und sein charmantes Lächeln irritierten mich. Nun war ich mittendrin in der Situation, auf die mich nichts und niemand vorbereitet hatte. Ich lebte mit einer Glatze, niemand wusste es, und nun lernte ich einen Mann kennen. Etwas in mir wollte fliehen. Doch ich blieb sitzen. Er nahm mir gegenüber Platz. Er sprach mit mir so, als ob ich eine ganz normale junge Frau wäre. In seiner Ahnungslosigkeit war ich es ja auch für ihn. Wir redeten Stunden, vergaßen unsere Vorlesungen und Seminare. Und ich vergaß allmählich meinen kahlen Kopf. Schließlich stellten wir fest, dass wir uns sehr wohl aus Krefeld kennen mussten, denn wir waren ins gleiche Gymnasium gegangen. Er war damals mit einem Mädchen aus meiner Klasse befreundet gewesen. Nun war auch mir klar, warum mir sein Gesicht so bekannt vorkam.

»Irgendwie trugst du nur deine Haare anders, oder?«

Ich erschrak.

»Warst du nicht dunkelblond auf der Schule?«, fragte er wieder.

»Ja, ja, stimmt!«, beeilte ich mich, das Thema zu beenden. Was sollte ich auch anderes sagen? Ihm gestehen, dass alles nur trügerischer Schein war, unter dem ich versuchte, meine

Glatze zu verbergen? Niemals! Jetzt lernte ich endlich jemanden kennen, der mich umwarb, der sich offensichtlich Hals über Kopf in mich verliebt hatte. Das würde ich nicht zerstören. Mir gefiel seine offene, direkte Art und unser Zusammensein, unsere Gespräche taten mir gut. Aber wie sollte das weitergehen? Ich konnte nicht jahrelang mit ihm in der Cafeteria sitzen und reden. Was war zu tun, wenn er mich näher kennen lernen wollte? Ich fand keine Antworten auf meine Fragen. Wochenlang ging es so weiter. Wir trafen uns, redeten stundenlang, rauchten Unmengen von Zigaretten und tranken einen Kaffee nach dem anderen. Roland war kaum aufgefallen, dass ich mich nun länger als gewöhnlich in der Uni aufhielt. Und ich? Ich hatte mich verliebt! Verliebt in das sympathische Gesicht und die ruhige Stimme von Bernd. Alles drehte sich auf einmal um mich. Konnte es etwas Schöneres geben? Und so war meine ganze Besorgnis wegen meiner Glatze verschwunden, als er mich eines Tages zu meinem Auto begleitete, das ich in einer Seitenstraße nahe der Universität geparkt hatte. Wir standen noch am Wagen und unterhielten uns, bis es uns zu kalt wurde und wir uns entschlossen, im Auto weiter zu reden. Wer schon einmal einen Renault 4 besessen hat, wird bestätigen können, dass dieser Wagen recht schmal gebaut ist und man sich auf den Vordersitzen zwangsläufig näher kommt als in einem Wagen der gehobeneren Preisklassen. Plötzlich redeten wir nur noch, um überhaupt etwas zu sagen. Längst schon hatten unsere Augen ein anderes Thema aufgegriffen. Langsam näherte sich sein Gesicht dem meinen. Dann nahm er mich in seine Arme und küsste mich. Ein wohliger Schauer lief mir über den Rücken. Hatte mich überhaupt schon mal ein Mann so geküsst? Sein Temperament nahm mir den Atem, doch nicht nur, weil er phantastisch küssen konnte. Mit einer Hand brachte er den Rest seiner Leidenschaft zum Ausdruck, indem er mir in den falschen Haaren herumwühlte. Der Schauer auf meinem Rücken blieb, nur der Grund war jetzt ein anderer. In letzter Verzweiflung, ohne einen klaren Gedanken fassen zu können, versuchte ich das Gesprächsthema fortzuführen. Ich konnte seinen Kuss nicht mehr genießen. Panische Angst hatte mich ergriffen. Ich schob ihn energisch von mir. Doch er machte keine Anstalten, von mir abzulassen.

»Was ist? Du willst es doch auch. Ich habe es schon lange gespürt, dass es zwischen uns knistert.« Aus seinen Worten sprach der Philosophiestudent des höheren Semesters. Ich presste die Lippen aufeinander, hielt ihn mir mit aller Kraft vom Leib.

»Nein«, entfuhr es mir. »Nein, nein, hör auf!«

Erschrocken wich er zurück und ließ mich los.

»Ich muss mit dir reden«, begann ich zitternd.

Ich hatte keine Ahnung, was ich sagen sollte. Seit ich die Perücke trug, war ich noch in keiner ähnlichen Situation gewesen. Roland wusste Bescheid. Er hatte alles von Anfang an miterlebt. Aber dieser Mann hier war nicht Roland. Er hatte nicht die geringste Vermutung, was sich unter meiner Lockenpracht verbarg.

»Ich muss dir etwas erklären, Bernd. Und wenn du dann nichts mehr mit mir zu tun haben willst, ist das okay.«

»Nichts könnte jemals zwischen uns stehen«, rief er und riss mich erneut heftig in seine Arme. Ich fühlte mich wie in einer Romanverfilmung von Rosamunde Pilcher. Aber bei ihr verstecken sich die Frauen nicht unter Perücken.

»Hör mir doch mal zu! Es ist wichtig«.

Wieder stieß ich ihn zurück.

»Was kann denn ausgerechnet jetzt so wichtig sein?«

Er schien nicht zu begreifen.

»Und wenn du ein uneheliches Kind hast. Auch das stört mich nicht im Geringsten.« Also doch Rosamunde Pilcher!

»Du bist wohl total verrückt!«, herrschte ich ihn an. »Hältst du mich für so blöd?«

Die Situation wurde immer paradoxer.

»Ich habe keine Haare!!«

Nun war es raus. Tausend Gedanken schossen mir durch den Kopf. Was würde jetzt geschehen? Hätte ich besser schweigen sollen?

Aber Bernd lachte nur.

»Du hast keine Haare. Soll das ein Witz sein? Was hast du denn da auf dem Kopf?«

»Das ist eine Perücke.«

»Gut, wenn das eine Perücke wäre, könntest du sie ja abnehmen.«

»Aber das geht doch nicht. Hier kommen tausend Leute vorbei.«

Der Angstschweiß lief mir den Körper herunter. Die Liebesszene, die so verheißungsvoll begonnen hatte, war für mich jäh zu Ende gegangen.

»Wenn du sie hier nicht abnehmen willst, dann musst du mich besuchen und mir beweisen, dass es tatsächlich stimmt, sonst glaube ich dir kein Wort.«

Er meinte es ernst.

»Einverstanden«, hörte ich mich sagen. War ich nun völlig verrückt geworden? Was tat ich da? Niemals würde er mich ohne Haare als Frau akzeptieren und lieben können. Doch eine geheimnisvolle Kraft trieb mich weiter voran. Wir verabredeten uns für die kommende Woche in seiner Wohnung.

Es war ein merkwürdiges Rendezvous, das mich dazu veranlasste, Roland zu belügen und nach Düsseldorf zu fahren. Ich hatte mich Hals über Kopf verliebt, aber ob daraus eine Liebesbeziehung entstehen würde, wusste ich nicht. Es gibt sicherlich unzählige Frauen mit den verschiedensten Handicaps oder Schönheitsfehlern. Die eine ist übergewichtig, eine andere hat eine vernarbte Haut, die nächste hat vielleicht eine krumme Nase. Sie alle haben eines gemeinsam: Sie sind gezwungen, ihre Schwächen offen zur Schau zu tragen. Meine Glatze wurde jedoch durch die Perücke geschickt kaschiert. Die Perücke war nie ein Teil von mir geworden. Sobald ich in den Spiegel schaute, kam ich mir fremd vor. Mochte sie mir auch noch so gut stehen, meine weichen langen Haare konnten sie nicht ersetzen.

Nun war ich auf dem Weg nach Düsseldorf und versuchte mir auszumalen, wie dieses Treffen wohl ablaufen würde. Wie wichtig würden die Haare für ihn sein? Mit zitternden Händen drückte ich auf den Klingelknopf.

»Hallo, da bist du ja.«

Bernd lehnte lässig im Türrahmen. Es fiel mir schwer, seinen Blick zu deuten.

»Komm rein!«

Mit einem flauen Gefühl im Magen betrat ich die Wohnung. Er führte mich gleich in den Wohnraum.

»Wie geht es dir? Alles klar?«, fragte er mich und schien den ursprünglichen Grund meines Besuches vergessen zu haben.

»Ich möchte es am liebsten gleich hinter mich bringen, Bernd. Weißt du, was ich meine?«

»Ich glaube dir zwar immer noch nicht. Aber jetzt bist du ja da! Also gut, dann zieh die Perücke ab. Lass mal sehen!«

Ohne lange nachzudenken riss ich mir mit einem Ruck die Haare vom Kopf. Bernd lehnte mir gegenüber an einem Regal. Prüfend blickte er mich an. Sein Schweigen schien eine Ewigkeit zu dauern.

»Dreh dich mal um!«, sagte er zu mir.

Wie in Trance gab ich den Blick auf meinen Hinterkopf frei. Warum sagte er nicht endlich etwas? Ich schloss die

Augen. Es war idiotisch gewesen, hierhin zu kommen. Kein Mann würde mich so akzeptieren! Es wäre vielleicht besser, alles beim Alten zu belassen und bei Roland zu bleiben. Warum hatte ich mich dieser Situation überhaupt ausgesetzt?

»Mensch, toll siehst du aus. Weißt du das überhaupt?«

Ich traute meinen Ohren nicht.

»Meinst du das wirklich?«, fragte ich mit zitternder Stimme.

»Ja, wirklich. Ich habe es bis gerade eben zwar nicht geglaubt, dass du keine Haare hast. Aber ich muss sagen, gar nicht übel.«

Eine Welle heißen Glücksgefühls schoss durch meinen Körper. Auch ohne Haare war ich offensichtlich noch begehrenswert. Bernd schien meine Empfindungen zu spüren. Ich öffnete die Augen. Noch immer drehte ich ihm den Rücken zu. Dann spürte ich, wie er mich zärtlich von hinten mit seinen Armen umschloss. Schutz suchend drückte ich mich an ihn. Ich war glücklich und verliebt wie jede andere junge Frau in meinem Alter.

Von diesem Tag an besuchte ich Bernd mehrmals wöchentlich, während Roland nach wie vor bei mir abends vorbeikam. Bereits nach kurzer Zeit wurde diese Situation für mich immer unerträglicher. Ich musste Roland die Wahrheit sagen. So konnte ich unsere Beziehung nicht mehr aufrechterhalten. Ich hasste die Lügen und Heimlichkeiten. An einem Freitagabend entschied ich mich, mit ihm zu reden.

»Worüber wolltest du denn mit mir sprechen?«, fragte er mich völlig ahnungslos.

»Ich habe mich in einen anderen Mann verliebt und möchte Schluss machen, Roland.«

Ich war überrascht von der Kälte meiner eigenen Worte, die ihn zutiefst verletzen mussten, ohne dass ich dies beabsichtigt hatte.

»Nein, das kannst du nicht tun«, rief er und versuchte mich zu umklammern.

»Lass mich bitte los! Ich will nicht mehr. Du hast dich doch überhaupt nicht für mich interessiert. Ständig hast du mich allein gelassen. Und von unseren Plänen zusammenzuziehen ist auch seit langem nicht mehr die Rede«, schrie ich ihn an.

Ich hatte nur noch einen Gedanken. Endlich frei zu sein! Nicht mehr warten müssen, bis Roland kam oder mich anrief. Zu oft hatten wir versucht, unsere Beziehung zu kitten. Langfristig hatte es nie geholfen. Bernd bot mir einen willkommenen Grund, mich endlich ganz zu lösen. Es war furchtbar, was sich an diesem Abend in meiner Wohnung abspielte. Er wollte mich nicht gehen lassen, bat immer wieder um eine neue Chance und drohte mir schließlich, sich umzubringen, wenn ich nicht zu ihm zurückkäme. Als er endlich spätnachts nach Hause fuhr, wusste ich nicht mehr ein noch aus. Mir selbst hatte ich wohl am meisten wehgetan. Roland war da gewesen, als meine Mutter erkrankte. Seine Familie hatte sich um mich gekümmert. Sie alle waren ein Teil meines Lebens. Aber ich konnte nicht mehr zurück. Es war aus. Mein Entschluss stand fest. Noch in der gleichen Nacht rief ich Bernd an.

»Ich kann es hier keine Sekunde mehr aushalten, Bernd. Kann ich zu dir kommen?«

»Was ist passiert?«, fragte er mich mit verschlafener Stimme.

»Ich habe mit Roland gesprochen. Den ganzen Abend. Er will mich nicht gehen lassen. Er will sich umbringen. Ich weiß nicht, was ich machen soll. Ich habe Angst, dass er morgen wiederkommt. Er kommt bestimmt wieder. Bernd, ich halte es nicht mehr aus. Ich kann nicht noch mal mit ihm sprechen. Kann ich kommen? Bitte!«

Meine Worte überschlugen sich.

»Natürlich kannst du kommen. Pack ein paar Sachen ein! Am besten bleibst du gleich übers Wochenende hier«, sagte er.

In Windeseile packte ich eine Tasche und raste mitten in der Nacht über die fast leere Autobahn.

Als ich nach einigen Tagen wieder nach Hause kam, fand ich zwei lange Briefe von Roland in meinem Briefkasten.

»Bitte lies diesen Brief und wirf ihn nicht weg«, bat er im ersten.

»Anbei liegt noch ein kleines Gedicht von mir, das ich vorgestern für dich geschrieben habe«, schrieb er im zweiten Brief. Ich hielt das wunderschöne Gedicht in Händen, das wenige Wochen zuvor noch alles hätte ändern können. Unaufhaltsam liefen mir die Tränen über das Gesicht, während ich las, was sich Roland von der Seele geschrieben hatte.

»Wie ein Föhnwind, warm und heftig,
gar nicht überraschend und dennoch wichtig
kamst Du zu einer Zeit die völlig richtig,
jedoch absurd durch Zeit und Stelle
Wie ein Föhnwind, warm und heftig,
erzählt er mir von Deinen Träumen,
wo Deine Augen wie Sterne funkeln,
fällt es mir nicht schwer, den Kurs zu steuern
Wie ein Föhnwind, warm und heftig,
hart am Wind direkt zu Dir,
stark durch Wille und Kraft,
zu durchbrechen des Schweigens Wall
Wie ein Föhnwind, warm und heftig,
droht er zu durchbrechen der Blume Stiel,
drum, pflück Du die Blumen, wo Du bist,
denn, wer Dich trifft, ist glücklich
so, wie ich.«

Der Schmerz zerriss mich innerlich. Ich konnte und wollte meine Gefühle für Roland nicht verleugnen. Ich liebte ihn noch immer. Doch es gab für uns keine gemeinsame Zukunft. Ihn zu verlassen erschien mir schwieriger und schmerzhafter, als verlassen zu werden. Ich vermisste ihn sehr. Immerhin hatten wir fünf entscheidende Jahre miteinander verbracht. Der Tod meiner Mutter, der Beginn meines Studiums, mein Auszug von zu Hause, meine erste eigene Wohnung, der Haarausfall. Bei all diesen schwierigen Stationen meines Lebens hatte er mich begleitet. Aber etwas drängte mich weiter. Ich musste meine eigene Freiheit finden. Ich hörte nie mehr etwas von ihm. Von Zeit zu Zeit erzählten mir gemeinsame Freunde, dass sie ihn gesehen hätten. Unsere Freundschaft aber war für immer verloren.

Kurze Zeit später rief mein Vater an, um zu hören, wie es mir geht.

»Und? Was gibt's Neues?«

»Ich habe mich von Roland getrennt«, platzte ich ohne Vorwarnung heraus.

»Ach du Schande!«, entfuhr es ihm.

»Wieso?«

»Ich habe gedacht, wo das Kind jetzt so aussieht, kann sie froh sein, dass sie wenigstens Roland hat.«

Ich war entsetzt. Wie sollte ich diese Äußerung deuten? Mein Vater war offenbar der Ansicht, dass sich wegen meines fortgeschrittenen Haarausfalls kein Mann mehr für mich interessieren würde. Fand mein eigener Vater mich unattraktiv, nur weil ich keine Haare mehr auf dem Kopf hatte? Vielleicht hätte mich diese Reaktion entmutigen oder deprimieren müssen. Doch eine unbändige Wut regte sich in mir und machte mich stark. Trotzig nahm ich mir vor: Jetzt erst recht! Plötzlich war ich ganz und gar nicht mehr der Meinung, unattraktiv zu sein. An meinem Gesicht und meiner Figur hatte sich doch nichts geändert! Sollte ich etwa von Männern wegen dieses einen Makels abgelehnt werden? Bernd liebte mich so, wie ich war. Wir schliefen miteinander, und es machte mir nichts aus, dabei völlig kahl zu sein. Im Gegenteil, es war ein Gefühl des Beschütztseins, wenn er nachts meinen Kopf streichelte. Auch wenn ich mich nur bei mir zu Hause oder in Bernds Wohnung ohne Perücke zeigte, ergriff mit einem Mal eine ungeahnte Kühnheit von mir Besitz. Kein Mann würde mich ablehnen, nur weil ich keine Haare mehr hatte. Ich wollte es ihnen allen zeigen.

Eines Tages, es war an einem Sonntagnachmittag, besuchten Bernd und ich eine kleine Vorortkirmes, die alljährlich anlässlich des Schützenfestes stattfand. Es war ein schöner und sonniger Tag, und wir hatten uns vorgenommen, dem Autoselbstfahrer – heute sagt man wohl Autoskooter – einen Besuch abzustatten. Bester Laune kauften wir Chips und bestiegen zwei verschiedene Wagen. Es sollte ein kleines Rennen werden. Als der Startton erklang, fuhr Bernd sofort los. Aber bei meinem Gefährt war das Lenkrad total überdreht, so dass ich immer wieder rückwärts vor die Bande gedrückt wurde. Es dauerte eine Weile, bis ich den Wagen unter Kontrolle hatte und mich auch ins Getümmel stürzen konnte. Es herrschte viel Betrieb. Fast alle Wagen waren besetzt. Rundherum standen die Menschen dicht gedrängt. Ich hatte Bernd völlig aus den Augen verloren und fuhr gerade, nach ihm Ausschau haltend, in die Mitte hinein, als mir plötzlich jemand hinten auf meinen Wagen auffuhr. Der gewünschte Spaßeffekt. Im gleichen Moment spürte ich, dass mir am Kopf kalt wurde. Ich griff nach meiner Perücke und war entsetzt! Sie war nicht mehr da. Die drei Strähnen, die ich noch besaß und sorgsam unter der Perücke mit einer Spange zusammengehalten hatte, hatten sich gelöst.

»Jenny, Jenny!«, hörte ich jemanden hinter mir meinen Namen rufen. Als ich mich umdrehte, sah ich Bernd im Wagen hinter mir sitzen, mit meiner Perücke in der Hand. Er hatte mich gerammt. Sein Gesicht war vor Lachen gerötet. Doch mir war ganz und gar nicht nach Lachen zumute. Überall standen Menschen. Von allen Seiten wurde ich angestarrt. Jedes Gespräch schien erstorben, nur die blecherne Musik schallte aus den Lautsprechern. Hastig griff ich nach der Perücke. Gerade noch im richtigen Moment. Denn diese Wagen besitzen zwar ein Gaspedal, aber keine Bremse. Es blieb mir nichts anderes übrig, als die Perücke in den Schoß zu legen und mit wehenden Strähnen weiterzufahren. Als die Autos endlich stillstanden, setzte ich schnell die Perücke wieder auf. Es war mir egal, ob sie richtig saß. Hauptsache, dass niemand mehr mein Geheimnis sehen konnte. Und Bernd tat etwas, was ich ihm nie vergessen werde. Er lief quer über die Fahrfläche zu mir, zog mich an der Hand aus dem Auto und küsste mich vor allen Leuten. Dann nahm er mich in den Arm und ging langsam mit mir durch die Zuschauer hindurch die Treppenstufen hinunter. Wortlos machten die Leute Platz, um uns durchzulassen.

»Mein Gott, war mir das peinlich«, sagte ich, als wir unten waren. Meine Beine schienen ihren Dienst zu versagen.

»Ich glaube, den Leuten war es peinlicher als dir. Ich fand es toll, wie du weitergefahren bist ohne Perücke. Respekt!«, gab er mir anerkennend zur Antwort. »Das war wirklich komisch«, erzählte Bernd, »wie die Perücke senkrecht in die Luft flog, einen Moment dort stillzustehen schien und dann, genau in dem Augenblick, als ich auf deinen Platz rutschte, wieder herunterkam. Ich brauchte nur noch die Hand aufzumachen und danach zu greifen. Wie in einem alten Kintoppfilm. Mein Gott, war das komisch.«

Plötzlich musste auch ich lachen. Zum ersten Mal konnte

ich einer solchen Situation eine gewisse Komik abgewinnen. Es war regelrecht befreiend. Ich hatte gezwungenermaßen fremden Menschen meinen fast kahlen Kopf präsentiert. Obwohl ich mir nicht gerade wünschte, das noch mal erleben zu müssen. Freunde und Familie wussten, wie ich aussah. Aber in der Öffentlichkeit hatte ich bislang nicht den Mut aufgebracht, meine Glatze zu zeigen.

Bernd war sehr unternehmungslustig. Außerdem hatte er eine besondere Vorliebe für Körperkultur jeglicher Form. An einem Wochenende schlug er mir vor, in die Sauna zu gehen.

»In die Sauna?«, rief ich entsetzt aus. »Aber die sind da doch alle nackt!«

»Das lässt sich wohl kaum vermeiden«, lachte Bernd.

Das wusste ich auch. Aber außer mir hatten alle Haare auf dem Kopf und am Körper. Einige Monate zuvor hatte ich auch die Schambehaarung verloren. Nur spärlich wuchsen die Haare seit ein paar Wochen wieder. Jeder könnte das in der Sauna sehen. Man würde mich anstarren.

»Komm, stell dich nicht so an! Lass uns fahren! Es wird uns gut tun«, sagte Bernd. Wie hätte er auch meine Ängste verstehen können? Widerwillig packte ich Handtücher, Badelatschen und meinen Kulturbeutel in eine Sporttasche, und schon ging es mit seiner hellblauen Ente los.

Ich war wohl die angezogenste Besucherin in der Sauna. Um die Hüften hatte ich ein großes Badetuch geschlungen, so dass niemand die fehlende Schambehaarung sehen konnte. Den Kopf hielt ich mit einem dünnen, zu einem Turban geschlungenen Handtuch bedeckt. Natürlich wurde ich angestarrt. Es kam eben nicht sehr oft vor, dass jemand so verhüllt wie ich in der Sauna saß. Besondere Schwierigkeiten bereitete mir das kalte Abduschen. Ich geriet regelrecht in Stress, weil ich versuchte, gegen den Rhythmus der anderen Saunabesucher die einzelnen Gänge durchzuführen. Wenn sie schwitzten, suchte ich schnell die kalte Dusche auf und umgekehrt. Es blieb bei diesem einen Saunabesuch für viele Jahre.

Meine Beziehung mit Bernd dauerte knapp anderthalb Jahre. »Ein Phantast!«, war der Kommentar meines Vaters, als er ihn kennen gelernt hatte. Mit der Zeit schloss ich mich dieser Meinung an.

Zu Beginn unserer Liaison hatte Bernd den selbstständigen und unabhängigen Partner gespielt. »Das sage ich dir gleich. Gemeinsamer Urlaub ist nicht drin! Man muss in einer Beziehung immer darauf bedacht sein, dass man seine Unabhängigkeit nicht verliert«, trug er mir in großen Tönen vor. Doch einige Zeit später war er derjenige, der danach lechzte, jede Minute – auch die Ferien – mit mir verbringen zu können. Ein gemeinsamer Aufenthalt über Pfingsten an der Nordsee endete in einer Katastrophe. Auf der Insel merkte ich erst, wie fremd wir einander tatsächlich waren. Die Verbundenheit mit Natur und Meer, die mir seit meiner Kindheit geblieben war, konnte er in keiner Weise nachvollziehen. Während ich jedes Pflänzchen in den Dünen, jeden Vogel, der aus den Wattwiesen aufstieg, und Wetter und Gezeiten genauestens kannte, spazierte er wie Hans-guck-in-die-Luft neben mir her. Wie spannend die Natur um ihn herum war, bemerkte er nicht. Er war ein Kind der Großstadt und konnte mein Heimweh nach der Nordsee nicht nachempfinden. Die Euphorie darüber, dass er mich als Frau auch ohne Haare respektierte, hatte mich blind gemacht. Ich hatte ihn und sein Begehren gebraucht, um mich selbst respektieren zu lernen und eine neue Liebe zu mir entdecken zu können. Fair war es sicherlich nicht. Aber damals war es für mich die einzige Möglichkeit gewesen. Während meiner Beziehung mit Roland hatte ich meine Haare verloren. Bernd war der erste Mann, den ich kennen gelernt hatte, obwohl oder gerade weil ich nicht mehr dem Schönheitsideal entsprach, das Werbung und Gesellschaft immer wieder propagieren. Ich hatte mir beweisen müssen, dass ich auch ohne Haare noch eine Frau war. Mein neu gewonnenes Selbstbewusstsein gab mir schließlich die Kraft, mich von Bernd zu trennen. Ich war sicher, ab sofort meinen Weg alleine gehen zu können.

Inzwischen empfand ich die Perücke als unerträglich. Bei jedem stärkeren Windstoß hielt ich sofort die Hand auf mein falsch behaartes Haupt, aus Angst davor, dass sie wegfliegen könnte. Ein Kopftuch erschien mir sicherer und zuverlässiger. Ich legte mir stapelweise unifarbene Baumwolltücher zu, die ich mir passend zur Farbe meiner Kleidung um den Kopf knotete. Ich färbte Baumwollwindeln in allen Schattierungen ein. Schon vor der Zeit des Haarausfalls hatte ich häufig Tücher getragen, allerdings waren die Gründe damals andere gewesen. Ich hatte immer sehr feines und schnell fettendes Haar gehabt. Tücher standen mir recht gut. Ich hatte das Gefühl, mir selbst ähnlicher zu sehen. Eine Tatsache, die mir bei Perücken stets große Schwierigkeiten bereitete. Bald wurde das Kopftuch zu meinem Markenzeichen. Kaum glaubte ich, meinen kahlen Kopf zumindest halbwegs akzeptiert zu haben, schlug das Schicksal erneut zu. Eines Tages stellte ich beim Schminken entsetzt fest, dass mir nun auch die Augenbrauen ausfielen. Langsam wurden sie dünner und insgesamt kürzer. Es war ein schleichender Prozess. Zwar gelang es mir, die fehlenden Haare mit einem Augenbrauenstift zu retuschieren. Aber dann kam der Tag, an dem ich eine ganze Braue ersetzen musste. Es begann auf der linken Seite. Immer häufiger kontrollierte ich im Spiegel, wie weit der Haarausfall schon fortgeschritten war.

Alle äußerlichen Behandlungsmethoden beschränkten sich

auf die Kopfhaut. Für das Gesicht gab es nichts, was man aufpinseln oder einreiben konnte. So hatte ich ein neues Problem zu lösen. Nicht nur, dass ich jeden Morgen vor dem Verlassen des Hauses mein Tuch binden musste, was mich manches Mal, wenn ich es eilig hatte, zum Wahnsinn trieb. Jetzt war ich auch noch gezwungen, mir allmorgendlich vor dem Spiegel eine ganze und bald auch noch die andere halbe Augenbraue anzumalen. Zunächst setzte ich die üblichen kosmetischen Hilfsmittel – einen Augenbrauenstift – ein. Doch diese Brauen wirkten unecht und angemalt. Stets bemüht, so normal wie möglich auszusehen, wurde ich erfinderisch. Ich kam auf die Idee, Wimperntusche zu Hilfe zu nehmen. Merkwürdigerweise blieben nämlich feine, helle Härchen dort, wo einmal meine Augenbrauen durch Anwesenheit geglänzt hatten. Und diese Härchen färbte ich vorsichtig mit dem Bürstchen einer alten, etwas eingetrockneten Wimperntusche ein. Ausrutscher korrigierte ich mit einem Wattestäbchen, das ich zum Schluss noch mal am unteren Rand der gezogenen Braue entlangführte. So gelang es mir, auch dieses Makel zu verstecken.

Doch die angemalten Augenbrauen führten zu neuen Problemen. Bei Regen war meine Sorge groß, dass die Farbe verlaufen könnte. Wenn ich bei der Krankengymnastin auf dem Bauch lag, um meinen Rücken bearbeiten zu lassen, geriet ich stets in Panik, wenn ich das Gesicht in dem viel zu kleinen Loch am Kopfende der Liege vergraben musste. Die Wimperntusche wurde zu einem festen Bestandteil meiner Handtasche, damit ich mir nötigenfalls die Augenbrauen nachziehen konnte.

Allmählich fühlte ich mich in meinem neuen Leben als Single recht wohl, auch wenn die Angst vor einem neuen Krankheitsschub stets präsent blieb. Ich traute mich auch wieder, ohne einen männlichen Beschützer an meiner Seite auszugehen. Eines Tages fiel mir ein Aushang in der Uni auf:

Die Räuber
von Friedrich von Schiller
Aufführung für Studenten in der Alten Messe in Düsseldorf
mit Matthias Fuchs und Jürgen Prochnow
anschließend
Diskussion mit den Darstellern

Ich hatte große Lust, mir das Stück anzuschauen. Die Aufführung fand am späten Nachmittag statt. Der große Raum in der alten Messe war auf ungewöhnliche Weise für das Theaterstück hergerichtet worden. Um ein freies Quadrat in der Mitte des Raumes waren an drei Seiten lange Holzbänke wie in Biergärten aufgereiht, so dass sich die Schauspieler auf der gleichen Ebene wie die Zuschauer bewegten. Man wurde also in das Stück einbezogen. Es fehlte die Distanz, die man aus normalen Theatern kannte. Ich war frühzeitig gekommen und setzte mich auf der rechten Seite in die erste Reihe, damit mir niemand die Sicht versperren konnte. Meine Vermutung war richtig gewesen. Der Zuschauer bekam den Eindruck, ein Teil des Geschehens auf der Bühne zu sein. Peter Löscher, der Regisseur, wollte, dass die Schauspieler sich entwickeln können und über Improvisationen zum Stück gelangen. Die Rolle des Franz Moor wurde von einem Schauspieler gespielt, dessen Gesicht bis zur Unkenntlichkeit weiß geschminkt war und der im Nadelstreifenanzug mit zusammengebundenen Knien während des ganzen Stücks spielte, wodurch die Figur groteske Züge annahm. Ein Bösewicht, der einer gewissen Komik nicht entbehrte. Es war gerade dieser Schauspieler, der mich von Anfang an faszinierte. Seine Darstellung des Bösen war so überzeugend, dass ich alles um mich herum vergaß. Ich ließ mich mitreißen von der Figur des Franz Moor.

In der Pause verließ ich mit den meisten Studenten den Raum, um draußen eine Zigarette zu rauchen.

»Was machst du denn hier?«

Ich fuhr herum. Vor mir stand eine Kommilitonin aus meinem Semester, die ich flüchtig kannte.

»Der Aushang in der Uni hat mich neugierig gemacht. Und dann der Sonderpreis für Studenten«, antwortete ich.

»Mir ging es genauso. Tolle Inszenierung! Findest du nicht?«, sagte die Studentin, an deren Namen ich mich beim besten Willen nicht mehr erinnern konnte.

»Doch. Vor allem fasziniert mich die Art und Weise, wie dieser Schauspieler den Franz Moor spielt«, schwärmte ich. »Er scheint sich selbst total aufgegeben zu haben. Er spielt, als ob er wirklich der Franz Moor wäre. Einfach irre! So was habe ich noch nie gesehen.«

»Ja, weißt du denn nicht, wer das ist?«

»Nee, keine Ahnung. Sollte ich den kennen?«, fragte ich ahnungslos.

»Na klar! Das ist doch der Jürgen Prochnow.«

Offensichtlich war ich schlecht informiert. Aber Namen waren eigentlich nie meine Stärke gewesen. Ich konnte mich oft nur an Gesichter in Verbindung mit bestimmten Situationen erinnern.

»Jürgen Prochnow? Kenn ich nicht!«, antwortete ich.

»Der hat doch in dem Schwulenfilm ›Die Konsequenz‹ mitgespielt, der vor einiger Zeit im Fernsehen für Aufsehen gesorgt hat.«

»Ja, den Film habe ich auch gesehen. Ist das etwa der, der den Gefangenen gespielt hat?«

»Genau.«

Zufrieden strahlte mich meine Kommilitonin an.

»Kein Wunder, dass ich von seiner Interpretation des Franz Moor so begeistert bin. Im Film hat der Typ auch so überzeugend gespielt, dass man glauben musste, der ist wirklich schwul.«

Bis zum Ende des Theaterstücks ließ mich Franz Moor nicht mehr los. Häufig stand er direkt vor mir. Ich fühlte nicht mehr die harte Sitzbank, nahm die anderen um mich herum nicht mehr wahr. Ich war in eine andere Welt eingetaucht.

Nach der Aufführung stand Jürgen Prochnow mit Matthias Fuchs dem Publikum Rede und Antwort. Auch ich meldete mich mehrmals zu Wort. Es war eine hochinteressante Diskussion.

Als ich die Messe verließ, war es draußen noch hell. Leicht deprimiert und frustriert hatte ich mich auf den Weg gemacht. Nun – nur wenige Stunden später – war ich in Hochstimmung. Als ich am Rheinufer in Düsseldorf mit meinem Wagen an einem Zebrastreifen hielt, musste ich plötzlich über all die Leute lachen, die da vor mir die Straße überquerten. Fast jeder trug eine Plastiktüte. Alle schienen ein Ziel vor Augen zu haben, irgendetwas nachzujagen. Sie wirkten gehetzt, nahmen die Welt um sich herum offensichtlich gar nicht mehr wahr.

»Nun guck sich mal einer diese Idioten an!«, dachte ich. »Alle machen sie dasselbe. Individualität ist nicht gefragt. Nur immer schön mit der Masse schwimmen. Aber nicht mit mir!«

Ich war nicht mehr die Gleiche. Übers Wochenende versuchte ich, mir darüber klar zu werden, was eigentlich geschehen war. Offensichtlich hatte ich mich nicht nur von den schauspielerischen Fähigkeiten, sondern vor allem von der Ausstrahlung dieses Mannes faszinieren lassen. Dies hatte etwas in mir ausgelöst. Ich wollte mich nicht mehr verstecken, wollte ich selber sein. Seit langem war es mir nicht mehr so gut gegangen. Ich hatte schon vor geraumer Zeit damit begonnen, meine Gefühle und Dinge, die mich bewegten, niederzuschreiben. Manchmal wurden daraus Gedichte und Liedertexte. Auch dieser Moment war es wert, festgehalten zu werden. Spontan schrieb ich das Gedicht »Ausgeflippt«.

Ich bin unzufrieden,
nicht mehr gediegen,
was hab ich getrieben mit mir selbst?

Immer hab ich die andern beneidet,
und meine Chancen gar nicht gesehn.
Doch den Weg, den ihr ständig vermeidet,
gerade den werde ich nun gehn.

Männern hab ich mich untergeordnet,
Ideologien andrer geglaubt,
eigene Werte völlig vergessen
oder auch niemals richtig gebraucht.

Schluss mit Engstirnigkeit,
mit Bürgerlichkeit,
meine Fähigkeit suche ich jetzt!

Viel verrückte Sachen will ich machen,
als Frau mal Männer abschleppen gehen.
Nie mehr verzichten auf mein Lachen
und nie mehr auf der Stelle gehen.

Ich will nicht zurück in euer Leben,
denn da kann ich nicht mehr glücklich sein.
Jetzt werd ich nach andren Werten streben,
trotzdem ich weiß, ihr lasst mich allein!

Ja, ich bin ausgeflippt,
und ihr hasst mich deswegen.
Ja, ich bin ausgeflippt,
doch, lasst mich am Leben.

Lange dachte ich über diesen plötzlichen Stimmungswechsel nach. Dieser Schauspieler mit seiner hingebungsvollen Darstellung hatte diesen Wandel bewirkt. Der Wunsch, den Menschen, der sich hinter der Maske des Franz Moor versteckte, kennen zu lernen, ließ mich nicht mehr los. Zwei Tage hielt ich es aus, dann blätterte ich das Düsseldorfer Telefonbuch durch. Wenn er in Düsseldorf für längere Zeit ein Engagement hatte, vielleicht stand er ja im Buch. Und tatsächlich fand ich einen einzigen Jürgen Prochnow. Ohne zu zögern, rief ich an.

»Ja bitte?«, hörte ich eine Männerstimme am anderen Ende der Leitung.

Ich war ziemlich nervös. Was tat ich da eigentlich? Ich konnte doch nicht einen wildfremden Menschen einfach anrufen. Und was sollte ich sagen? Was wollte ich eigentlich von ihm?

»Entschuldigung. Spreche ich mit Jürgen Prochnow?«

»Am Apparat.«

»Ich bin Studentin an der Universität Düsseldorf und habe Sie vor ein paar Tagen in der Studentenaufführung der Räuber gesehen«, erklärte ich mit zitternder Stimme.

»Tut mir Leid. Ich bin nicht *der* Jürgen Prochnow«, sagte der Mann mit einem Lachen. »Sie wollen sicher mit dem Schauspieler sprechen.«

»Oh, das wusste ich nicht.« Das geschah mir gerade recht.

»Macht nichts. Es rufen immer ab und zu Leute an, seitdem er in Düsseldorf spielt. Zufällig haben wir den gleichen Namen. Aber ich denke, dass ich Ihnen weiterhelfen kann.

Er wohnt bei seiner Mutter in Düsseldorf. Warten Sie mal! Ich habe die Nummer irgendwo aufgeschrieben.«

Er tat so, als sei dieses Telefonat die größte Selbstverständlichkeit.

»Ach, da ist sie ja. Haben Sie etwas zum Schreiben?«, sagte der andere Jürgen Prochnow.

Nun hatte ich also die richtige Nummer. Die Freundlichkeit des Mannes am Telefon hatte mir Mut gemacht. Was konnte schon passieren? Schlimmstenfalls würde er mir sagen, dass ich komplett verrückt sei, und einhängen. Ich wählte erneut.

»Prochnow!« Das war der richtige. Ich hörte es sofort an seiner Stimme.

»Guten Tag. Mein Name ist Jenny Latz. Ich habe Sie in der Studentenaufführung der Räuber in der alten Messe gesehen. Entschuldigen Sie, wenn ich Sie belästige! Aber Ihre Darstellung des Franz Moor hat mich derartig gefesselt, dass ich gerne mit Ihnen darüber sprechen würde.«

»Es freut mich zu hören, dass es Ihnen gefallen hat.« Seine sympathische Stimme ließ mich ruhiger werden. Jedenfalls wirkte er nicht verärgert.

»Sie halten mich sicher für verrückt. Aber der Besuch dieses Stücks hat mich total umgekrempelt. Ich würde gern herausfinden, wie so etwas möglich sein kann.«

»Ich denke ganz und gar nicht, dass Sie verrückt sind«, antwortete Jürgen Prochnow. »Ganz im Gegenteil! Man hört als Theaterschauspieler leider viel zu selten, welche Wirkung man auf das Publikum hatte. Ich finde es toll, dass Sie sich an mich gewendet haben.«

»Da fällt mir aber ein Stein vom Herzen«, gab ich erleichtert zu.

»Wie wär's mit Mittwochabend nach der Vorstellung? Sie holen mich am Bühnenausgang ab, dann können wir zusammen einen trinken gehen und uns in aller Ruhe unterhalten.«

»Ich wollte mir das Stück sowieso noch mal anschauen, um zu sehen, ob wieder das Gleiche passiert. Mittwoch passt mir gut!«, antwortete ich.

»Also bis Mittwoch.«

So saß ich ein paar Tage später wieder in der Alten Messe, wieder in der ersten Reihe und sah mir erneut die Aufführung von Schillers Räubern an. Es geschah wieder. Das Spiel von Jürgen Prochnow faszinierte mich, es entführte mich in eine andere Welt, in eine Welt, in der alles möglich schien.

Nach dem Stück holte ich meinen Wagen und parkte wie verabredet direkt vor dem Bühnenausgang. Ich musste recht lange warten, bis plötzlich die Tür aufging und Jürgen Prochnow mit einem Blumenstrauß in der Hand herauskam. Er steuerte mit einer Kollegin direkt auf den Parkplatz zu. Ich stieg aus dem Wagen und ging auf die beiden zu.

»Guten Abend, Herr Prochnow. Ich bin Jenny Latz. Wir haben telefoniert«, sagte ich.

Erstaunt sah er mich an und erwiderte:

»Ach Gott, das tut mir aber Leid. Ich habe unsere Verabredung total vergessen. Und eigentlich habe ich heute auch gar keine Zeit. Ein Kollege feiert seinen Geburtstag und hat die ganze Besetzung eingeladen.«

Er schien mich wirklich vergessen zu haben. Ich bereute bereits, dass ich überhaupt an diesem Abend erschienen war.

»Da kann man wohl nichts machen«, sagte ich enttäuscht.

»Aber warten Sie mal! Haben Sie vielleicht Lust mitzukommen? Wir treffen uns alle in der ›Uel‹ in der Altstadt. Kennen Sie sich aus?«

»Natürlich. Wir treffen uns dort oft nach der Uni«, antwortete ich. »Aber ich will nicht stören.«

»Unsinn! Sie stören nicht. Fahren Sie einfach hinter mir her! Vielleicht haben wir dort die Gelegenheit, uns ein wenig zu unterhalten.«

Als ich zu meinem Wagen zurückging, fragte ich mich, welches Modell Jürgen Prochnow wohl fahren mochte. »Sicherlich eine alte Kiste. Der Typ interessiert sich nicht für Geld und Konventionen«, dachte ich, während ich im Auto saß und wartete. Doch ich hatte mich geirrt. Er fuhr einen teuren Wagen. Ich folgte ihm Richtung Altstadt, während mir tausend Gedanken durch den Kopf gingen. Wie würden die Schauspieler auf meine Anwesenheit reagieren? Würde ich überhaupt mit ihm reden können, in einer Kneipe?

Als ich das Lokal betrat, fiel mir sofort die lustige Gesellschaft auf. Das mussten die Geburtstagsgäste sein. Jürgen und seine Kollegin waren schon da. Er winkte mich herüber und stellte mich vor. Niemand nahm daran Anstoß, dass ich einfach mitgekommen war, ohne eingeladen zu sein. Ganz im Gegenteil, der Schauspieler, der seinen Geburtstag feierte, setzte sich zu mir, und wir diskutierten über das Stück. »Ich finde es toll, dass du hier bist. Wir haben ja nur selten Kontakt zum Publikum. So kann man wenigstens mal hören, welchen Eindruck der Zuschauer hat«, sagte er.

Die meisten saßen inzwischen an einem großen Tisch zusammen. Ich nahm direkt links von Jürgen Platz.

»Was studierst du eigentlich?«, fragte er mich.

Irgendwie waren wir beim Du gelandet, und ich empfand es ganz und gar nicht als unangenehm.

»Germanistik und Philosophie«, antwortete ich.

»Willst du Lehrerin werden?«

»Richtige Lust auf Lehramt habe ich eigentlich nicht.«

»Warum? Der Lehrerberuf ist doch ein sehr schöner Beruf«, sagte er.

»Ach, ich weiß nicht so recht. An der Schule gibt es doch

nur Druck. Von Seiten der Eltern, von den Kollegen, vom System. Ich habe nur wenige gute Lehrer in meiner Schulzeit gehabt. Die meisten üben ihren Beruf nur wegen der Kohle aus. Das möchte ich den Schülern ersparen. Mein Traum wäre es, Schauspielerin zu werden.«

»Eine gute Freundin von mir aus Hamburg ist Lehrerin. Wir unterhalten uns oft darüber. Ich denke, dass du es zumindest mal versuchen solltest. Es hängt immer davon ab, was man selbst aus seinem Leben macht. Um Schauspieler zu sein wie ich, muss man es wirklich wollen.«

Er erzählte mir von seiner Familie, die nichts mit Theater zu tun hatte, und wie er Schauspieler geworden war. Seine sympathische Stimme tat mir gut. Wir sprachen über das Stück, über den Film »Die Konsequenz«, über die bessere Interaktion zwischen Schauspieler und Zuschauer im Theater und darüber, dass man alles erreichen kann, wenn man es wirklich will. Jetzt, wo wir so dicht beieinander saßen, wusste ich mit einem Mal, wodurch dieser Mann mich derartig in seinen Bann gezogen hatte. Es waren seine wasserblauen Augen, die fast hypnotisch wirkten. Sie schienen mich zu durchleuchten, den Grund meiner Seele zu erforschen. Diese Augen konnte man auch durch die dickste Schminke nicht verdecken. Es hätte mich sehr überrascht, wenn dieser Mann nicht die Karriere gemacht hätte, auf die er heute zurückblicken kann. Mein Traum, Schauspielerin zu werden, würde sich allerdings nie erfüllen, solange ich keine Haare hatte. Aber davon konnte ich ihm nichts erzählen. Ich behielt mein Geheimnis für mich und fuhr nach Hause. Als ich mich verabschiedete, sagte er zu mir:

»Wenn du dich weiter mit mir unterhalten willst, ruf mich einfach an.«

Das tat ich nur noch ein einziges Mal, etwa eine Woche später, um ihm zu sagen, dass ich versuchen wollte, mein Leben selbst in die Hand zu nehmen, um herauszufinden, was das Richtige für mich ist. Er hat nie erfahren, welche Veränderung er in meinem Leben tatsächlich bewirkt hat.

Ich musste nur bei mir selbst anfangen! Musste ich denn jeden hassen, von dem ich mich schlecht behandelt fühlte? Konnte ich mir denn all die Verletzungen, die ich mir selbst zugefügt hatte, verzeihen? Eines Tages, so hoffte ich, würde ich dazu fähig sein, mein Denken und Fühlen aller Welt preiszugeben, und ich würde einfach dabeistehen und zusehen, wie meine Beweggründe offen gelegt und untersucht würden.

Ich war jung, schön und Single. Ich flirtete, wann immer sich eine Gelegenheit ergab, und spürte, dass es noch viele Freiheiten zu erobern galt. Bernd, mein Exfreund, und Jürgen Prochnow hatten mich mutig gemacht. Immer häufiger ging ich aus und fand zu meiner alten Unbekümmertheit zurück. Bei meinen abendlichen Zügen durch die Stadt mit Freunden oder alleine achtete ich stets darauf, gut bedeckt und geschminkt zu sein. Ich wollte alleine entscheiden, wem ich von meinem Haarproblem erzählte und wem ich es zeigte. Es gelang mir immer perfekter, meine Umwelt zu täuschen. Ich lernte viele nette Leute kennen, mein Bekanntenkreis nahm ständig zu.

Dazu gehörten auch Elke und Peter. Er war Architekt und sie Grundschullehrerin. Die beiden lebten auf einem renovierten Bauernhof in wunderschöner Natur am linken Niederrhein. Elke wusste Bescheid. Ich hatte es gewagt, ihr von meiner Krankheit zu berichten. Sie zählte daher für mich zum Kreis der Geheimnisträger. Eines Tages rief sie mich an, um mich zu fragen, ob ich Lust hätte, einen guten Freund von ihr, einen Werbegrafiker und Fotograf, kennen zu lernen. Ich sagte zu und fuhr gleich am nächsten Wochenende zu der Adresse, die sie mir beschrieben hatte. Er wohnte ganz in ihrer Nähe.

Ich musste ein wenig suchen, denn das Haus lag ganz versteckt. Da war die Haltestelle, von der Elke gesprochen hatte. Ich drosselte die Geschwindigkeit. Ein schmaler Weg führte durch die Straßenbäume auf freies Gelände. Ich parkte den Wagen direkt vor dem auf der rechten Seite liegenden Haus. Haus ist eigentlich nicht der richtige Ausdruck. Es war ein schlossähnliches Gebäude. An der Haustür befanden sich nur zwei Namensschilder. Gab es etwa nur zwei Wohnungen in diesem riesigen Haus? Elke machte auf und begrüßte mich überschwänglich wie immer. Gleich im Erdgeschoss lag die Wohnung. Das Wohnzimmer war riesengroß, schätzungsweise etwa vierzig Quadratmeter. Das alte Parkett knarrte unter meinen Füßen. Der Raum war spärlich modern möbliert. Als mein Blick an den Wänden entlang nach oben glitt, sah ich die alte Stuckverzierung an den hohen Decken. Die ebenfalls hohen, alten Fenster gaben die Aussicht auf einen alten verwilderten Garten frei, hinter dem man Kornfelder sehen konnte. Alles war offenbar im ursprünglichen Zustand erhalten worden. Es war ein überwältigender Eindruck.

»Darf ich euch bekannt machen?«, unterbrach Elke meine Träume.

»Das ist Wolfgang. Wolfgang, das ist Jenny.«

Wolfgang schien so gar nicht in diese prachtvolle Umgebung zu passen. Er reichte mir gerade bis zur Schulter. Offenbar litt er unter einer Verwachsung. Er hatte einen rachitischen Brustkorb, der weit nach vorne ragte. Sein Körper war spindeldürr. Die ergrauten Haare und seine Statur machten es schwer, sein Alter zu schätzen. Er war sicherlich einige Jahre älter als ich. Aber irgendwie passte er auch gerade wegen seiner merkwürdigen Erscheinung in diese Umgebung.

»Schön, dich kennen zu lernen.« Er kam auf mich zu und reichte mir die Hand. »Elke hat mir schon viel von dir erzählt.«

Wir setzten uns auf die alte Terrasse, deren Steinfliesen so aussahen, als ob sie eine Menge Geschichten zu erzählen hätten. Elke hatte ohne meine Einwilligung bereits davon berichtet, dass ich aufgrund meines Haarausfalls ständig Kopftücher trug. Glücklich war ich nicht darüber, dass sie mein Geheimnis einfach so weitertratschte. Immerhin kannte ich diesen Wolfgang noch gar nicht. Und eigentlich versuchte ich zu verstecken und zu vergessen. Bald kam das Gespräch auf meine Haarkrankheit. Wolfgang nahm großen Anteil an meinem Schicksal. Geduldig beantwortete ich alle Fragen. Dass man die Ursache nicht kennt, welche Therapien ich schon ausprobiert hatte und so weiter. Nach kurzer Zeit war meine anfängliche Scheu besiegt. Die Tatsache, dass auch Wolfgang nicht den herrschenden Schönheitsnormen entsprach, vermittelte mir ein neues Gefühl der Zusammengehörigkeit. Langsam geriet ich in der wärmenden Nachmittagssonne ins Schwitzen.:

»Wenn es euch nichts ausmacht, dann könnte ich ja mein Kopftuch abnehmen«, sagte ich.

Und da ich gleich uneingeschränkte Zustimmung erntete, verbrachte ich die nächsten Stunden ohne Kopfbedeckung. Nachdem ich, wie schon so oft, die nötigsten Erklärungen über meine Krankheit gegeben hatte, verlief der Rest des Tages so, als wäre es die normalste Sache der Welt, dass ich keine Haare auf dem Kopf hatte.

Auf diesen ersten Besuch bei Wolfgang folgten viele weitere. Er machte mir den Vorschlag, Fotos zu machen. Wir diskutierten nächtelang darüber, welche Möglichkeiten ich mit meinem neuen Look haben könnte. Ich war nicht sicher, ob ich mich wirklich so präsentiert sehen wollte. Zwar hatte ich mir bereits während der Schulzeit immer nebenbei ein wenig Geld mit Fotojobs verdient, aber immerhin hatte ich damals noch Haare gehabt. Den Traum, in diesem Bereich vielleicht eine Karriere aufbauen zu können, hatte ich nie ganz aufgegeben. Sobald meine Haare wiedergekommen waren, wollte ich den Faden wieder aufnehmen. Aber bis dahin? Schließlich schaffte es Wolfgang, meine Bedenken zu zerstreuen. An einem sonnigen Herbsttag trafen wir uns bei ihm zu einer Fotosession. Nach jeder Serie von Aufnahmen schminkte ich mich neu, setzte eine neue Perücke oder einen Turban auf und zog die dazu passende Kleidung an. Das Posieren vor der Kamera bereitete mir großes Vergnügen. Wolfgang gab mir das Gefühl, etwas Besonderes zu sein, nicht auf erotischer oder sexueller Ebene, sondern als Mensch. Sein Interesse an mir war rein freundschaftlicher und professioneller Natur. Wie er mir inzwischen erzählt hatte, fühlte er sich eher zu Männern hingezogen. Vielleicht gerade deshalb gelang es ihm, mir das Gefühl zu vermitteln, schön zu sein, auch ohne Haare. Es gab sogar auch Fotos mit Glatze, die mir ausnehmend gut gefielen. Es war merkwürdig und zugleich aufregend, meinen kahlen Kopf auf Fotopapier abgelichtet zu sehen. Wolfgang versuchte mich dazu zu überreden, einige dieser Aufnahmen zu verkaufen. Doch es machte mir Angst. Ich konnte nicht einschätzen, wie viele Menschen dadurch von meinem Geheimnis erfahren würden. Ich befürchtete, dass sich die Situation meiner Kontrolle entziehen könnte. Zunächst blieb es daher bei Fotos, die ich wie einen Schatz in der Schublade aufbewahrte.

Eines Tages traf ich mich mit Wolfgang zu einem Spaziergang. In den wärmenden Strahlen der ersten Frühlingssonne gingen wir am Rhein spazieren. Vergnügt bummelten wir am Wasser entlang, ließen flache Kieselsteine springen und setzten uns schließlich ans Ufer, um den vorbeiziehenden

Schiffen zuzuschauen. Wolfgang erzählte mir viel aus der Werbebranche, und ich fand es spannend, ihm zuzuhören. Plötzlich zeigte er auf die andere Rheinseite:

»Siehst du das Haus da drüben? Das mit dem Ei auf dem Dach?«

»Wo?«

»Dort.« Er nahm meinen Kopf in seine Hände und drehte ihn sanft nach links.

»Ach, ja.«

»Das ist das Haus von Charles Wilp!«

»Wer ist denn Charles Wilp?«, fragte ich zurück.

»Der hat die Werbung im Fernsehen für Pepsi Cola gemacht. Weißt du, das ist dieser Spot, in dem alle völlig stoned waren von Pepsi Cola. Ich glaube der Spruch war: Im Rausch von Pepsi Cola oder so ähnlich.«

»Ach, die mit den Glatzköpfen?«

»Ja, genau.«

Noch immer blickten wir auf die andere Seite. Es war empfindlich kühl geworden, denn der Wind pfiff hier immer etwas stärker.

»Komm, lass uns noch ein Stück weiter gehen!«, schlug ich vor.

Einige Tage später kam mir Charles Wilp wieder in den Sinn. Ich konnte mich noch gut an die Pepsi-Cola-Werbung erinnern. Der Gedanke, dass Männer und Frauen mit Glatze bereits in einem Werbespot gezeigt worden waren, gab mir das Gefühl, nicht die Einzige zu sein. Immer wieder suchte ich Kontakt zu Menschen, die meine Glatze als normal empfanden. Vielleicht würde ein Gespräch mit Charles Wilp mich weiterbringen. Ich versuchte, seine Telefonnummer herauszubekommen. Ich hatte Glück, nahm meinen ganzen Mut zusammen und rief ihn an. Zu meiner großen Überraschung gab er mir einen Termin für den nächsten Tag.

Herr Wilp empfing mich mit äußerster Höflichkeit. Er zeigte mir seine neuen Arbeiten und gab mir wertvolle Tipps. Aber er machte mir keine Illusionen:

»Es wird hart sein, die nötige Akzeptanz einer Frauenglatze in der allgemeinen Öffentlichkeit zu erreichen.«

Ich war bereit, dafür zu kämpfen. Doch zunächst hatte ich keine Ahnung, wie.

3

Judith kannte ich schon lange vor dem eigentlichen Beginn unserer Freundschaft. Sie strickte leidenschaftlich gern. Stets trug sie ihre sehr individuellen, selbst gefertigten Teile. Wir kannten uns vom Sehen. Mehr nicht. Sie verkehrte in den Kreisen, die langsam auch die meinen wurden: Künstler, Architekten, Grafiker, Musiker. In meiner Zeit mit Roland hatte ich eher zur Schickimicki-Szene gehört. Doch in den zwei Jahren seit unserer Trennung hatte ich wiederholt festgestellt, dass die einst so sicher geglaubten Freunde mit meinem neuen Aussehen Probleme hatten. Mit der Zeit waren die Anrufe weniger geworden. Ich fühlte mich immer fremder in dieser Welt der Schönen und Reichen. Die Künstler dagegen schienen weniger Wert auf allgemeine Konventionen zu legen. Judith gehörte dazu.

Eines Abends, kurz nachdem ich mich von Bernd getrennt hatte und froh war, mein eigenes Leben führen zu können, tauchte Judith bei mir auf. Ich wusste, dass sie direkt bei mir um die Ecke wohnte. Aber bis zu diesem Abend hatten wir wenig miteinander zu tun gehabt.

»Ja, was führt dich denn zu mir?«, entfuhr es mir auch sogleich an der Türe. Meine Ehrlichkeit war manchmal wirklich nicht zu übertreffen.

»Ich habe mir gedacht, dass du dich wunderst«, sagte Judith. »Aber ich war alleine und wusste nicht so recht, was ich tun sollte. Da wollte ich einfach mal bei dir vorbeischauen, wo wir doch praktisch Nachbarn sind.«

»Eigentlich hast du Recht. Schon komisch, dass wir nie so richtig Kontakt miteinander hatten, obwohl wir uns doch recht lange kennen«, antwortete ich. »Komm erst mal rein!« Wir setzten uns ins Wohnzimmer. Ich machte uns einen Kaffee.

»Wieso allein?«, fragte ich. »Ich dachte, du wärst inzwischen verheiratet?«

»Ich habe mich letzten Monat von ihm getrennt.«

Kaum hatte Judith den Satz ausgesprochen, brach ich in schallendes Gelächter aus.

»Was ist denn daran so komisch?«, fragte Judith völlig verdutzt.

»Ich habe mich vor einem Monat von meinem letzten Freund getrennt«, erklärte ich ihr.

Das darauf folgende Gespräch schweißte uns immer enger zusammen. Wir hatten beide dieselben Wünsche und Vorstellungen von unserem Leben. Wir wollten frei und unabhängig sein, uns von keinem Mann in irgendeiner Form einengen lassen.

»Es ist sicher kein Zufall, dass wir uns gerade jetzt treffen«, meinte Judith.

»Nein, gewiss nicht«, erwiderte ich. Von diesem Tag an war unsere Freundschaft besiegelt.

Wenige Monate später entschloss ich mich, mit Judith zusammenzuziehen. Der Umzug bedeutete für Außenstehende eine deutliche Verschlechterung meiner Wohnverhältnisse. Immerhin bewohnte ich eine gutbürgerliche Zweizimmerwohnung mit Kochnische und Bad in einem gepflegten Haus. Ich kannte den Vermieter persönlich, dessen Tochter mit ihrem Mann nebenan wohnte. Von Zeit zu Zeit konnte ich den Garten nutzen. Judith hingegen wohnte in einem leicht heruntergekommenen ehemaligen Gartenhäuschen im Hinterhof. Das Haupthaus war einer dieser hässlichen Vorkriegsbauten. Man betrat den Hausflur, ging bis zum Ende durch und kam durch die Hoftür in einen trostlosen, grauen Hinterhof. Die Mülltonnen stanken sanft vor sich hin. Ein Mauerdurchbruch führte in einen lang gestreckten Garten, der an der linken Seite von dem ebenso lang gezogenen Gartenhaus begrenzt wurde. Hier wohnte Judith alleine, nachdem ihr Mann ausgezogen war. Zunächst hatten die beiden nur den hinteren Teil des Hauses bewohnt. Doch als die anderen Mieter auszogen, machte Judith mir den Vorschlag, dort einzuziehen. Die ganze Atmosphäre gefiel mir sehr und kam meiner neuen Lebenseinstellung entgegen. Meine Wohnung erschien mir spießig und einengend, obwohl sie etwa doppelt so groß war wie das, was mir Judith dort anbot. Das ganze Haus hatte etwa die Länge eines Eisenbahnwaggons. Vorne waren zwei Zimmer, das erste mit einem Kohleofen und einem alten, großen Waschbecken. Das hintere war durch eine Schiebetüre abgeteilt und wurde beheizt, indem das Rohr des Ofens an der Decke entlang durch den Raum zum Kamin führte. Um in Judiths hinteren Teil des Hauses zu gelangen, musste man außen herumgehen. Vom Eingang aus ging es links in Judiths Werkraum, geradeaus war ein altes, renovierungsbedürftiges Bad mit Dusche und Toilette, rechts eine große Wohnküche, durch die man in den Wohnraum gelangte.

Kurzum, mein Umzug bedeutete, dass ich ab sofort Kohlen schleppen und zur Benutzung von Toilette und Bad durch den Garten gehen musste. Beides befand sich in Judiths Bereich. Mein Vater glaubte, dass ich von allen guten Geistern verlassen sei. Aber wie konnte er auch nur ahnen, in welchem Umbruch ich mich befand? Allen Unkenrufen zum Trotz zog ich um, und es begann eine wunderbare Zeit. Es war ein warmer, angenehmer Sommer im Jahre 1979, und ich genoss jeden Tag, den ich draußen verbringen konnte, machte es mir im Garten auf einer Liege bequem oder arbeitete für die Uni an unserem Holztisch, mitten zwischen den bunt wuchernden Blumenbeeten. Die wärmenden Sonnenstrahlen taten mir gut. Die Behandlung mit DNCB, der aggressiven chemischen Substanz, die man mir auf die Kopfhaut aufgetragen hatte, lag bereits einige Zeit zurück. Während der Therapie war es mir verboten gewesen, in die Sonne zu gehen. Die UV-Strahlung hätte schwere Nebenwirkungen hervorrufen können. Ich teilte mir mein Studium so ein, dass ich nur an drei Tagen in der Woche vom linken Niederrhein nach Düsseldorf fahren musste. Mit dem totalen Verlust meiner Kopfhaare hatte sich für mich die Tatsache manifestiert, dass ich mich grundlegend von anderen Menschen unterschied. Es ergab sich also logischerweise, dass ich mich an die Menschen hielt, die mir Sympathie entgegenbrachten und mich und meine Glatze als eine Selbstverständlichkeit hinnahmen. Mehr und mehr genoss ich es, mich aus der so genannten etablierten Gesellschaft auszugrenzen und in ein anderes Leben hinüberzugleiten. Da sich jedoch die Normalität eines Menschen immer an seiner Umgebung misst, begab ich mich in einen Kreis von Leuten, für die ein glatt rasierter Schädel zum Protest gegen bürgerliche Spießernormen passte. Es ist nicht von Skinheads oder prügelnden Neonazibanden die Rede. Die traten zu diesem Zeitpunkt – zum Glück – erst ganz vereinzelt auf. Ich war in eine Szene geraten, die Haschisch rauchte, Skulpturen und Bilder produzierte und versuchte, die braven Bürger durch lautes, schrilles Auftreten zu erschrecken. Der Kopf dieser Clique war ein verkappter Provokations- und Aktionskünstler, der den damals noch lebenden Joseph Beuys anhimmelte und – das war vielleicht die besondere Affinität – selbst seinen spärlich noch vorhandenen Haarschopf abrasiert hatte. Paco war etwa zehn Jahre älter als ich und das Enfant terrible der lokalen Kunstszene. Eine verkorkste Existenz: In den unterschiedlichsten Heimen aufgewachsen, hatte er seine psychischen Probleme zur Lebensphilosophie erhoben und stellte sich und seinen Psychostress am liebsten auf der Bühne zur Schau. Ich mochte ihn einfach nicht. Ich konnte meine Ablehnung an keinem konkreten Punkt festmachen. Vielleicht hing es einfach damit zusammen, dass ich seine Bühnenauftritte, bei denen er sich stöhnend auf dem Boden herumwälzte, eher peinlich fand. Kennen gelernt hatte ich Paco durch Judith. Im Jahre 1979 war die Fluxus-Zone der wichtigste Treffpunkt dieser Leute, die jetzt zu einem festen Bestandteil meines Lebens wurden. Es war eine Zeit der Befreiung. Der Szenetreff befand sich in einer ruhigen Seitenstraße am Rande des Stadtzentrums, in einer Halle mittlerer Größe mit dahinter liegenden Büroräumen, in der Veranstaltun-gen verschiedenster Art abgehalten wurden. Paco und seine Clique hatten den Treff voll in ihrer Hand. Es wurden Bands aus den Bereichen Reggae- und Ska-Musik engagiert, diverse Happenings veranstaltet, Dichterlesungen und Partys, bei denen man ganz einfach happy war. Alkohol wurde nur von wenigen konsumiert, dafür versuchten wir nach Möglichkeit, jederzeit high zu sein. Die Luft in der Halle war schwer von süßlichem Haschischduft. In dieser Atmosphäre fühlte ich mich frei, konnte ich so sein, wie ich durch mein Schicksal geworden war. Hier wurde ich herzlich aufgenommen. Ich empfand ein wahres Glücksgefühl, mich nicht mehr verstecken zu müssen.

Eines Tages, an einem Samstag, wurde in der Fluxus-Zone ein Reggae-Konzert mit einer Band aus England veranstaltet. An diesem Abend war ich mit Judith schon etwas früher zur

Halle gefahren. Nur ein paar Bekannte waren da, meist Leute, die mit der Organisation der Veranstaltung zu tun hatten. Walter, einer der Veranstalter, begrüßte uns mit den Worten:

»Die anderen sind mit der Band hinten im Büro. Geht schon mal vor! Ich komme gleich.«

Wir betraten das Büro und wurden schon allein vom Einatmen der Luft stoned. Bandmitglieder, Roadies und ein paar Leute von der Fluxus-Zone ließen bei sanften Reggae-Rhythmen einen Joint kreisen. Die Band Dambala bestand aus einem bulligen Rastaman mit mächtigen Dreadlocks à la Bob Marley, der sich später als der Leadsänger und Gitarrist herausstellen sollte, zwei farbigen Frauen, den Backgroundsängerinnen, einem Keyboarder mit der typischen Rastaman-Kappe auf dem Kopf, einem Schlagzeuger und einem Bassisten.

Obwohl es sich um einen recht monotonen Reggae mit vielen Dub-Versionen handelte, bebte der Saal beim anschließenden Konzert. Alle schienen sich im selben Rhythmus zu bewegen. Judith und ich in der ersten Reihe, direkt vor der Bühne. Ich trug an diesem Abend ein langes Hippiekleid im Indienlook und ein Kopftuch. In der Halle wurde es stickig und heiß. Ich tanzte, bis mir der Schweiß den Körper herunterrann. Als die Hitze fast unerträglich erschien, rief ich Judith während des Tanzens zu:

»Ich glaube, ich sterbe vor Hitze unter diesem Tuch.«

»Was?« Judith kam zu mir herüber.

»Ich schwitze mich tot«, wiederholte ich. »Mein Kopftuch ist so nass, dass ich es auswringen könnte.«

Inzwischen rann mir der Schweiß vom Kopf übers Gesicht.

»Dann zieh doch das Kopftuch ab!«, gab Judith mir zur Antwort.

»Bist du verrückt? Ich kann doch nicht hier vor allen Leuten mein Kopftuch abziehen.«

Doch Judith blieb hartnäckig.

»Na und? Einige hier kennen dich doch eh schon ohne Tuch. Und die anderen werden auch nichts daran finden.«

Es kostete mich einige Überwindung. Noch nie hatte ich mich inmitten so vieler Menschen ohne das schützende Kopftuch bewegt. Aber dann hielt ich es nicht mehr aus. Während des Tanzens unmittelbar vor der Bühne knüpfte ich langsam mein Kopftuch auf und zog es im Rhythmus der Musik vom Kopf. Ein, zwei Musiker der Band nahmen mich plötzlich unter all den anderen vor der Bühne wahr und lächelten mich freundlich an. Einige Leute, die zuvor beim Tanzen mit sich selbst beschäftigt waren, umringten mich und ließen mich in ihrer Mitte tanzen. Plötzlich schien ich auf der Bühne zu stehen und nicht die Band da oben. Mein Geheimnis war nun keines mehr. Alle wussten Bescheid. Doch anstatt mich abzulehnen, brachte man mir Respekt und Anerkennung entgegen. Es erschien mir fast so, als würde man mich bewundern, eine Frau ohne Haare, jung, hübsch und mit einer guten Figur – aber eben ohne Haare. Meine Angst schwand zusehends. Ich begann es zu genießen, im Mittelpunkt des Interesses zu stehen, so wie ich war. Auch dem Schlagzeuger war ich aufgefallen. Während er auf seinem Instrument herumtrommelte, strahlte er mich mit jungenhaftem Lachen an. Er schien der Jüngste in der Gruppe zu sein. Zwar trug er die gleiche Frisur, doch waren seine Haare bei weitem nicht so lang wie die der anderen. Unbekümmert ging ich auf den Flirt ein.

Für diese Musiker hatte man in der Fluxus-Zone Übernachtungsmöglichkeiten gefunden. Doch am nächsten Morgen – oder besser gesagt am Mittag – riefen sie uns an, ob sie nicht bei uns frühstücken könnten. Judith sagte zu, und kurze Zeit darauf saßen wir mit einem Teil der Gruppe und einigen Leuten aus der Fluxus-Zone um den großen, stabilen Holztisch in Judiths Küche, frühstückten und rauchten Marihuana. Auch der Schlagzeuger war gekommen. Der Schlagzeuger hieß Basil und war – wie sich herausstellte – etwa in meinem Alter. Wir verstanden uns auf Anhieb. Es wurde eine dieser stundenlangen Frühstücksorgien, die wir in dieser Zeit so oft veranstalteten.

»Hast du dir die Haare abrasiert?«, fragte er mich in seinem breiten jamaikanischen Englisch.

»Nein, ich bin so. Sie sind mir einfach ausgefallen.«

»Bei deinem Kopf! Du siehst super aus.«

Wieder ein Kompliment, das mein Selbstbewusstsein stärkte. Während die anderen wild durcheinander redeten, hing ich meinen Gedanken und Sehnsüchten nach. Auch diese Leute gehörten einer Randgruppe unserer Gesellschaft an. Sie hatten die falsche Hautfarbe, ich keine Haare. Ich fühlte mich aufgehoben und geborgen in ihrer Gesellschaft. Hier war ich normal wie alle anderen. Eine haarlose Frau schien für diese Menschen nichts Außergewöhnliches zu sein. Ohne einen Spiegel, der mir die Realität unbarmherzig vor Augen führte, konnte ich mich wirklich schön fühlen. Jetzt lernte ich, was für ein Gefühl es war, ohne Wenn und Aber akzeptiert zu werden. Eine kleine Hoffnung keimte in mir auf, dass ich doch noch eines Tages meinen Traum von einer eigenen Familie leben könnte, mit oder ohne Haare. Vielleicht bewegte ich mich bislang in der falschen Gesellschaft. Vielleicht hätte ich nicht all diese Probleme mit meinem kahlen Kopf, wenn ich auf Jamaika aufgewachsen wäre. Nach langer Zeit fühlte ich mich zu Hause. Irgendwie glaubte ich angekommen zu sein. Es war ein fröhlicher und glücklicher Tag. Als die Gruppe abends abreisen musste, tauschten wir noch schnell Telefonnummern und Adressen aus.

Eines Abends rief Paco an, der noch keine Lust verspürte, nach Hause zu gehen, und kurz vorbeikommen wollte. Kurze Zeit später stand er vor meiner Türe, kam rein und ließ sich, ohne zu fragen, gemütlich in meinem Wohnzimmer nieder. Es dauerte nicht lange, und er stand in einer himmelblauen langen Frotteeunterhose vor mir und fragte mit diesem für ihn so typischen Grinsen:

»Haste eigentlich noch was im Kühlschrank? Ich hab Hunger.«

Höflichkeit und Bescheidenheit zählten nicht gerade zu seinen Stärken. Am liebsten hätte ich ihn rausgeschmissen. Ich fragte mich, warum ich mich eigentlich mit ihm abgab. Aber ich gab nur zur Antwort:

»Bedien dich.«

Da hockte er nun in seinem Outfit vor meinem offenen Kühlschrank und vernichtete meine gesammelten Vorräte. Als er kurze Zeit später auch noch auf meinem Bett saß, kam ich mir ein bisschen vor wie die Prinzessin in dem Märchen »Der Froschkönig«. Aber ich wollte es nicht riskieren, Paco an die Wand zu werfen. Ich schaltete den Fernseher ein und gab mich nicht der Hoffnung hin, dass er der verwunschene Prinz war. So spät in der Nacht lief noch ein alter Schwarz-Weiß-Film. Die Geschichte war denkbar einfach: Eine junge Frau will sich von einer Brücke stürzen, weil sie einem Künstler für einen Akt Modell gestanden hat und sich nun für ihre Taten schämt. Da kommen diese beiden Flussschiffer auf ihrem Kahn unter der Brücke durch – einer von beiden wurde von Gustav Knuth gespielt –, und die Geschichte nimmt ihren Lauf. Und so nahm auch meine Geschichte ihren Lauf. Paco sah mich an und sagte plötzlich:

»Hast du nicht auch Lust, mal als Modell zu arbeiten?«

Ich war völlig überrascht und erwiderte:

»Ich als Modell? Warum das denn? Wie kommst du denn auf die Idee?«

Er strich mir mit der Hand über den Kopf und meinte:

»Ich hab da so ne Idee. Mit deiner Kopfform könntest du doch an der Werkkunstschule Modell sitzen und würdest sogar Geld dafür bekommen.«

Mir erschien der Gedanke völlig absurd. Ich als Modell? Mit Glatze? Ich säße da, und alle diese Studenten würden mich anstarren! Mir graute vor dieser Vorstellung. Aber ich bekam nicht viel Zeit, lange über diese neue Situation nachzudenken. Paco hatte sich bereits alles Weitere überlegt:

»Ich spreche gleich morgen mit Frau Professor Zaiser. Die ist echt stark, ich werde sie gleich fragen, wann du bei ihr anfangen kannst.«

Ein, zwei Tage ließ mir die Vorstellung, plötzlich doch wieder Modell zu sein, keine Ruhe mehr. Schon bei Wolfgang hatte es mir sehr viel Spaß gemacht, vor der Kamera zu posieren. Vielleicht waren es gar nicht die Haare, vielleicht war es mein Gesicht, das mich interessant machte? Man bot mir eine Chance, das herauszufinden.

Ich ging selbst zur Kunstschule. Beim Pförtner fragte ich nach Professor Zaiser und wurde in den obersten Stock geschickt. Ich kam in einen Zeichenraum, der mit großen, hellen Fenstern ausgestattet war. Ein junges Mädchen mit langen Haaren saß vor einer Schultafel auf einem Stuhl und wurde von vielleicht zehn Studenten porträtiert. Frau Professor Zaiser sprang wie elektrisiert von einem zum anderen, korrigierte hier, warf ein paar großzügige Linien dort auf das Zeichenpapier eines anderen Studenten und rief zwischendurch immer wieder Sätze aus, wie: »Sie müssen die Dynamik dieses Gesichtes betrachten! Auf Ihrem Blatt, in Ihrer Linienführung gibt es keine Dynamik! Schauen Sie doch hin!«

Plötzlich sah sie auf und erblickte mich. Bis dahin hatte ich fast starr in der Türe gestanden und nicht gewagt, die Szene zu stören. Gleich kam sie auf mich zu und schüttelte mir die Hand. Ihre Augen musterten mich mit genauem Künstlerblick, registrierten meine Gesichtszüge und prüften sie automatisch auf ihre Tauglichkeit in künstlerischer Hinsicht. Zögernd kam ich mit der Sprache heraus, dass ich hier sei, um mich als Modell vorzustellen, und dass Paco ... Kaum hatte ich seinen Namen ausgesprochen, rief sie:

»Ach Sie sind das! Paco hat mir schon von Ihnen erzählt. Wann wollen Sie anfangen?«

Ihre Herzlichkeit und Offenheit und die Natürlichkeit, mit der sie mir und meiner Glatze, die ich ja noch unter einem Tuch verborgen hielt, begegnete, gaben mir Mut, und ich nannte einen Termin.

Bei der ersten Sitzung half mir die Tatsache, dass ich zwei Studenten in der Gruppe persönlich kannte, über meine ersten Hemmungen hinweg. Da saß ich nun mit meinem kahlen Kopf und musste mich von den Kunststudenten anstarren lassen. Ich ließ meinen Blick aus dem Fenster schweifen und versuchte, mich auf einen Punkt in der Ferne zu konzentrieren. So konnte ich ohne größere Schwierigkeiten eine Stunde und länger sitzen, ohne mich zu bewegen. Meine Kopfform bereitete den Studenten größte Schwierigkeiten. Die ersten Zeichenergebnisse glichen eher einem Osterei oder einer Billardkugel als meinem geschwungenen Kopf. Frau Professor Zaiser sah in mir eine echte Herausforderung für ihre Schüler. Unter den Professoren an der Kunstschule sprach sich bald herum, dass ich mich hervorragend zum Modell eignete. Bald bekam ich so viele Aufträge, dass eine genaue Terminplanung nötig wurde. Ich entwickelte einen regelrechten Stolz auf meinen Kopf. In der Mensa der Kunstschule wurde ich respektvoll gegrüßt. Professor Zaiser bezeichnete mich als ihr Starlight-Girl. Ich war wieder einen Schritt weitergekommen auf meinem Weg zum Glück ohne Einschränkungen.

Ein oder zwei Wochen nachdem die Reggaeband Dambala bei uns gefrühstückt hatte, kam um die Mittagszeit mitten in der Woche ein Anruf. Judith und ich hatten eine gemeinsame Telefonnummer. Bei ihr stand der Hauptapparat in der Küche, und für mich hatten wir einen Nebenanschluss legen lassen. Außerdem hatten wir zwei Kindertelefone angeschafft und selbst Kabel verlegt, so dass wir von Wohnung zu Wohnung miteinander sprechen konnten, ohne nach draußen gehen oder unnötige Gebühren verursachen zu müssen.

»Da ist ein Anruf für dich aus Frankfurt«, teilte mir Judith auf unserem Hausapparat mit.

»Aus Frankfurt? Von wem?«, fragte ich erstaunt.

»Keine Ahnung. Ich glaube, einer von diesen Jamaikanern, den Musikern. Übernimmst du bitte?«

»Okay. Leg auf!«, sagte ich.

»Ja, bitte?«

»Hi, Jenny. Hier ist Basil. Wie geht's?«

»Mensch, Basil. Bist du wieder in Deutschland?« Mein Herz machte einen großen Sprung vor Freude.

»Ja, ich spiele mit einer Band aus London hier auf einem Reggaefestival. Ich wollte fragen, ob du Lust hast, heute Abend nach Frankfurt zu kommen.«

»Heute Abend? Nach Frankfurt? Das ist etwas kurzfristig. Und ich muss morgen eigentlich zur Uni«, gab ich zurück.

»Ach, komm doch. Du kannst auch hier übernachten, wenn du willst. Ich habe mich schon erkundigt«, versuchte mich Basil zu überreden.

»Wann geht es denn los? Können wir uns irgendwo treffen?«

»Du kommst einfach vor sieben Uhr ins Hotel. Wenn du

das nicht schaffst, kommst du direkt zum Kongresszentrum in Frankfurt.«

»Gut, ich werde sehen, was sich machen lässt«, sagte ich und notierte noch schnell die Adresse des Hotels in Frankfurt Sachsenhausen und den Namen der Band, mit der Basil diesmal spielte.

Judith erklärte mich für total verrückt, als ich ihr eröffnete, dass ich jetzt sofort packen und nach Frankfurt fahren würde.

»So gut kennst du den Typen doch gar nicht«, sagte sie.

»Na und? Was soll denn schon passieren?«, wischte ich all ihre Bedenken einfach vom Tisch.

»Ruf wenigstens an, wenn du da bist!«, bat Judith besorgt.

Bis ich losfahren konnte, dauerte es noch eine Weile. Ich war ungeheuer aufgeregt. Er wollte mich wiedersehen. Mich! Als ich am Hotel ankam, war es bereits dunkel. An der Rezeption wurde mir mitgeteilt, dass Basil schon lange weg sei. Meine Vorfreude brach jäh in sich zusammen.

»Können Sie mir denn sagen, wie ich zum Kongresszentrum komme?«, fragte ich leise den distanzierten Herrn am Empfang.

Doch bevor er antworten konnte, hörte ich eine Stimme auf Englisch hinter mir.

»Du willst zum Kongresszentrum?«

Ich fuhr herum und sah mehrere schwarze Musiker mit Instrumenten und Reggaeklamotten. Der junge Mann, der mich angesprochen hatte, sah jedoch eher aus wie ein Universitätsprofessor, mit seiner schmalen Goldrandbrille und den feinen Gesichtszügen. Er war etwa so groß wie ich, schlank, trug einen Anzug und einen recht konservativen, karierten Herrenhut.

»Ja, warum?«, gab ich kühl auf Englisch zurück. Was wollte der von mir?

»Wir fahren jetzt zum Kongresszentrum. Wir treten dort auf. Du kannst hinter uns herfahren, wenn du willst. Darf ich mich vorstellen? Ich bin Allan King von den Regulars. Meine Freunde nennen mich Kingpin.«

Er ignorierte meine abweisende Haltung und gab mir freundlich die Hand. Der Reihe nach stellten sich alle anderen vor.

»Das wäre sicherlich das Einfachste!«, sagte der Mann am Empfang und zerstreute damit meine letzten Zweifel. Na gut, wenn er die Band kannte, waren meine Bedenken wohl unbegründet.

»Gut, fahren wir«, sagte ich und verließ mit den Musikern das Hotel.

Der Roadmanager der Truppe, ein Deutscher, riet:

»Allan, am besten fährst du mit der jungen Dame im Auto, falls wir uns verlieren. Mit drei Autos in Frankfurt hintereinander zu fahren ist etwas schwierig. Du kennst ja den Weg.«

»Kein Problem!«, sagte Allan und stieg zu mir in den Wagen. Meine anfängliche Angst hatte sich schnell verflüchtigt. Die Musikszene war zwar im Allgemeinen ziemlich verrückt, aber von Gewaltverbrechen hatte ich nie etwas gehört. Auf der Fahrt zum Festival unterhielten wir uns angeregt, und Allan stellte mir alle möglichen Fragen.

»Wie heißt denn dein Freund?«, fragte er mich.

»Basil!«

Ich erzählte ihm, woher wir uns kannten und mit welcher Band er an diesem Abend auftreten würde, während wir durch die nächtlichen Straßen Frankfurts dem Bus der Musiker folgten.

»Bei welcher Band bist du noch mal?«, fragte ich.

»Ich bin der Sänger der Regulars. Das habe ich doch schon vorhin im Hotel gesagt«, antwortete er etwas beleidigt.

»Ach ja. Entschuldigung. Hatte ich ganz vergessen. Macht ihr auch Reggae?« Tatsächlich konnte ich mich überhaupt nicht daran erinnern.

»Na klar. Kennst du uns denn nicht?«, fragte er, offensichtlich völlig überrascht von meiner Unwissenheit.

»Wenn ich ehrlich sein soll. Nein!«, antwortete ich.

»Aber unsere neue LP wird doch überall in Deutschland momentan im Radio gespielt, und im Fernsehen sind wir auch schon aufgetreten. Wir sind gerade auf Europatournee. Bestimmt hast du uns schon mal gehört«, sagte er selbstbewusst.

Aber ich hatte sie wirklich noch nicht gehört und versprach, diese Bildungslücke noch am gleichen Abend zu schließen.

Allan hatte nicht zu viel versprochen. Die Regulars waren wirklich gut. Zusammen mit Basil schaute ich mir ihren Auftritt an und war begeistert. Allan hatte eine interessante Stimme und bewegte sich zur Musik wie ein Schlangenmensch im Zirkus. Eine ansprechende Show! Leider spielten die Regulars während ihrer Tournee nicht in meiner Heimatstadt, aber Allan versprach, mir Bescheid zu geben, wenn man in der Nähe wäre, damit ich mir das Konzert noch einmal anhören könnte.

Es war fast zwei Uhr morgens. Das Konzert war vorüber, und die Bands hatten ihre Instrumente verstaut. Auch Basils Schlagzeug befand sich bereits in einem von den riesigen Trucks, die draußen geparkt waren, bereit für das nächste Konzert in einer anderen Stadt. Wir hatten es vermieden, darüber zu sprechen, wo ich die Nacht verbringen würde. Dennoch erschien alles so selbstverständlich. Wir verstanden uns auch ohne große Worte. Als Basil mich an der Hand nahm und vorschlug: »Komm, wir nehmen uns ein Taxi zum Hotel«, antwortete ich nur: »Ja, es ist schon spät«, ganz so, als hätten wir schon in unzähligen Hotels gemeinsame Nächte verbracht.

Sein Zimmer lag in der ersten Etage zur Straße hin. Er gab mir den Vortritt und schloss dann leise die Tür hinter uns. Wortlos standen wir einander gegenüber und schauten uns an. Basil war einen Kopf größer als ich und besaß gleichmäßige, schöne Gesichtszüge. Die Ebenmäßigkeit seiner dunklen Haut wurde auf wunderbare Weise von der majestätischen Mähne seiner Rastalocken umrahmt. Er hob die Hand und strich mir zärtlich über die Wange. Ich schloss die Augen und genoss die sanfte Berührung und das Prickeln in meinem Körper. Auch Basil schien bereit, sich ganz seinen Gefühlen hinzugeben. Als seine Arme sich um mich legten und er mich sanft an sich zog, presste ich mich sehnsüchtig an seine Brust. Ich spürte, wie seine Hände langsam meinen Rücken hinaufwanderten und er vorsichtig mein Kopftuch löste. Den ganzen Tag schon hatte ich dieses Tuch getragen. Zu einer Fahrt über die Autobahn mit kahlem Kopf, zudem noch in eine fremde Stadt, ohne zu wissen, was mich erwartete, fehlte mir der Mut. Doch nun war ich geborgen. Basil kannte mich ohne Haare. Die Selbstverständlichkeit, mit der er mein Tuch vom Kopf zog, ließ mich all meine Ängste vergessen. Eng umschlungen küssten wir uns. Es schien ihn nicht im Mindesten zu kümmern, ob ich Haare hatte oder nicht. Mit einer Hand strich er mir so zart über den Kopf, dass ich glaubte, von einer Feder berührt zu werden. Es war ein angenehmes und sehr erotisches Gefühl. Durch sein T-Shirt spürte ich die festen Muskeln und die Hitze seiner Haut. Vorsichtig glitten seine Hände unter meine Bluse und streichelten meinen Rücken. Unter leidenschaftlichen Küssen knöpfte er meine Bluse auf und ließ sie über meine Schultern auf den Boden gleiten. Ich spürte seinen heißen Atem an meinem Hals, war bereit, mich ganz dem Gefühl hinzugeben, begehrt zu werden. Er hob mich hoch und trug mich zum Bett. Meine Finger lösten den Gürtel seiner Jeans. Dann trat er einen Schritt zurück, um sich ganz auszuziehen.

Als er neben mir lag, war seine Haut feucht von Schweiß. Mit seinen breiten Schultern und den schmalen Hüften hatte Basil einen perfekten Körper. Straff spannte die seidig schimmernde Haut über seiner Brust. Ich hob die Hüften, als er meine Jeans abstreifte. Heißblütig bedeckte er meinen Körper mit Küssen. Immer wieder strichen seine Hände sanft über meinen Kopf. Als er mir zärtlich ins Ohr flüsterte: »You are so beautiful!«, war ich vollends bereit, mich von diesem Liebestraum mitreißen zu lassen. Wir liebten uns mit einer Leidenschaft, wie ich sie noch nie empfunden hatte. Das erste Morgengrauen zog bereits herauf, als wir eng umschlungen vor Erschöpfung einschliefen.

Wenige Stunden später reisten wir ab, zwei Menschen in zwei verschiedene Richtungen. Ich ahnte, dass es ein Abschied für immer sein würde. Basil war ein Zugvogel, der nur eine Heimat kannte: seine Musik. Ich hingegen kehrte zurück in das feste Gefüge meiner Alltagswelt. Es stimmte mich traurig, dass ich dieses Glück einer Liebesnacht nicht würde festhalten können.

Mehr oder weniger durch Zufall war ich mit Jamaikanern in Kontakt gekommen. Nie zuvor hatte ich mir über Menschen anderer Kulturen größere Gedanken gemacht. Stets nahm ich den Menschen, seine Persönlichkeit, seine Ausstrahlung wahr und eigentlich nie die Farbe seiner Haut. Auf die Idee, dass die Einstellung eines Jamaikaners zu alltäglichen Dingen des Lebens, die mir völlig normal erschienen, eine ganz andere sein könnte, kam ich nicht. Ich fühlte mich bei meinen neu gewonnenen Freunden ganz besonders wohl. Das alleine zählte für mich. Ich bewunderte diese Menschen. Viele von ihnen mussten mit widrigen Lebensumständen kämpfen und strahlten dennoch Glück und Zufriedenheit aus. Sie liebten sich selbst so, wie sie sind. Ich habe niemals von ihnen gehört: »Ich wünschte, ich wäre ...« Sie sind Exoten in Deutschland, werden angegafft, geschnitten, nicht bedient und – damals zum Glück noch seltener – offen angegriffen, weil sie schwarz waren. Trotzdem waren sie mit sich selbst zufrieden, wollten gar nicht anders sein. Auch ich zählte mich nun zu den Exoten, als Frau ohne Haare, wollte dazugehören. Die Hippies hatten mich akzeptiert, aber auch sie wollten eigentlich nur anders sein, anders als das Umfeld, in das sie hineingeboren waren. Für sie war meine Glatze eine Form des Protestes gegen die Gesellschaft und bürgerliche Normen. Ich hätte mir ebenso gut eine Glatze rasieren können. Die ersten vereinzelt auch in Deutschland auftauchenden Skins taten dies ja genau aus diesem Grund, um die an gesellschaftlichen Normen orientierten Menschen zu provozieren und sich gleichzeitig von ihnen zu distanzieren. Bei meinen Freunden aus Jamaika war es anders. Sie lebten genau das, was sie waren. Sie respektierten und liebten mich daher auch genauso, wie ich war. Für sie war meine Glatze ein Teil von mir, wie ihre dunkle Hautfarbe ein Teil von ihnen war. Wir waren jeder für sich etwas Besonderes. Sie waren stolz darauf, schwarz zu sein. Ich hingegen fing gerade erst an, mich so zu lieben, wie ich war. Von Stolz war ich noch weit entfernt.

Dass ich auf dem besten Wege war, ein Doppelleben zu führen, begriff ich nicht. Zu meinem Kopf zu stehen gelang mir nur dann, wenn ich mich mit farbigen Menschen oder Hippies umgab. Sobald ich mich alleine in ein konservatives Umfeld begeben musste, Einkaufen, Arztbesuch oder Ähnliches, versteckte ich meine Kahlheit unter Tüchern, aus Angst vor Ablehnung. Da meine neuen Freunde leider stets auf der Durchreise waren, verlief ein Hauptteil meines Lebens in der gutbürgerlichen Gesellschaft einer mittleren deutschen Stadt. Immer nagte dieses Gefühl der Fehlerhaftigkeit an mir. Alle haben Haare. Nur ich nicht. Ich hatte den Eindruck, als hätte man mir einen Stempel auf die Stirn gedrückt: »Haarlos!«

Am schlimmsten wurde ich mit diesem Gefühl des Nacktseins beim Sport konfrontiert. Dabei war es uninteressant, um welche Sportart es sich handelt. Seit der Schulzeit hatte ich mich nicht mehr regelmäßig sportlich betätigt, was im Wesentlichen an meinem Haarausfall lag. Man bewegt sich oft schnell. Man schwitzt, wenn man einen gewissen Trainingseffekt erreichen will. Es gibt gemeinsame Umkleidekabinen. Nicht viele Möglichkeiten, mein Manko zu verstecken. Das Tanzen lag mir. Schon in meiner Kindheit war ich regelmäßig zum Ballett gegangen. Die Bewegung zu musikalischen Rhythmen bereitete mir stets Freude. Das klassische Ballett hatte ich sozusagen von der Pike auf gelernt. Nun zog es mich zu anderen Tanzformen hin. Ich entschloss mich, bei Woody Wilson in der Düsseldorfer Tanzwerkstatt einen Kurs für Jazztanz zu belegen. Er war auch Jamaikaner und schwarz. Dort hoffte ich auf Schutz, den ich so notwendig brauchte.

Zum ersten Trainingstermin packte ich einen durchgehenden glänzenden Gymnastikanzug in einem hellen Blauton, ein Paar grüne wollene Wadenwärmer und Ballettschläppchen ein. Als ich in den Umkleideraum kam, war ich eine der Letzten. Der Raum war recht klein und eng. Fast alle waren schon fertig umgezogen. Es herrschte ein wildes Durcheinander von Gesprächen. Viele Frauen schienen sich gut zu kennen und auch schon einige Zeit an diesem Kurs teilzunehmen. Offenbar war ich der einzige Neuling in der Gruppe.

»N' Abend, kann ich mich noch dazwischen quetschen?«,

brachte ich lässig heraus. Innerlich zitterte ich. Nun würden mir alle beim Umziehen zusehen. Zwei Frauen machten mir auf der Holzbank Platz, die entlang einer Wand aufgestellt war. Ich zog mühsam meine Kleidung aus und schlüpfte in mein Gymnastikoutfit. Achtete dabei stets darauf, dass mein Tuch dort blieb, wo es war, über meiner großen Wunde. Erst als ich mich vollständig umgezogen hatte, nahm ich das Tuch vom Kopf, denn es schien mir keinen Sinn zu machen, mit Kopfbedeckung zu trainieren. Schlagartig verstummten die Unterhaltungen zunächst, wurden jedoch gleich leise und vorsichtig wieder aufgenommen. Es kostete viel Kraft. Ich vermied es, die anderen anzuschauen. Vornüber gebeugt saß ich auf der Bank und beschäftigte mich krampfhaft damit, meine Schuhe und die Wadenwärmer anzuziehen. Doch ich spürte ihre Blicke, während man bemüht war, die Gespräche aufrechtzuerhalten.

Plötzlich vernahm ich eine warme Männerstimme:

»Darf ich mal anfassen?«

Erstaunt blickte ich auf. Woody Wilson, der Tanzlehrer, stand vor mir und strahlte mich begeistert an.

»Nur einmal sehen, wie sich das anfühlt. Es sieht toll aus!«

Ich besaß zum damaligen Zeitpunkt den für den kreisrunden Haarausfall typischen weißen Flaum auf dem Kopf, der sich tatsächlich sehr angenehm anfühlt.

»Okay, aber nur einmal!«, lächelte ich dankbar.

Vorsichtig strich er mir mit der Hand über den Kopf.

»It feels great! Toll!«

Keine weiteren Fragen, keine Erklärungen waren nötig.

»So, seid ihr alle fertig? Wir fangen an!« Woody klatschte in die Hände, und wir folgten ihm in den Trainingsraum.

Während des Trainings musste ich immer wieder meine Haltung im Spiegel korrigieren. Es ließ sich nicht vermeiden, dass ich dabei auch meine Glatze kritisch in Augenschein nahm. Ich sah verschwitzt und geschafft aus, denn ich hatte einige Jahre nichts mehr getan. Es störte mich plötzlich, dass ich so anders aussah als die Frauen, die mit mir trainierten. Bei Freunden machte es mir nichts aus, wie ich aussah. Doch nun war mir unbehaglich zumute. Ich fühlte mich in der Tanzwerkstatt nicht wohl. Dieses Gefühl legte sich bis zum Ende des Trainings nicht. Es lag nicht an Woody. Es waren die anderen Frauen, deren musternde Blicke nicht aufhören wollten. Ich gehörte eben nicht dazu.

Zu Hause angekommen, warf ich mich weinend auf mein Sofa. Es machte mich wütend, denn ich ersehnte mir endlich ein erfülltes und zufriedenes Leben als Frau ohne Haare. Ich schlug die Arme um den Oberkörper, als würde ich frieren, und versuchte, mein Zittern unter Kontrolle zu bekommen. Allmählich verebbten die Wogen der Verzweiflung, die meinen Körper durchliefen. Eine andere Empfindung stieg in mir auf – eine trotzige Entschlossenheit, zu überleben und gegen das Unrecht zu kämpfen, das mich in dieses Gefängnis gebracht hatte. Mein Verstand begann wieder scharf und präzise zu arbeiten. Ich durfte die Hoffnung nicht aufgeben. Die Haare machten den entscheidenden Unterschied. Ich musste lernen, mich dieser Tatsache zu stellen. Nach wenigen Wochen kündigte ich meinen Vertrag.

Aber meinen Kampf um Anerkennung wollte ich nicht aufgeben. Ich begann unzählige Affären, die alle demselben Zweck dienten, mir selbst zu beweisen, wie feminin und erotisch ich war. Es war fast zu einem Sport geworden, Männer zu erobern. Besonders strenge Kriterien legte ich bei meiner Auswahl nicht gerade an. Bei dem einen oder anderen war ich am nächsten Morgen froh, wieder alleine zu sein. Die meisten sah ich nie wieder. Wichtig war mir nur, dass sie mich nicht ablehnten, weil ich kahl war. Fast ein Jahr lang wiederholten sich die immer gleichen Szenen: flirten, abschleppen, Sex und am nächsten Morgen »Tschüss, mein Schatz«, auf Nimmerwiedersehen.

Völlig unerwartet tauchte eines Tages ein fast schon »alter Bekannter« wieder auf. Das Telefon klingelte. Allan war am Apparat. Ich hatte eigentlich nicht mit einem Anruf von ihm gerechnet, als ich ihm in Frankfurt meine Nummer gegeben hatte.

»Wir spielen morgen in Neuss. Ist das nicht in der Nähe deiner Stadt?«, fragte er mich.

»Ja, das ist nicht weit.«

»Hast du Lust zu kommen? Wir haben danach zwei Tage Pause. Da könnten wir dich in Krefeld besuchen, wenn du nichts dagegen hast.«

Ich hatte nichts dagegen, denn Allan war ein äußerst interessanter Typ. Er stammte aus Kingston und nahm seine Musik und insbesondere seine Texte sehr ernst. Er war streng gläubiger Anhänger von Haile Selassie, dem 1974 verstorbenen Kaiser von Äthiopien. Sein Name bedeutet »Macht der Dreifaltigkeit«, fruher Ras Tafari, von dem sich die heutigen Rastafaris ableiten. Allan trug stets eine Originalausgabe der Bibel aus dem 19. Jahrhundert bei sich. Ich fuhr also nach Neuss. Das Konzert riss mich wie beim ersten Mal mit. Allan verbrachte die Nacht bei mir. Bis zum Morgengrauen saßen wir in meinem kleinen Wohnzimmer. Er zitierte aus seiner Bibel. Ich liebte es, ihm zuzuhören. Der katholischen Kirche hatte ich den Rücken gekehrt. Er schaffte es, mich für Glauben und Religion zu interessieren.

»Ich habe eine Aufgabe, Jenny«, pflegte er zu sagen. »Ich muss mit meinen Songs eine Botschaft überbringen.«

Es erstaunte mich, wie er plötzlich bei irgendeinem Gesprächsthema seine Bibel genau an der richtigen Stelle aufschlug und diese vortrug. Es war sein Buch, er kannte es in- und auswendig.

Am nächsten Tag besuchten uns die anderen Musiker der Band. Wir beschlossen, jamaikanisch zu kochen. Mit Flee, dem Keyboarder, und Allan besorgte ich die exotischen Zutaten für unser Essen, was recht schwierig war. Aber das jamaikanische Essen, das Flee und Allan dann kochten, war einfach phantastisch. Während sie kochten, saß ich mit den anderen auf dem Boden und diskutierte über Religion, Glauben und den Sinn des Lebens. Schwierigkeiten machte mir allerdings das Sendungsbewusstsein dieser Rastafaris. Als sie am nächsten Tag abreisten, blieb ich mit einem Berg unstrukturierter Gedanken zurück. Wieder waren farbige Menschen in mein Leben getreten, hatten ein Stück ihres Lebens in meine Seele gepflanzt und mich mit der winzigen aufkeimenden Pflanze zurückgelassen. Auch die Regulars waren wieder unterwegs. Wenn der Haarausfall mich in den letzten Jahren etwas gelehrt hatte, dann dies: dass man andere Menschen nach ihren Taten, nicht nach ihren Gedanken oder Absichten beurteilen sollte.

Eines Tages fiel mir ein Plakat in der Stadt auf. Die Regulars sollten ein Konzert in meiner Heimatstadt geben. Ich würde Allan und Flee wiedersehen. Aufgeregt fieberte ich dem Tag entgegen. Endlich war er da. Das Konzert der Regulars sollte am Abend stattfinden. Da Judith keine Lust hatte, mich zu begleiten, zog ich alleine los und freute mich wie ein Kind auf ein Wiedersehen. Vor der Halle sah ich schon eine lange Schlange an der Kasse stehen. Ich war froh, dass ich eine Karte im Vorverkauf erstanden hatte, und ging gleich nach oben in den Saal. Einige Freunde aus der Fluxus-Zone waren gekommen, um Allan singen und tanzen zu sehen. Wir unterhielten uns. Doch nach einiger Zeit fiel uns auf, dass das Konzert schon längst hätte beginnen sollen. Inzwischen hatte sich der Raum gefüllt. Die Leute wurden unruhig. Da trat der Veranstalter auf die Bühne und stellte sich ans Mikrofon. Augenblicklich wurde es still.

»Liebe Leute. Ich muss euch leider mitteilen, dass die Regulars heute Abend nicht kommen können.«

Kaum hatte er diese Worte ausgesprochen, gab es laute Buhrufe und ein regelrechtes Pfeifkonzert.

»Aber ich habe es geschafft, eine andere Reggaegruppe für den heutigen Abend zu engagieren.«

Wieder wurde er vom Publikum unterbrochen.

»Wer sein Geld zurückhaben möchte, kann dies gerne tun. Aber ich bin sicher, dass ich einen guten Ersatz für die Regulars gefunden habe. Also, ihr solltet sie euch erst mal anhören.«

Er hoffte offensichtlich, die Zuschauer durch diese Information bei der Stange halten zu können. Aber er hatte sich verrechnet. Massenweise verließen die Leute den Saal, um sich ihr Eintrittsgeld an der Kasse zurückerstatten zu lassen. Auch meine Freunde aus der Fluxus-Zone zogen enttäuscht ab. Sie hätten bleiben sollen, denn die Band mit dem Namen »Evolution Afrika«, die etwa eine halbe Stunde später auftrat, war den Eintrittspreis wert. Zwar spielten sie keine eigenen Stücke, dafür aber boten sie dem Publikum hervorragende Interpretationen von Bob Marley und Third World. Das verbliebene Häufchen hartnäckiger Zuschauer kam also voll auf seine Kosten. Die Musiker sahen ausnahmslos gut aus und konnten sich phantastisch bewegen. Es war schwer zu sagen, ob sie Jamaikaner oder Afrikaner waren. Jedenfalls trugen sie keine traditionelle Kleidung, sondern Jeans und Hemden oder T-Shirts. Ihr Outfit hatten sie jedoch durch Accessoires in den Reggaefarben gelb, grün und rot ergänzt. Eine ganze Reihe afrikanischer Staaten tragen diese Farben in ihrer Flagge. Sie repräsentieren Sonne, Natur und Erde. Die Musik gefiel mir. Ich entschloss mich, meinen Platz im hinteren

Teil des Raumes zu verlassen und langsam nach vorne näher zur Bühne zu schlendern. Schnell schafften sie es, dass das Publikum bald die Regulars vergessen hatte und sich im Rhythmus der Musik bewegte. Die Harmonie schien wiederhergestellt. Der Sänger war etwa so groß wie ich. Er war ziemlich hellhäutig und schlank. Seine dünnen, fein gedrehten Rastazöpfchen standen nach allen Seiten hin vom Kopf ab. Seine Stimme passte irgendwie gar nicht zu seiner Erscheinung. Sie war rau und stark wie die von Joe Cocker. Er leistete wohl die härteste Arbeit, denn er war gleichzeitig der Schlagzeuger der Gruppe. Der Keyboarder trug schwarze Locken wie ein Engel und wirkte mit seinem schönen ebenmäßigen Gesicht und seiner hellen Backgroundstimme eher feminin. Auch der Congaspieler war schmal und hoch gewachsen. Am ehesten ließ der Bassist vermuten, dass es sich um Afrikaner handeln könnte. Doch einer der Musiker fiel mir besonders auf. Es war der Gitarrist. Er war schlank und groß. Die Haare hatte er zu dünnen Zöpfen mit Perlen an den Enden geflochten. Sein Gesicht war eine Mischung aus klassisch griechischer Schönheit und afrikanischem Charme. Die schmale gerade Nase und die hohen Wangenknochen bildeten einen Kontrast zu den dicken, schön geschwungenen Lippen. Langsam begann auch ich, zu der Musik zu tanzen. So etwa nach dem zweiten Song begab ich mich wieder in den hinteren Teil des Raumes. Dort war es fast leer. Die Zuschauer hielten sich alle vor der Bühne auf. Es waren vielleicht 50 bis 60 Leute übrig geblieben. Eigentlich schade, denn die Band machte ihre Arbeit gut. In der Nähe der Tür fielen mir zwei Männer auf, die ich noch nie zuvor gesehen hatte. Beide waren so um die fünfzig. Einer sah aus wie ein Mafioso, mit Löckchen und einem dicken Hängeschnurrbart. Der andere hatte blondes lichtes Haar und machte einen recht konservativen Eindruck. Die Männer wirkten etwas deplatziert in diesem Ambiente eines Reggaekonzertes. Plötzlich kam der Veranstalter, sprach kurz mit den beiden und verschwand wieder. »Na klar, die haben bestimmt was mit der Band zu tun«, dachte ich. »Einer von den beiden muss der Manager sein.«

Die beiden sprachen kurz und heftig miteinander und verließen ebenfalls den Saal. Kurze Zeit später, das Publikum kochte inzwischen vor Begeisterung, sah ich, wie der Mafioso den Musikern Zeichen machte, die daraufhin mitten im Stück abbrachen und die Bühne verließen. Es dauerte einige Minuten, bis die Zuschauer begriffen, was geschehen war und ein lautes Pfeifkonzert starteten. Der Veranstalter war hereingekommen und diskutierte nun temperamentvoll und wild gestikulierend mit dem – wie ich vermutete – Manager der Gruppe. Ich lehnte wieder mit dem Rücken an der Wand und beobachtete das Schauspiel. Als ich zur Seite schaute, stellte ich fest, dass der Gitarrist mit der Zöpfchenfrisur direkt neben mir stand. Auch die anderen Musiker hatten sich dazugesellt. Mit einem strahlenden Lächeln sah er mich an und sagte in gebrochenem Englisch mit einem starken französischen Akzent:

»My name is Marcel. Who are you?«

»I am Jenny«, antwortete ich gleich.

»Du hast Ähnlichkeit mit Romy Schneider«, bemerkte Marcel. Ich trug an diesem Abend tatsächlich ein Tuch, wie ich es immer tat, wenn ich nicht sicher war, welchen Menschen ich begegnen würde. Mit Romy Schneider verglichen zu werden machte mich mächtig stolz.

»Woher kommt ihr?«, fragte ich selbstsicher zurück.

»Im Moment wohnen wir in Bremen bei Don Carlos, unserem Manager. Aber ursprünglich sind wir aus dem Senegal und leben seit vielen Jahren schon in Paris«, antwortete Marcel immer noch auf Englisch.

»Wir können ruhig französisch sprechen«, sagte ich. »Mein Französisch lässt zwar im Moment etwas zu wünschen übrig. Aber ich denke, es geht.«

Die letzten Sätze hatte ich bereits auf Französisch gesagt.

»Dein Französisch ist aber sehr gut«, lobte mich Marcel. »Darf ich dir die anderen Musiker vorstellen?«

Er deutete auf den Sänger und Schlagzeuger und sagte:

»Das ist mein Bruder René. Congas spielt mein Bruder Robert, und das sind Manou, der Keyboarder, und Sallah, der Bassist.«

Alle sprachen akzentfreies Französisch und waren ausgesucht höflich und zuvorkommend. Aber sie verstanden so gut wie kein Wort Deutsch, wie sich herausstellte. Inzwischen war der Veranstalter auf die Bühne gesprungen, hatte das Mikrophon ergriffen und sprach zum immer noch pfeifenden Publikum:

»Es tut mir Leid. Aber der Manager will nicht, dass die Band vor so wenigen Leuten spielt.«

Pfiffe und Buhrufe. Wie ich von Marcel erfuhr, war das gelogen. Offensichtlich konnte er die Band nicht mehr bezahlen.

»Was ist da los? Was sagt der Typ?«, fragte mich Marcel. Er stand nun ganz nah neben mir. Ich spürte seinen nackten Arm an dem meinen und konnte den warmen Geruch seines Körpers wahrnehmen.

»Er erzählt den Leuten, dass ihr nicht spielen wollt«, erklärte ich.

Doch um mich war es bereits geschehen. Ich hatte mich hoffnungslos verliebt. Neben ihm zu stehen war ein wohliges Gefühl. Empfand er genauso wie ich? Spürte auch er die Nähe meines Körpers?

»Los geht's! Wir fahren nach Hause.«

Don Carlos riss mich aus meinen Träumen.

Wir verabschiedeten uns. Da stand ich nun alleine, noch völlig umnebelt von meinen verwirrenden Gefühlen. Um mich herum war allgemeine Aufbruchstimmung. Die Leute verließen murrend den Raum. Vom Veranstalter war nichts mehr zu sehen. Ich blieb noch einige Zeit dort stehen und wusste nicht so recht, was ich tun sollte. Ich entschloss mich, nach Hause zu fahren. Auf dem Weg zum Auto sah ich die Band aus Bremen an einem Tisch in der angrenzenden Kneipe sitzen. Marcel sah mich und fragte, ob ich nicht noch auf einen Drink bleiben wollte. Natürlich wollte ich und setzte mich neben ihn auf die Holzbank.

»Wollen Sie wirklich heute Nacht noch nach Bremen zurückfahren?«, fragte ich Don Carlos.

Marcel legte wie selbstverständlich seinen Arm hinter mir auf die Lehne.

»Da wir wahrscheinlich kein Hotel finden, werden wir das wohl müssen«, gab er mir zur Antwort.

Langsam glitt Marcels Hand auf meine Schulter hinab. Der Arm um meine Schultern tat mir gut.

»Ich denke, das Beste wird sein, wenn wir nach Hause fahren. Ich danke Ihnen jedenfalls nochmals recht herzlich für Ihre Unterstützung«, entschied Carlos, der uns aufmerksam beobachtet hatte.

In dieser Nacht saß ich noch lange mit Judith in der Küche und berichtete ihr von den Ereignissen des Abends. Marcel ging mir nicht aus dem Kopf. Auch in den darauf folgenden Tagen dachte ich fast ständig an ihn. Immer wieder hatte ich sein Gesicht vor Augen und spürte seine Nähe. Das Sommersemester ging dem Ende zu. In den Semesterferien musste ich mich auf das Staatsexamen vorbereiten. Das bedeutete kaum Veranstaltungen an der Universität, dafür jedoch viel konzentrierte Arbeit zu Hause und stundenlange Bibliotheksbesuche, um Material für meine schriftliche Hausarbeit zusammenzustellen. Eines Abends – ich saß gerade am Esstisch, der mir gleichzeitig auch als Schreibtisch für meine Studien diente – klingelte das Haustelefon.

»Da ist ein Typ für dich am Apparat, der nur französisch spricht. Marcel oder so ähnlich. Übernimmst du?«, fragte mich Judith.

»Klar, schnell, ich hab schon abgehoben. Häng ein!«, rief ich aufgeregt.

»Allo! Wie geht's?«, vernahm ich Marcels Stimme in gebrochenem Deutsch.

»Gut. Und dir?«

»Carlos hat mich gebeten, dich anzurufen«, fuhr er auf Französisch fort. »Er meint, dass wir dich als Dankeschön für die Unterstützung nach Bremen einladen sollten. Hast du Lust?«

Und ob ich Lust hatte. Kurze Zeit später befand ich mich auf der Autobahn Richtung Norddeutschland und war glücklich und aufgeregt zugleich. Ich musste mich durchfragen, denn die Musiker wohnten etwas außerhalb von Bremen an einer Ortsausgangsstraße. Das allein stehende zweistöckige Haus machte einen recht schäbigen Eindruck. Direkt daneben an der Straßenecke war ein unasphaltierter Parkplatz. Jedenfalls wurde das Grundstück als Parkplatz genutzt. Die Adresse stimmte. Der Bus und der große Mercedes von Carlos standen nebeneinander an der Hauswand. Ich stellte den Wagen ab, nahm meine Tasche aus dem Kofferraum und ging zur Straße zurück, um den Hauseingang zu suchen. Auf mein Klingeln öffnete sich ein Fenster in der ersten Etage. Marcels Kopf schaute heraus.

»Warte, ich mache dir auf!«, rief er mir zu.

»Bonjour. Ça va?«

»Merci. Ça va bien.«

Wir standen uns ganz nah gegenüber und sahen uns in die

Augen. Dann nahm er mich in die Arme und küsste mich mit derselben Selbstverständlichkeit, mit der er ein paar Wochen zuvor den Arm um meine Schultern gelegt hatte. Ich vermochte nicht, mich ihm zu widersetzen. All meine Zweifel waren verflogen. Auch er schien sich in mich verliebt zu haben. Er nahm mein Gepäck, und ich folgte ihm über eine schmale Treppe in den ersten Stock. Hier wurde ich von den anderen Musikern mit großem Hallo begrüßt. Die Wärme und Herzlichkeit, die mir entgegenschlugen, waren überwältigend. Man hatte sich richtig auf meinen Besuch gefreut. Die Musiker wohnten alle zusammen in einem großen Raum. In der Mitte zwischen den Fenstern stand eine breite Couch an der Wand, davor ein Tisch und drei Sessel. Vier Betten waren ringsum an den Wänden aufgestellt. Zwei schliefen oben unter dem Dach in einem Mansardenzimmer. Ich nahm auf der Couch Platz und wurde sogleich mit Tee bewirtet. René und Robert, Marcels Brüder, Sallah, Manou, alle bestürmten mich mit Fragen, wie es mir gehe, ob ich mich gut fühlte, ob die Fahrt anstrengend gewesen sei. So viel Französisch auf einmal konnte ich kaum bewältigen.

»Könnt ihr vielleicht ein bisschen langsamer sprechen? Ich verstehe sonst nur die Hälfte«, versuchte ich mich zu retten.

An der Tür war mir aufgrund der überraschend liebevollen Begrüßung gar nicht aufgefallen, dass Marcel gar keine Zöpfchen mit Perlen mehr trug. Jetzt bemerkte ich, dass er recht kurze, nach allen Seiten vom Kopf abstehende, dünn gedrehte Dreadlocks hatte.

»Was hast du mit deinen Haaren gemacht?«

»Nichts. Wieso?«

»Aber die waren doch viel länger.«

»Ach, das meinst du.«

Er lachte laut.

»Das war eine Perücke.«

»Du trägst Perücken?«, fragte ich ungläubig.

Ich war doch diejenige, die Perücken tragen musste. Marcel hingegen konnte sich voller Haarpracht erfreuen. Außerdem war er ein Mann. Männer trugen eher schlecht sitzende Toupets, aber keine Perücken. Doch ich vermied es, das Thema weiter auszudehnen.

Wir verbrachten einen wunderschönen Tag und gingen abends alle zusammen in Bremen essen. Marcel war liebevoll und fürsorglich um mich bemüht. Die ganze Zeit fragte ich mich, wo ich wohl übernachten sollte. Aber ich brachte nicht den Mut auf zu fragen. Vielleicht hatte man ja noch ein Zimmer für mich in diesem Haus, von dem ich nichts wusste. Als wir zurückkamen, stand ich ratlos in dem großen Raum mit den vier Betten an den Wänden.

»Du kannst dich fertig machen und da ins Bett legen«, René wies auf ein Bett direkt unter dem rechten Fenster. »Wir werden so lange draußen warten, bis du fertig bist.«

»Ich soll hier schlafen?«

»Mach dir keine Sorgen, aber mehr Platz gibt es hier leider nicht«, beruhigte mich Sallah.

»Aber habt ihr was dagegen, wenn ich mein Kopftuch abziehe?«

Nun war wieder mal der Augenblick der Offenbarung gekommen.

»Warum sollten wir was dagegen haben?«, fragte Marcel amüsiert.

»Weil ich nämlich keine Haare habe.«

»Du bist unsere Freundin, Jenny. Du hast uns geholfen. Das haben wir dir nicht vergessen. Und daran wird sich auch nichts ändern – Haare oder keine Haare.«

Marcel hatte gesprochen, und ich blieb das ganze Wochenende – ohne Kopftuch. Obwohl mir niemand lästige Fragen gestellt hatte, wie ich es so häufig über mich ergehen lassen musste, hatte ich das Bedürfnis, die Geschichte meines Haarausfalls zu erzählen.

»Du siehst phantastisch aus. Und ich denke, dass du etwas ganz Besonderes bist.«

Das war nicht nur Marcels Meinung, und ich fragte mich, was eigentlich so dramatisch an der Tatsache war, dass ich meine Haare verloren hatte? Meine Persönlichkeit war die gleiche geblieben. Zwischen Marcel und mir entwickelte sich eine romantische Liebesbeziehung. Ich besuchte ihn in Bremen und er kam zu mir, wenn die Band keine Konzerttermine hatte. In der Zwischenzeit hatte man mich völlig als neues Mitglied der Familie akzeptiert. Endlich hatte ich wieder eine Familie. Nicht nur für ein Wochenende. Marcel und ich verstanden uns ausgezeichnet. Von den kulturellen Unterschieden war kaum etwas zu spüren. Marcel war zwar im Senegal geboren und aufgewachsen, hatte jedoch französische Schulen besucht und besaß einen internationalen Freundeskreis, wie ich erfuhr. Obwohl er nach allem, was man mir erzählt hatte, nicht verheiratet war, hatte er einen Sohn, Michou. Als er selbst noch zur Schule ging, hatte Marcel ein Mädchen geschwängert. Kurz nach der Geburt besuchte die junge Frau die Mutter von Marcel und lieferte den neugeborenen Jungen dort ab. Danach war sie für immer verschwunden. Marcel hatte keine Ahnung, was aus ihr geworden ist. Es machte mir nichts aus, dass er ein Kind hatte. Im Gegenteil hoffte ich, Michou, der bei Marcels Mutter in Dakar lebte, eines Tages kennen lernen zu können.

Unsere Liebe schien keine Grenzen zu kennen. Marcel nannte mich stets liebevoll: »Ma petite Romy Schneider«. Es war für mich auch eine neue Erfahrung, plötzlich ältere Brüder zu haben, die sich rührend um mich kümmerten und offensichtlich keinerlei Hemmungen zu haben schienen, mir ihre familiäre Zuneigung offen zu zeigen. Oft pflegte ich zu einem von ihnen zu sagen: »Das ist nicht nötig, das brauchst du nicht für mich zu tun.« Doch stets gab man mir zur Antwort: »Du brauchtest uns auch nicht zu helfen. Und trotzdem hast du es getan.« Dieser Zusammenhalt war wie ein warmer Regen. Ich fühlte mich zu Hause und nicht mehr allein. Es war schön, so eine große Familie zu haben.

In Bremen hörte ich nun oft bei den Proben der Band zu, und eines Tages wurde ich auch in den neuen Proberaum mitgenommen.

»Carlos hat eine alte Mühle für uns außerhalb von Bremen angemietet«, sagte Marcel.

Die Mühle befand sich mitten in einem kleinen dörflichen Vorort von Bremen, wunderschön von Grün umgeben. Es gab eine richtige kleine Bühne, auf der die Musiker proben konnten. Der ganze Raum war mit Gaststättenmöbeln eingerichtet. Es gab sogar eine richtige Theke. Alles roch ganz neu und schien völlig unbenutzt zu sein. Ich setzte mich an einen Tisch seitlich der Bühne. Die Stücke von Bob Marley und Third World, die die Band an diesem Tag probte, kannte ich alle fast auswendig. Leise sang ich die Melodien mit.

»Komm mal auf die Bühne«, rief mir René nach einer Weile zu. »Dann kannst du den Background mitsingen.«

»Ich – und Background? Lieber nicht«, antwortete ich.

»Warum nicht? Du hast eine schöne Altstimme. Komm, wir helfen dir.«

Er sprang von der Bühne hinunter, ergriff meine Hand und zog mich vor eines der Mikrophone. Die anderen lachten und begannen zu spielen. Es war ein Lied von Third World. René war der Sänger der Gruppe und hatte bereits eine Karriere in Westafrika hinter sich, wo er beliebt und bekannt war. Ich wagte es. René gab mir geduldig Tipps, und auch die anderen sangen mir die verschiedenen Tonlagen

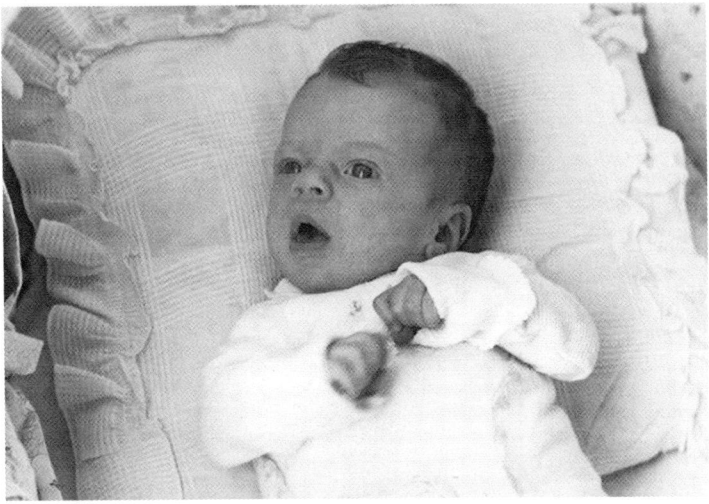

1955: wenige Tage alt – mit vollem Haarschopf

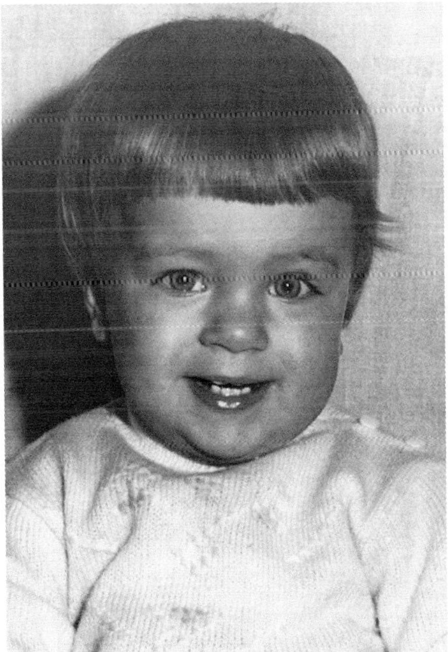

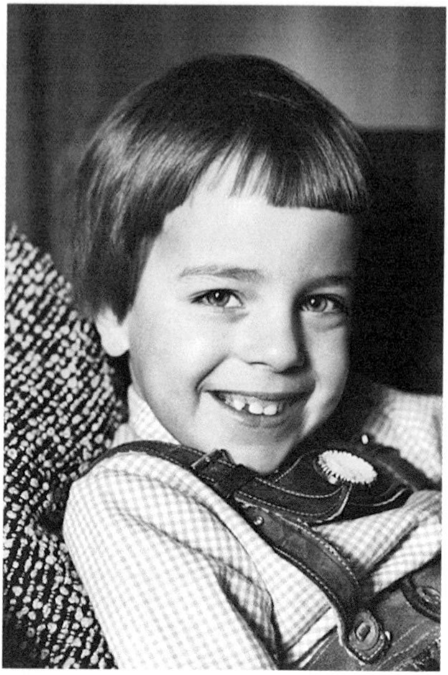

Erste Modellaufnahmen

Lehrlingswerbung in der Süddeutschen Zeitung 1970

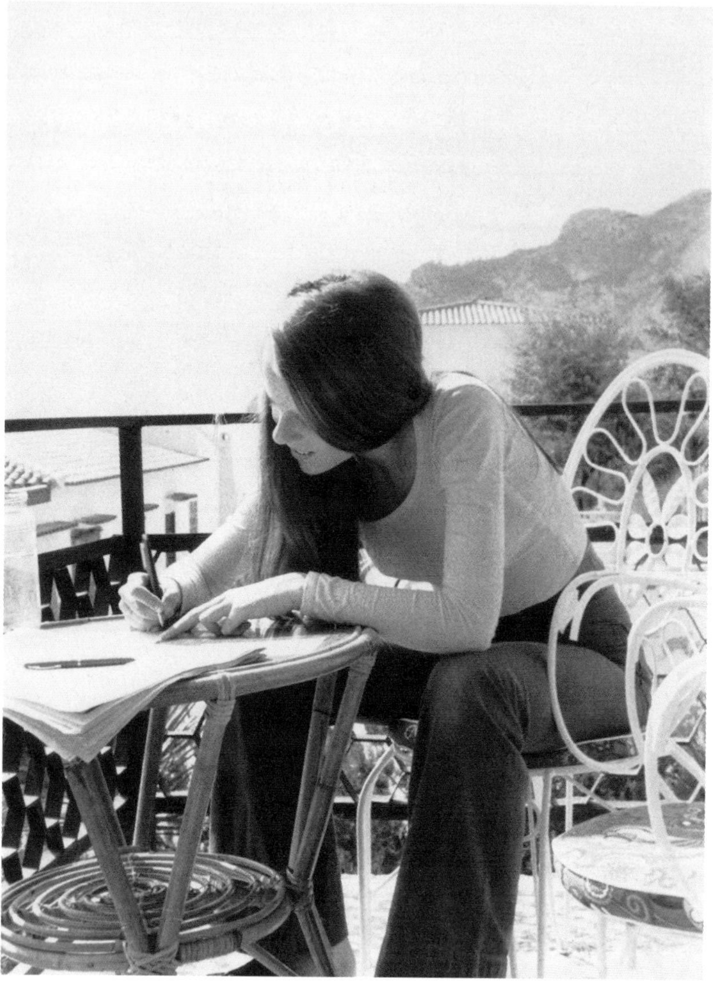

Spanien, 1975: Das letzte Foto von mir mit langen Haaren

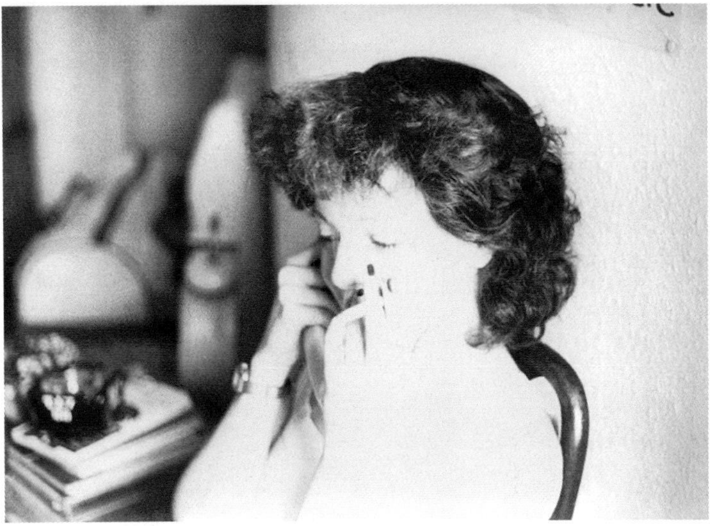

Meine erste »Ersatzfrisur«, 1979

Dakar, 1981: Das Tuch trug ich dort nur zum Schutz vor der Sonne

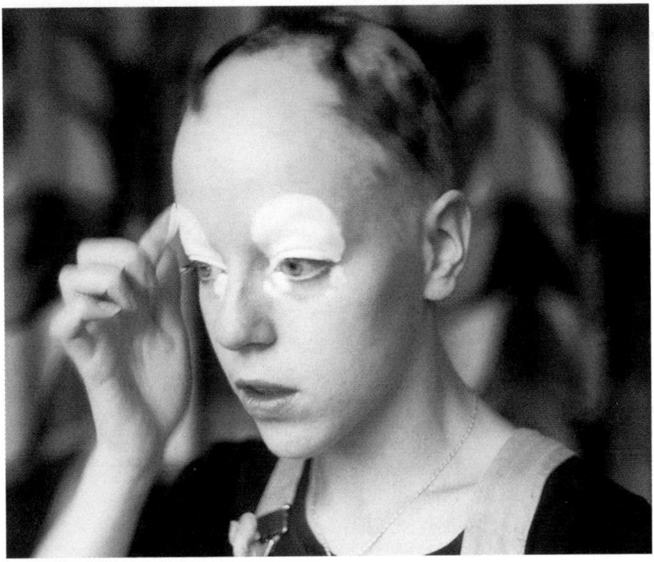

Büschelweise fielen mir die Haare aus, stellenweise kamen sie wieder

Als Schminkmodell

Mit afrikanischer Zöpfchenperücke

Selbstvermarktung

Mit einer 30-Dollar-Perücke aus New York

»Ich trinke Jägermeister, weil man bei mir bestimmt kein Haar in der Suppe finden kann.«
Jägermeister
DEUTSCHES ERZEUGNIS
Jägermeister. Einer für alle.

Auf Spiekeroog, 1998

Als Lehrerin versteckte ich meine Glatze stets unter dem Kopftuch

Berlin, 2001: als Modell für den Starvisagisten René Koch

Auch Hüte können Spaß machen!

© Georg Lukas

vor. So lernte ich, mein Gehör für die verschiedenen Stimmen im Background zu schulen. Mit der Zeit bekam ich immer mehr Mut.

Sooft ich konnte, fuhr ich mit meinem kleinen Auto nach Bremen und verbrachte die Tage mit der Band und vor allem mit Marcel. Doch ich durfte die Arbeit für mein Examen nicht zu sehr vernachlässigen. Ich erfuhr, dass der Klarinettist, der als einziger Spanisch sprach, Don Carlos schon seit längerem kannte. Er hatte die anderen für ihn aus Paris nach Bremen geholt. Es war ein einziges Sprachenwirrwarr. Carlos unterhielt sich mit diesem Musiker grundsätzlich auf Spanisch, mit den anderen konnte er sich nur über diesen Musiker verständigen, da er selbst kein einziges Wort Französisch konnte. Marcel und die anderen sprachen untereinander Französisch. Nur Marcel und René beherrschten ein paar Brocken Deutsch. Mit mir und Gerd, dem Fahrer, der recht einfältig, aber sehr gutmütig zu sein schien, sprach Carlos Deutsch.

Carlos hatte der Band in Bremen neue Instrumente gekauft. Einen Fender-Bass für Sallah, eine Cramer-Gitarre für Marcel und Congas für René.

»Die Instrumente gehören euch. Ihr könnt sie abbezahlen. Ich werde das Geld von eurer Gage abziehen.«

Doch Marcel beklagte sich immer häufiger darüber, dass die Instrumente schon längst bezahlt sein müssten. Aber wenn er Carlos nach einer Abrechnung fragte, wich dieser immer aus. Mir gegenüber hatte sich Carlos zu Anfang sehr freundlich verhalten. Meine Beziehung zu Marcel passte ihm jedoch nicht ins Konzept. Er wurde immer ablehnender. Da ich als einzige Deutsch sprach, sprach er nicht mehr so offen mit Gerd, sobald ich in der Nähe war. Dennoch bekam ich Fetzen eines Gesprächs mit, in dem er Gerd mitteilte, dass die Musiker auf keinen Fall Geld in die Finger bekommen dürften. Ich berichtete Marcel von diesem Gespräch. Es kam zu einer heftigen Auseinandersetzung zwischen ihm und Carlos. Während Marcel sich auf Französisch aufregte, reagierte Carlos auf Spanisch. Offenbar verstand der eine nicht, was der andere wollte. Die Situation spitzte sich zu.

Einen Monat später erhielt ich einen Brief von Marcel:

»Liebling,
ich schreibe Dir, um Dich zu bitten, nach einem guten Manager für ›Evolution Africa‹ zu suchen. Wenn Du einen findest, dann musst Du ihm erklären, dass wir erst die Instrumente bei Carlos abbezahlen müssen. Ich glaube, so um die 5000 Mark. Ja, es ist teuer. Aber die Gruppe will unbedingt einen neuen Manager, dann wird wieder alles gut für uns. Ich weiß, dass ich sehr viel von Dir verlange.
Die ganze Gruppe grüßt Dich und auch unser Maskottchen, die kleine Rasta-Puppe, die wir zu jedem Auftritt mitnehmen. Ich erwarte Dich am 15., wenn möglich.
Bis bald. Ich liebe und umarme Dich.
Dein Liebling Marcel.«

Die kleine Puppe hatte ich für die Band gebastelt und sie ihnen als Talisman geschenkt. Wo sollte ich einen Manager finden? Ich war ratlos.

Eines Abends, ich saß gerade an meinem Schreibtisch an meiner Examensarbeit, klingelte das Telefon.

»Allo, Chérie, comment vas-tu?« Marcels Stimme klang anders als sonst. Die Unbekümmertheit schien verschwunden.

»Was ist passiert?«, fragte ich besorgt.

»Kannst du sofort nach Bremen kommen? Wir haben Probleme.«

»Was für Probleme?«

»Mit Carlos. Gestern bin ich in sein Zimmer gegangen, als er mit Gerd unterwegs war.«

»Warum denn?«

»René und ich hatten das Gefühl, dass du Recht hast und dass Carlos uns nur ausnehmen will. Wir haben ihn zur Rede gestellt, und es hat einen dicken Krach gegeben. Und dann habe ich Carlos' Aktenkoffer geöffnet, und rate mal, was ich dort gefunden habe ... eine Pistole.«

»Mein Gott! Und jetzt?« Nun wurde mir die Sache unheimlich.

»Robert und Manou sind schon gestern abgereist. Sie haben sich heimlich Geld von zu Hause schicken lassen. Aber wir haben bis heute noch keinen Pfennig in der Tasche. Du weißt doch, dass Carlos die Gage zurückhält, damit wir unsere Instrumente abbezahlen. Aber die sind schon längst abbezahlt. Deshalb gab es auch den Krach. Er behauptet, dass wir noch nicht einmal die Hälfte bezahlt haben. Wir können nichts beweisen, denn wir haben uns nichts quittieren lassen. Jenny, du musst uns helfen.«

»Gut, aber wie?«

»Am besten kommst du noch heute Nacht. Meinst du, das geht?«

»Aber warum denn mitten in der Nacht?«

»Dann kann ich dich reinlassen, ohne dass Carlos etwas merkt. Er möchte dich nicht mehr hier sehen. Er hat gemerkt, dass du uns immer alles übersetzt hast, was er auf Deutsch zu Gerd gesagt hat.«

»Gut, ich komme, aber ich brauche noch etwa eine Stunde, um zu packen und so.«

»Da ist noch etwas«, Marcel zögerte.

»Ja?«

»Kannst du etwas Geld mitbringen?« Natürlich hatte ich selbst nicht viel Geld zur Verfügung. Bafög bekam ich nicht, und die Zahlungen meines Vaters reichten auch nur für das Nötigste. Dennoch sagte ich:

»Ich werde sehen, was ich machen kann. Viel habe ich auch nicht. Das weißt du ja. Wie soll ich mich denn bemerkbar machen?«

»Wirf einfach Steinchen ans Fenster! Dann weiß ich, dass du da bist.«

Gleich nachdem ich aufgelegt hatte, packte ich eine Tasche mit den notwendigsten Sachen, kratzte mein letztes Geld zusammen und lieh mir noch etwas von Judith, die mal wieder der Überzeugung war, dass ich völlig verrückt geworden sei.

»Ich werde dich jeden Tag anrufen. Wenn ich mich nicht melde, ruf die Polizei an. Die Adresse in Bremen hast du ja.«

»Aber was willst du denn da ausrichten?«, fragte Judith.

»Ich weiß es auch noch nicht. Aber ich muss einfach fahren.«

Ich hatte wirklich nicht die geringste Vorstellung, wie ich helfen konnte. Aber ich wollte sie nicht im Stich lassen. Jederzeit wurde ich herzlich aufgenommen. Immer hatten sich alle rührend um mich bemüht. Es war für mich eine Selbstverständlichkeit, dass ich fahren musste.

In Bremen parkte ich den Wagen eine Straße weiter, dann lief ich im Dunkeln zum Haus und warf Steinchen ans Fenster, wie mir Marcel am Telefon geraten hatte. Er öffnete mir die Tür, und leise schlichen wir nach oben. In dieser Nacht saßen wir alle lange zusammen, um die Lage zu besprechen. Carlos war sehr aufgebracht gewesen, als er feststellen musste, dass Manou und Robert abgereist waren. Er hatte dafür gesorgt, dass die Instrumente der Musiker in der alten Mühle eingeschlossen wurden. In Kürze wollte er dort ein Restaurant mit Lifemusik eröffnen. »Evolution Africa« sollte die Hausband heißen.

Als Carlos am nächsten Morgen mit seinem Fahrer das Haus verließ, hatte er nicht bemerkt, dass ich da war. Kurz danach zogen wir die Taschen mit den gepackten Sachen unter den Betten hervor und verstauten alles in meinen kleinen Fiesta. Es ist immer wieder erstaunlich, wie viel in so einen Kleinwagen hineinpasst, wenn man nur kreativ genug ist. Marcel saß vorne neben mir. Auf dem Rücksitz konnten René und Sallah kaum über die Taschen hinweg sehen, die sie auf ihrem Schoß hielten. Auf dem schnellsten Weg fuhren wir zu der Mühle raus, um die Instrumente zu holen.

»Du parkst am besten dort um die Ecke«, riet mir Marcel zur Vorsicht.

Die Mühle lag genau an einer Straßenecke. Vor dem Gebäude war eine große Rasenfläche, so dass der Eingang weithin gut sichtbar war. Die drei stiegen aus und gingen auf die Mühle zu, während sie sich nach allen Seiten vergewisserten, dass niemand sie zur Kenntnis nahm. Vom Wagen aus konnte ich alles sehr gut beobachten, während ich durch die Büsche und Bäume, neben denen ich geparkt hatte, von der Straße, die genau auf die Mühle zuführte, kaum zu sehen war. Aber unser Plan schien nicht aufzugehen. Vergeblich versuchte Marcel, das Türschloss zu knacken. Unverrichteter Dinge kehrten sie nach etwa fünfzehn Minuten zurück.

»Wir müssen los. Carlos kann jeden Moment hier aufkreuzen«, rief ich aufgeregt.

Der Schweiß lief mir in Strömen den Rücken hinunter. Besonders mutig war ich eigentlich noch nie gewesen. Und wir wussten, dass Carlos hier aufkreuzen würde, sobald er festgestellt hatte, dass die Musiker weg waren.

»Ohne meinen Bass fahre ich nicht!«, sagte Sallah und schien den Tränen nah zu sein.

»Aber wir können es nicht riskieren, dass uns Carlos hier erwischt«, gab ich ihm zu verstehen.

Doch Sallah blieb hartnäckig. Sein ganzes Leben lang hatte er davon geträumt, ein eigenes Instrument zu besitzen. Nun hatte er viele Monate dafür gearbeitet und sollte es in Bremen zurücklassen. Bass ist auf Französisch feminin »la basse«, und Sallah behandelte ihn auch so, wie seine beste Freundin. Seine Eltern, beide Ärzte in Dakar, waren sehr früh gestorben. Wie es in Afrika üblich ist, hatte ihn die Familie von René und Marcel wie einen kleinen Bruder aufgenommen und stand auch in Frankreich und Deutschland stets zu ihm. Er hatte jedoch nicht die geringsten Chancen, einen europäischen Pass zu bekommen, da seine Eltern beide die senegalesische Staatsangehörigkeit besessen hatten. Robert war schon als Kind Franzose geworden, so dass er in Europa frei reisen konnte. René und Marcel, seine Halbbrüder, hatten vor, die französische Staatsangehörigkeit zu beantragen, was jedoch das Einverständnis ihres Vaters im Senegal voraussetzte, der die französische Nationalität besaß. Mit der Musik hatte sich Sallah ein neues Leben aufbauen wollen und befürchtete nun, dass alles zerstört werden könnte. Auch Marcel machte keine Anstalten, ohne seine »Cramer«-Gitarre abzufahren.

»Kommt!«, schrie René. »Wir riskieren zu viel.«

Er hatte gut reden, denn er hatte nach der letzten Probe die Congas mit aufs Zimmer genommen. Sie lagen bereits hinten im Kofferraum. Endlich konnte ich Marcel und Sallah dazu bewegen, wenigstens in den Wagen zu steigen. Kaum saßen wir wieder alle im Auto, da rief Marcel:

»Da – Carlos!!«

Tatsächlich! Da fuhr der große Mercedes von Carlos vor. Er und Gerd stiegen aus.

»Wir müssen abhauen!« Ich zitterte am ganzen Körper.

Ob Carlos die Waffe wirklich benutzen würde, war keinem von uns ganz klar.

»Fahr los!«, schrie Marcel.

Ich ließ den Motor an, legte den ersten Gang ein und gab Gas. Gerade in dem Moment, als die beiden die Mühle betraten, schossen wir mit Vollgas um die Ecke. Carlos warf den Kopf herum. Hatte er uns entdeckt? In wilder Panik fuhr ich Richtung Autobahn. Sallah brach auf dem Rücksitz, unter Renés Gepäck vergraben, in Tränen aus. Als ich den Wagen zum ersten Mal an einer Raststätte wieder zum Stillstand brachte, hatten wir bereits die Hälfte der Strecke bewältigt. Das restliche Stück fuhr Marcel. Erschöpft und müde kamen wir zu Hause an. Judith meinte, ich wäre wohl von allen guten Geistern verlassen, mit den dreien aufzukreuzen.

»Wo willst du die denn unterbringen?«, fragte sie entsetzt.

Aber dann konnte sie es doch nicht mit ansehen, wie wir krampfhaft bemüht waren, das ganze Gepäck und uns selbst in meinen zwei Zimmerchen unterzubringen.

»Also gut, einer von den Jungs kann oben in der Mansarde von meinem Ex schlafen.«

Judiths Mann war inzwischen wieder eingezogen. Um etwas auf Distanz gehen zu können und ihm Platz für seine Modelleisenbahn zu schaffen, hatte sie im Haupthaus ein freies Mansardenzimmer angemietet. Dort schlief ab sofort René.

Das größte Problem dieses Wohnens zu fünft war das Geld. Die finanzielle Unterstützung meines Vaters reichte gerade für mich, aber die anderen konnte ich nicht auch noch durchfüttern. An einem der ersten gemeinsamen Abende setzten wir uns im Wohnzimmer zusammen und beratschlagten, was zu tun sei. René wollte mit seiner Freundin in Paris Kontakt aufnehmen, damit sie ihm Geld für die Bahnfahrt schicken konnte. Charmant, wie er mit den Frauen umging, schien mir diese Aktion recht problemlos. Sallah setzte seine ganze Hoffnung auf eine Tante in Paris. Und Marcel meinte selbstbewusst:

»Ich kann ja arbeiten gehen.«

Arbeiten! Als wenn das so einfach wäre! Bis die Gelder einträfen, musste erst mal mein Erspartes herhalten. Alle drei waren sich einig, dass ich genauestens über die Ausgaben Buch führen sollte, damit man mir das Geld zurückzahlen könne.

Gleich am nächsten Tag versuchten wir, einen befreundeten Rechtsanwalt in Bremen zu erreichen. Er war den Musikern von ihrem Agenten empfohlen worden. Denn Carlos selbst beschaffte keine Auftritte. Der Agent hatte sich der Band gegenüber recht kooperativ verhalten. Wir brauchten für den Anwalt keinen Pfennig zu bezahlen. Mit seiner Hilfe wollten wir die Instrumente herausbekommen. Doch schon nach einem Telefonat sah es sehr düster aus. Niemand hatte sich eine Quittung von Carlos für gezahltes Geld geben lassen. Es existierte kein Kaufvertrag. Es gab keine andere Möglichkeit, als die Gitarre und den Bass zu vergessen. Von Carlos und seinen Helfershelfern haben wir nie mehr etwas gehört und gesehen. Manchmal wollte Marcel mit mir nach Bremen fahren, nur um zu sehen, ob es ihn noch gibt, ob er vielleicht im Laufe der Jahre eine andere Band unter ähnlichen Bedingungen in seinem Haus untergebracht hatte. Aber solange wir zusammen waren, wurde nie etwas aus diesem Plan. Ich war auch nicht gerade unglücklich darüber.

Nach einer Woche traf das Geld aus Paris ein, und wir brachten René zum Bahnhof. Nach mehrfachen vergeblichen Versuchen erreichte Sallah endlich seine Tante.

»Und? Was hat sie gesagt?«, fragte ich gespannt, denn inzwischen wurde es mir wirklich zu eng in meinen zwei Zimmern, zumal wir ja auch noch Dusche und Toilette mit Judith teilen mussten.

»Sie will mir nichts geben«, antwortete Sallah enttäuscht. »Sie hat gesagt, dass ich ja unbedingt Musiker werden wollte. Und nun sollte ich gefälligst auch sehen, wie ich aus eigener Kraft wieder aus der Sache rauskomme.«

Die Nachricht traf mich wie ein Schlag. Ich musste intensiv für das Examen arbeiten. Dafür brauchte ich Ruhe. Wie sollte ich das schaffen, wenn laufend zwei Leute, und dazu auch noch so temperamentvolle, um mich herumsprangen?

»Du hast doch den Job als Modell an der Kunstschule?«, fragte Marcel.

»Ja und?« Tatsächlich arbeitete ich noch immer, wenn auch nicht regelmäßig, als Zeichenmodell für Porträts und inzwischen auch für Aktzeichnen. Auch wenn mich das anfangs einige Überwindung gekostet hatte.

»Kannst du nicht mal fragen, ob die mich auch als Modell brauchen können?«

Marcel hatte ein besonderes Talent, aus jeder Situation eine Tugend zu machen. Es war einen Versuch wert.

Es war kein Problem, Marcel ebenfalls an der Kunstschule unterzubringen. Bald arbeiteten wir zusammen in den Seminaren von Frau Professor Zaiser. Es stellte sich sogar als vorteilhaft heraus, denn die Studenten brauchten von Zeit zu Zeit neue Gesichter. So hatten wir die Möglichkeit, uns wochenweise abzuwechseln. Beide arbeiteten wir sowohl im Porträt- als auch im Aktkurs. Marcel war als einziges Modell damals und sicherlich in der gesamten Geschichte dieser Schule in der Lage, für mehrere Minuten im Handstand oder anderen akrobatischen Positionen auszuharren, bis die Studenten ihn gezeichnet hatten. Kein Wunder! Er hatte in seinem fast 30-jährigen Leben schon unzählige Berufe ausgeübt. Unter anderem hatte er als Dressman auf dem Kreuzschiff »Norway« und in einem Zirkus als Trapezartist gearbeitet. Letzteres musste er allerdings aufgeben, als er sich das

Handgelenk brach. Frau Zaiser war begeistert, und wir hatten unser Hauptproblem gelöst: Die Lebenshaltungskosten waren zunächst gesichert.

So teilte ich also meine kleine Wohnung mit Marcel und Sallah. Sallah nächtigte auf der Couch und hatte die Aufgabe übernommen, sich um das Essen zu kümmern. Es stellte sich heraus, dass er phantastisch kochen konnte. In dieser Zeit unserer gezwungenen Wohngemeinschaft lernte ich so manches senegalesische Rezept von ihm. Noch heute lade ich gerne Freunde zu einem »Poulet au Yassa« ein, dem Nationalgericht des Senegal. Und Marcel und ich verdienten das Geld.

Doch so harmonisch es auch erschien, das enge Zusammenleben ging mir nach einiger Zeit auf die Nerven. Es half alles nichts, wir mussten eine Lösung für Sallah finden.

»Wie lange soll Sallah denn noch bei uns wohnen?«, fragte ich eines Abends Marcel, nachdem wir uns ins Schlafzimmer zurückgezogen hatten.

»Wenn ich ein bisschen von dem Modellgeld zur Seite legen kann, zahle ich ihm die Fahrkarte nach Paris«, antwortete Marcel.

»Aber das kann ja noch Wochen dauern! Ich muss fürs Studium arbeiten. Ich halte das nicht mehr lange aus.«

Sallah musste dieses Gespräch wohl gehört haben, denn die beiden Räume waren nur durch eine Schiebetüre voneinander getrennt. Jedenfalls sprach er mich am nächsten Morgen an:

»Vielleicht kann ich ja noch mal versuchen, meine Tante zu erreichen.«

»Warum das denn?«, fragte ich überrascht.

»Ich denke, ich sollte deine Gastfreundschaft nicht überstrapazieren.«

»Ach, lass doch. Wir werden das schon schaffen. Wenn wir genug Geld haben, kaufen wir dir die Fahrkarte.«

Es tat mir Leid, was ich am Abend zuvor zu Marcel über ihn gesagt hatte.

»Aber nur geliehen«, meinte Sallah bestimmt. »Sobald ich in Paris bin, zahle ich euch das Geld zurück.«

Und tatsächlich, kurze Zeit später war es so weit. Sallah reiste ab. Erst als wir ohne ihn nach Hause zurückkamen, merkte ich, wie sehr ich mich an ihn gewöhnt hatte. Er fehlte mir. Ich wünschte, es gäbe öfter solch angenehme Logiergäste. Kurz darauf bekamen wir per Postanweisung das geliehene Geld von Sallah zurück.

Marcel und ich lebten recht friedlich in unserer Hinterhofidylle. Im Sommer wurde draußen gefrühstückt, und auch abends saßen wir oft noch lange im Garten. Marcel hatte die Verantwortung für den Haushalt übernommen, und es stellte sich heraus, dass er auch auf diesem Gebiet Fachkenntnisse besaß. Von der Reparatur im Haus über die Einrichtung einer Wohnung – er räumte meine ganze Bude um –, selbst beim Kochen war er perfekt. In kurzer Zeit hatte er aus meinen zwei kleinen Zimmern eine gemütliche und zweckmäßige Behausung gezaubert. Über unsere gemeinsame Arbeit an der Kunstschule hatten wir eine Menge neuer Leute kennen gelernt. Marcel liebte es, im Mittelpunkt zu stehen und umschwärmt zu werden. Bei jeder Einladung drehte sich alles um ihn. Er war der Typ Mann, der von Natur aus alle Aufmerksamkeit auf sich zog. Es war die Blütezeit der Reggaemusik, und einen Rastaman im Freundes- oder Bekanntenkreis zu haben war für so manchen ein Ereignis, mit dem man gerne angab. Außerdem war Marcel aufgrund seines abwechslungsreichen Lebens sehr stark westlich beeinflusst. Für viele Leute war seine Mentalität daher nicht so fremd wie die eines religiösen Rastamans.

»Ich brauche die französische Staatsangehörigkeit, um

hier in Deutschland auch arbeiten zu können«, sagte Marcel eines Tages zu mir.

»René ist gerade im Senegal und spricht mit unserem Vater. Er meint, dass ich es auch versuchen soll.«

Doch dazu musste auch Marcel zurück in den Senegal, um mit seinem Vater, der seit langem die französische Staatsangehörigkeit besaß, zu klären, ob er bereit war, ihn bei diesem Vorhaben zu unterstützen. Marcel trug den Mädchennamen seiner Mutter, die der Vater nie geheiratet hatte. Obwohl er kein Moslem war, hatte er mit vier Frauen im Senegal Kinder. Nur mit Roberts Mutter war er in Saint Louis, einer Stadt im Norden, verheiratet. Erst wenn der Vater Marcel offiziell als seinen Sohn anerkannte, war es für ihn möglich, die französische Staatsangehörigkeit zu beantragen. Besonders begeistert war ich nicht von der Idee, auf unbestimmte Zeit Strohwitwe spielen zu müssen. Aber es war sicherlich die einzige Möglichkeit, unsere gemeinsame Zukunft in Deutschland zu sichern. Doch zum ersten Mal misstraute ich Marcel. Zwar hatte ich schon zu Beginn unserer Beziehung seine unwiderstehliche Anziehungskraft auf andere Frauen bemerkt, hatte dem zunächst jedoch keine besondere Bedeutung beigemessen.

Als Marcel Anfang Juni 1980 in den Senegal abreiste, mussten wir uns im Krankenhaus voneinander verabschieden. Ich war einen Tag vor seiner Abreise mit akuter Blinddarmentzündung in die Klinik eingeliefert worden und musste sofort operiert werden. Ich befürchtete, ihn vielleicht niemals wiederzusehen. Doch er verstand es vorzüglich, mich zu beruhigen.

»Mach dir keine Sorgen!«, pflegte er bei solchen Anlässen stets zu sagen.

Der Sommer ohne Marcel verging im Schneckentempo. Zur Uni musste ich nur noch selten. Die meiste Zeit des Tages saß ich im Garten und schrieb an meiner Examensarbeit. Es war ein heißer Sommer. Ich genoss es, mit kahlem Kopf in der Sonne sitzen zu können. Zum ersten Mal wurde ich rundherum braun, während meine Examensarbeit sich dem Ende neigte.

Der erste Brief von Marcel ließ nicht lange auf sich warten.

Dakar, den 5.6.1980

Liebling,

erst eine Woche bin ich in Dakar, und viel ist schon geschehen. Ich habe ein Konzert hier in Dakar organisiert, aber es sind nicht allzu viele Leute gekommen, weil die Karten recht teuer waren.

Aber ich konnte nicht gut schlafen, seit ich das Krankenhaus verlassen habe. Ich weiß, dass ich Dich sehr liebe. Aber ich verheimliche Dir nicht, dass ich Angst habe. Ich bete jeden Tag für uns beide, denn es wird nicht leicht werden.

Dakar habe ich als eine ruhige Stadt wiedergefunden. Alle wollen weg, weil hier nichts mehr los ist. Meiner Mutter habe ich viel von Dir erzählt, und sie hat mir gesagt, dass man sehr stark sein muss, wenn man eine Familie gründen will. Sie hat Dein Foto gesehen und findet Dich sehr schön. Ich habe mit ihr über unsere Heirat gesprochen. Sie ist sehr zufrieden, weil sie nicht glaubte, dass ich mich dazu entschließen würde. Sie wird sich auch um meine Papiere kümmern. Hole bitte Auskünfte über die Hochzeit ein und vergiss nicht, dass ich eine sehr hübsche, kleine Tochter möchte.

Ich treffe mich hier mit Leuten und suche auch nach Arbeit. Aber ich denke, dass das klappen wird.

Liebling, schreibe mir schnell und erzähle mir alles!

Marcel alleine, der an Dich denkt, an seine Frau, wie ein Verrückter, weil er sie so sehr liebt.
Ich schwöre Dir, dass mich nichts davon abhalten kann, Dich eines Tages wiederzusehen. Denn Gott hat mich spüren lassen, dass Du es bist, mit der ich mein Leben verbringen möchte.
Ich liebe Dich auf ewig.
Marcel

Marcel schrieb Liebesbriefe wie Songtexte. Alle klangen wunderschön. Die Wochen verstrichen. Ich erhielt ein bis zwei Briefe pro Woche. Doch ich konnte nicht ewig von Briefen leben. Langsam wurde ich ungeduldig und fragte in meinen Briefen ständig nach, wann er endlich zurückkäme. Inzwischen war es Ende August. Seit drei Monaten war ich nun schon allein. Judith reagierte skeptisch und meinte, dass ich Marcel nie mehr wiedersehen würde. Dann kam wieder ein Brief, in dem er mir seine Rückkehr für Anfang September ankündigte.

Es erschien mir wie eine Ewigkeit. Das Misstrauen nagte weiter an mir. Ich entschloss mich, einen Brief an Marcels Mutter zu schreiben, um herauszufinden, ob es tatsächlich so schwierig war, die Papiere zu besorgen. Als ich ihre Antwort in Händen hielt, war ich zunächst einmal beruhigt.

Dakar, den 4. September 1980

Meine allerliebste Jenny,
tatsächlich kenne ich Sie bereits vom Foto. Aber gerne würde ich einmal persönlich Ihre Bekanntschaft machen. Marcel erzählt mir oft von Ihnen. Er hofft, dass Sie eines Tages seine Frau werden, wenn Gott will. Das wäre mein

größter Wunsch, denn gerne sähe ich es, wenn alle meine Kinder mit aufrichtigen Frauen verheiratet wären, die ihre Schwiegereltern nicht verachten. Da er mit mir über die Heirat gesprochen hat, habe ich ihn gefragt, ob er an seine Situation gedacht hat. Denn nach der Hochzeit kommen die Kinder, und es ist nötig, sie zu erziehen, zu ernähren und zu kleiden. Er sagt, dass er sich ohne Sie langweilt.

Ich hoffe, dass Sie mir wieder schreiben werden, wenn Sie meinen Brief erhalten haben. Wir sollten in Kontakt bleiben, bis wir uns eines Tages sehen können, wenn Gott es erlaubt. Sie können nach Dakar kommen, wann Sie wollen. Die Tür steht Ihnen weit offen. Es gibt genug Platz und immer etwas zu essen, dank Gott.

Ich bin krank. Ich habe zu hohen Blutdruck und Diabetes. Aber ich hoffe, dass Gott meine Tage noch verlängern wird, um mir zu erlauben, Sie noch einmal kennen zu lernen.

Bis bald. Ich erwarte Ihre Nachricht.

Ihre kleine Maman.

Im Oktober 1980 war es endlich so weit. Marcel kam, obwohl noch nicht alle Formalitäten für die französische Staatsangehörigkeit erledigt waren. Die langen Monate der Trennung gingen zu Ende. Doch allzu lange sollte das Glück nicht dauern.

Eines Abends, ich war damit beschäftigt, für uns etwas zu kochen, klopfte es plötzlich an der Tür. Da Fremde normalerweise vorher am Vorderhaus klingelten und sich dann im Hausflur verliefen, ohne unser verstecktes Häuschen im Hinterhof zu entdecken, nahm ich an, dass es Judith war. Arglos öffnete ich die Tür. Zwei junge Männer lehnten vor mir im Türrahmen.

»Wohnen bei Ihnen ein paar Afrikaner?«, fragte einer von ihnen.

Gleich schloss ich die Tür wieder bis auf einen kleinen Spalt. Schnell setzte einer der Männer einen Fuß in die Tür. Marcel saß direkt hinter mir im Wohnzimmer.

»Warum?«, fragte ich abweisend.

»Polizei«, der andere hielt mir einen Ausweis unter die Nase. »Wir kommen im Auftrag der Ausländerbehörde.«

»Ich habe Besuch. Ist das verboten?«, gab ich frech zurück und hielt immer noch die Tür krampfhaft fest.

»Nun machen Sie uns mal keine Schwierigkeiten, sonst können wir Sie auch wegen Beihilfe belangen.«

Marcels Deutschkenntnisse waren zum damaligen Zeitpunkt noch recht schlecht. Doch dass es Schwierigkeiten gab, hatte er sofort verstanden. Plötzlich stand er hinter mir und machte die Tür ganz auf.

»Was ist los?«, fragte er.

Ich erklärte ihm kurz auf Französisch, was die beiden Männer wollten.

»Wie heißen Sie?«, fragte einer der Polizisten auf Deutsch.

»Marcel Moran.«

»Wir müssen Sie festnehmen, Herr Moran. Haben Sie die anderen da hinten versteckt?«

Der Polizist wies mit dem Kopf auf die geschlossene Schlafzimmertür.

»Was glauben Sie eigentlich?«, entrüstete ich mich. »Dass ich hier zwanzig Afrikaner versteckt halte?«

»Lass mal«, meinte Marcel beschwichtigend zu mir. »Das wird sich alles aufklären. In spätestens einer Stunde bin ich wieder da.«

Marcel begleitete die Polizisten zum Präsidium. Sofort versuchte ich den Anwalt in Bremen zu erreichen, den die Musiker über ihren damaligen Musikagenten kennen gelernt hatten. Er war zu einer Party eingeladen, sagte mir seine Frau. Man werde ihm ausrichten, dass er mich zurückrufen solle. Stunden vergingen. Marcel erschien nicht. Der Anwalt rief nicht zurück. Endlich gegen Mitternacht klingelte das Telefon. Der Anwalt entschuldigte sich für den verspäteten Anruf. Ich war froh, Hilfe zu bekommen. Er erklärte mir, was passiert sein könnte, denn er hatte bereits mit der Polizei gesprochen, gleich nachdem man ihm den Grund meines Anrufs ausgerichtet hatte. Allzu sorglos hatten wir in den letzten Monaten gelebt. Keiner von uns hatte daran gedacht, dass Marcel genauso wie die anderen von Carlos in Bremen angemeldet worden war. Bei unserer Blitzaktion hatten wir das Bundesland gewechselt, ohne die Behörden davon in Kenntnis zu setzen. Das Visum für die Afrikaner war nur für ein paar Monate gültig und musste dann verlängert werden. Darum hatte sich stets Carlos gekümmert. Nach Ablauf der Frist hatte man die Musiker in Bremen auf die Fahndungsliste gesetzt.

»Die werden wahrscheinlich versuchen, Marcel morgen in aller Frühe per Flugzeug erst mal an die Franzosen abzuschieben.«

»Aber was kann ich denn tun, um das zu verhindern?«

»Nichts! Die einzige Chance, die Sie noch haben, ist, dass Sie sich im Morgengrauen vor das Polizeipräsidium stellen, um zu sehen, wohin er gebracht wird. Heute Nacht werden die nichts mehr unternehmen. Die werden Ihnen auch nicht erlauben, mit ihm zu sprechen.«

Es wurde eine Nacht ohne Schlaf. Noch vor dem Morgengrauen machte ich mich mit dem Wagen auf den Weg zum Präsidium und parkte direkt gegenüber der Ausfahrt. Lange tat sich nichts. Zweifel nagten an mir, ob man Marcel nicht vielleicht doch schon in der Nacht ins Flugzeug gesetzt hatte. Stand ich hier an der richtigen Stelle? Plötzlich sah ich, wie ein großer Wagen langsam aus der Ausfahrt rollte, um sich in den Verkehr einzuordnen. Die Limousine fuhr direkt an mir vorbei. Deutlich erkannte ich Marcel im Fond. Ich ließ den Motor an und folgte dem Wagen durch die Stadt. Die Fahrt ging auf direktem Weg zum Ausländeramt am Bahnhof. Dort versuchte ich wieder unauffällig zu halten, doch Marcel hatte mich entdeckt und zwinkerte mir zu. Während ich mir die größten Sorgen machte, schien er in bester Verfassung zu sein. Es dauerte eine Ewigkeit, bis er mit den Beamten wieder aus dem Gebäude trat. Er verabschiedete sich und kam auf meinen Wagen zu.

»Hallo Chérie!«, strahlte er mich an und gab mir einen Kuss.

»Ich dachte schon, die würden dich abschieben«, überschlug sich meine Stimme.

»Lass uns erst mal nach Hause fahren.«

Was war das? Nur ein Alptraum? Dann löste sich das Rätsel der wundersamen Freilassung. Bei der nächtlichen Vernehmung der Polizei hatte sich herausgestellt, dass man vermutete, die Musiker wären in Deutschland untergetaucht, um sich hier illegal aufhalten zu können. Man ging davon aus, dass auch René und Sallah noch in Deutschland wären. Denn bei ihrer Ausreise aus Deutschland waren sie an der Grenze nicht kontrolliert worden. Marcel hatte versucht, den Polizisten die ganze unglaubliche Geschichte zu erzählen. Mit den Polizisten hatte er sich prima verstanden. Dann am nächsten Morgen beim Ausländeramt habe man ihm erklärt, dass er noch am gleichen Tag die Bundesrepublik verlassen müsse.

»Das ist unmöglich«, hatte Marcel geantwortet.

»Was soll das heißen? Das ist unmöglich«, hatte der Beamte gefragt.

»Meine Freundin hat im Dezember die letzten Prüfungen.

Sie macht gerade ihr Examen. Da braucht sie meine Unterstützung«, hatte er kurz erklärt.

Verblüfft von so viel Dreistigkeit hatten die Beamten sich offenbar überreden lassen, eine Ausnahme zu machen.

»Wann ist denn die Prüfung Ihrer Freundin zu Ende?«

»Im Dezember.«

»Also gut. Am Tag nach der Prüfung verlassen Sie die BRD. Wenn wir von der Grenze keine Rückmeldung bekommen, sind wir noch am gleichen Tag bei Ihrer Freundin und holen Sie ab.«

So kam – sicherlich einmalig in der Geschichte des hiesigen Ausländeramtes – der Deal des Jahrhunderts zustande. Es ist uns allen bis heute ein Rätsel, wie die Polizei auf meine Adresse gekommen ist. Obwohl wir uns nicht gerade versteckt hatten, zumal wir uns ja auch keiner Schuld bewusst waren, gibt es nur die Möglichkeit, dass uns jemand angezeigt hat. Wer, das haben wir nie erfahren.

Am Tag nach meiner letzten mündlichen Prüfung reiste Marcel nach Paris ab. Die erneute Trennung erschien mir wie eine Ewigkeit.

Nach meinem Examen war es höchste Zeit, mich um einen Arbeitsplatz zu bemühen. Bewerbungsunterlagen mussten zusammengestellt werden. Die Lehrerarbeitslosigkeit hatte bereits enorme Ausmaße erreicht, so dass man vor allem als Deutschlehrer kaum noch eine Chance hatte, in den Staatsdienst aufgenommen zu werden. Ich hatte nicht vor, meine Berufstätigkeit mit Arbeitslosigkeit zu beginnen, und wollte es bei einer Sprachschule als Lehrerin für Deutsch als Fremdsprache versuchen. Doch für eine Bewerbung brauchte ich ein Passfoto. Normalerweise ist dies ein ganz normaler Vorgang, über den sich niemand lange den Kopf zerbricht. Doch in meiner neuen Rolle als Frau ohne Haare stellte sich für mich erneut die Frage der Selbstdarstellung. Ich besaß noch jede Menge Passfotos, die ich zu den unterschiedlichsten Gelegenheiten hatte machen lassen. Sie waren fast alle in Automaten entstanden, denn Aufnahmen aus einem richtigen Fotostudio konnte ich mir nicht leisten. Und auf allen hatte ich noch Haare! Nun war ich kahl. Wie sollte ich mich ablichten lassen? Mit Perücke? Nein, die verstaubte seit Jahren im Schrank. Es musste ein Foto mit Tuch sein, denn so würde ich schließlich bei einem eventuellen Vorstellungsgespräch auftreten. So bewarb ich mich also um meinen ersten Arbeitsplatz mit einem Turban. Heute erscheint mir diese Art der Kopfbedeckung zu pompös. Aber wenn ich mir die Fotos von damals anschaue, als ich fast zwanzig Jahre jünger war, so muss ich sagen, dass es mir recht gut stand. Den Schal legte ich über den Kopf, so dass die Enden gleich lang herunterhingen. Dann machte ich einen einfachen Knoten hinten im Nacken. Ein Ende drehte ich fest zu einer Wurst, die ich nun von hinten in Stirnnähe über den Kopf legte und auf der anderen Seite mit dem anderen Ende wiederum verknotete. Das zweite Ende ließ ich wie einen Zopf vorne herunterhängen. Ich sah sehr orientalisch aus. Das Problem mit dem Bewerbungsfoto schien zunächst bewältigt. Immerhin erhielt ich mit diesem Passfoto drei Jobangebote. Ganz so schlecht konnte es also nicht sein. Möglich, dass es auch damit zu tun hatte, dass ich vorwiegend Ausländer verschiedenster Kulturen unterrichten sollte. Ich entschied mich für die inlingua Sprachschule. Der Anfang war gemacht. Jetzt brauchte nur noch Marcel zu kommen.

Und tatsächlich erfüllte sich auch dieser Wunsch Ende Januar 1981. Marcel war endlich Franzose. Zur gleichen Zeit ging auch unsere Hinterhofidylle zu Ende. Das ganze Grundstück war verkauft worden. Der neue Eigentümer kündigte

Judith und mir wegen Eigenbedarfs. Judith hatte sich inzwischen endgültig von ihrem Mann getrennt. Diesmal per Scheidungsrichter.

Meine Beziehung mit Marcel stand auf tönernen Füßen. Lange schon ahnte ich, dass er mich betrog. Trotz der wunderbaren Liebesbriefe und der Korrespondenz mit seiner Mutter. Es war einfach ein Gefühl in meinem Bauch. Mein Vertrauen schwand. Das Thema Heirat war schon lange nicht mehr angesprochen worden. Marcel gab inzwischen Französischunterricht in Düsseldorf. Wenn ich abends von der Arbeit nach Hause kam, sahen wir uns gerade noch zum Essen. Dann zog er seine Jacke an und verabschiedete sich mit den Worten:

»J'arrive. Ich bin bald wieder da!«

Dann wusste ich sofort, dass es bis zum nächsten Morgen dauern würde. Als Erklärung für sein nächtliches Ausbleiben tischte er mir seit Wochen die unglaublichsten Geschichten auf. Die Stunden, die wir gemeinsam verbrachten, endeten immer häufiger in Streitereien. Ich musste die Wahrheit herausfinden!

Eines Abends, Marcel war wieder unterwegs, konnte ich nicht schlafen. So entschloss ich mich gegen Mitternacht, der alternativen Kneipe um die Ecke einen Besuch abzustatten. Von der dunklen Straße aus konnte ich ins hell beleuchtete Lokal blicken. Gleich am Fenster sah ich ihn mit ihr, eng umschlungen. Es war Marion, eine Freundin aus meiner Schulzeit. Als ich die beiden sah, brach eine Welt für mich zusammen. Marcel war meine große Liebe. Monatelang hatte ich auf ihn gewartet. Was konnte ihm Marion bieten, was ich nicht hatte? Der Schmerz schien mich fast zu zerreißen. Von maßloser Wut getrieben, stürmte ich ins Lokal und baute mich vor den beiden auf.

»Du kommst sofort nach Hause. Wir müssen reden«, herrschte ich ihn an.

Marcel schien völlig überrumpelt und folgte mir widerstandslos. Es wurde eine lange Nacht mit ergebnislosen Gesprächen und vielen Tränen. Gegen Morgen verließ er mich, um – wie er meinte – sich um Marion kümmern zu müssen. Ich fiel ins Bodenlose. Kurz danach holte er seine Sachen bei mir ab, um ganz zu ihr zu ziehen. Wie sich mit der Zeit herausstellte, hatten es alle gewusst. Ich war als Einzige ahnungslos gewesen, was sich da Nacht für Nacht hinter meinem Rücken abspielte. Ich fühlte mich betrogen und im Stich gelassen. Warum hatte ich nicht auf meinen Bauch gehört? Es fiel mir schwer, ohne Marcel zu leben.

In den folgenden Monaten führte ich einen regen Briefwechsel mit Marcels Mutter und seiner Schwester Yoyo im Senegal. Mamie, wie seine Mutter von allen genannt wurde, hatte mich bereits mehrmals eingeladen, sie in Dakar zu besuchen. Ich war mir nicht sicher, ob ich das nun, nach meiner Trennung von Marcel, wirklich tun sollte. Ich entschloss mich, Mamie die Situation zu erklären. Die Antwort ließ nicht lange auf sich warten. Eines Tages fand ich einen Brief von ihr im Kasten. Schnell lief ich die Treppe hinauf, schloss die Wohnungstür auf und öffnete den Brief. Der Inhalt überraschte mich.

Dakar, den 21. Juli 1981

Meine allerliebste Jenny,

gerade habe ich Deinen Brief erhalten und antworte Dir sofort. Du brauchst Dir um Unterkunft und Verpflegung keine Sorgen zu machen. Du wirst bei mir wohnen. Es gibt Platz genug. Mache Dir ums Essen keine Sorgen. Du kommst nach Dakar, um Deine Schwiegermutter und Deine Schwägerin zu besuchen, und Du wirst willkommen sein, wenn Gott uns Gesundheit und Leben schenkt. Das ist alles, worum wir bitten.

So, liebe Jenny, in Erwartung Deines Telegramms kommt die ganze Familie zusammen, um Dir gute Gesundheit und eine gute Reise in unser Land, den Senegal, zu wünschen.

Wir umarmen Dich. Bis bald.

Maman

Maman benutzte Vokabeln, wie Schwiegermutter und Schwägerin, obwohl Marcel und ich nie geheiratet, ja, uns sogar getrennt hatten. Es war ein typischer Wesenszug dieser Menschen, wie ich später noch lernen sollte. Gehörte man einmal einer Familie an, so war man ihr auf ewig verpflichtet. Dabei spielten die äußeren Umstände meiner Beziehung zu Marcel keine Rolle.

Meine Skepsis war verflogen. Ich würde das geheimnisvolle Afrika besuchen, die Lebensweise der Menschen dort kennen lernen. Mit einem Mal freute ich mich riesig. Trotz Trennung und neuer Freundin pflegte Marcel von Zeit zu Zeit in der Schule ohne Vorwarnung aufzukreuzen oder mich ebenso überraschend zu Hause zu besuchen. Ob mir das recht war, schien ihn wenig zu interessieren. Ich nutzte eine dieser Gelegenheiten, um ihm von der Einladung seiner Mutter zu erzählen.

»Ich werde mich um dein Ticket kümmern«, war seine erste Reaktion.

»Willst du denn, dass ich deine Familie besuche?«, fragte ich überrascht.

»No problem!«

Sein Lieblingsspruch.

»Was sollte ich dagegen haben? Wenn ich nach Paris fahre, werde ich mit einer Freundin sprechen, die im Büro der Air Afrique auf den Champs-Élysées arbeitet. Vielleicht kann sie dir ein Ticket für junge Senegalesen besorgen. Das ist billiger.«

Kurze Zeit später fuhr Marcel für längere Zeit nach Paris zu seinem Bruder René. Er schrieb mir regelmäßig wie früher und unterrichtete mich über die Vorbereitungen für meinen Flug. Im August bat ich um eine Pause an der Sprachschule, die mir mein Chef unter der Auflage bewilligte, mich im Senegal nach einem möglichen Standort für eine Sprachschule umzusehen.

Endlich war es so weit! Ich fuhr mit dem Zug nach Paris und wohnte bei unserem Freund Sallah. Am nächsten Tag holte mich Marcel ab und begleitete mich zum Büro der Air Afrique, um mein Ticket abzuholen. Ich hatte tatsächlich den Sonderpreis für junge Senegalesen bekommen. Marcel hatte alles für mich arrangiert.

»Du musst mir einen Gefallen tun«, sagte er. »Hier ist eine Liste mit Namen und Adressen von Leuten, bei denen ich im Senegal gearbeitet habe. Nimm mit ihnen Kontakt auf und bitte sie, mir Arbeitszeugnisse auszustellen. Die brauche ich, um in Frankreich oder Deutschland Jobs zu bekommen.«

Ich schaute mir den Zettel mit den fremd klingenden Namen und Adressen an.

»Aber die kennen mich doch gar nicht!«, sagte ich.

»Macht nichts! Du sagst einfach, dass du die Freundin von Marcel bist. Dann geht schon alles klar. Außerdem kann dir meine Schwester helfen.«

Mir war klar, dass ich eine Reise ins Ungewisse machte. Zwar sprach ich fließend Französisch, die Amtssprache im Senegal, aber ich hatte nicht viel Geld und würde bei Einheimischen wohnen, ohne Kontakt zu anderen Touristen oder

Reiseleitern. Zur Sicherheit hatte ich mir vor meiner Abfahrt in Deutschland die Anschrift der deutschen Botschaft in Dakar besorgt.

»Was kann ich denn eigentlich dort unten unternehmen? Deine Mutter wird ja wohl kaum mit mir in die Disko gehen wollen.«

»Warte!« Marcel holte sein kleines blaues und ziemlich abgenutztes Adressbuch aus der Tasche.

»Ich schreibe dir ein paar Freunde von mir auf. Du solltest nämlich nachts nicht alleine rumlaufen.«

»Warum das denn? Ich brauche doch keine Bodyguards!«, antwortete ich trotzig.

Aber Marcel blieb hart:

»Es ist nach Einbruch der Dunkelheit viel zu gefährlich für Weiße, allein auf die Straße zu gehen. Moment ... mein Freund Lamine Guye arbeitet bei der Bank. Ruf ihn dort an und bestell ihm Grüße von mir. Er wird dich abends begleiten, wenn du ausgehen willst. Außerdem kann er dir alles zeigen. Er ist sehr zuverlässig. Wir kennen uns seit der Schulzeit.«

Die Liste seiner Freunde wurde immer länger. Schließlich hielt ich zwei voll beschriebene Blätter Papier in der Hand.

»Gut, ein paar Kontakte können nicht schaden«, dachte ich mir und versprach Marcel, mich um seine Arbeitszeugnisse zu kümmern und nur in Begleitung Einheimischer abends auszugehen.

Am nächsten Tag brachte er mich zum Flughafen Charles de Gaulle, weit außerhalb von Paris. Am Schalter der Air Afrique sah ich eine große Menge von Senegalesen. In ihren bunten Boubous, die Frauen mit farblich auf die Kleidung abgestimmten Tüchern um den Kopf, wirkten sie wie ein fröhlicher Farbtupfer im Einheitsgrau eines europäischen Flughafens. Marcel ging auf eine korpulente Frau zu, die er auf Wolof, seiner Stammessprache, begrüßte. Er winkte mich herüber und stellte mich wieder als seine Freundin vor, die ich ja eigentlich gar nicht mehr war.

»Jenny, das ist eine Freundin meiner Mutter. Sie wohnt ganz in unserer Nähe in Dakar. Sie wird sich nach der Landung um dich kümmern. Okay?«

Ich war also bestens versorgt. Es konnte gar nichts mehr schief gehen. Als unsere Maschine aufgerufen wurde, verabschiedete ich mich von Marcel und folgte der dicken Dame aus Dakar zum Flugsteig.

Die Maschine war voll besetzt. Zum ersten Mal befand ich mich an einem Ort mit mehr Afrikanern als Europäern. Ich hatte einen Fensterplatz auf der linken Seite im hinteren Teil des Flugzeugs. Aber die Senegalesin, die sich um mich kümmern sollte, ging immer weiter nach vorne, bis ich sie aus den Augen verlor. Als ich einmal die Toilette aufsuchte, sah ich, dass sie ganz vorne in der Mitte saß.

»Kein Grund zur Besorgnis!«, dachte ich mir. »Nach der Landung wird sie sicher auf mich warten!«

Der Flug dauerte nicht allzu lange. Zwischen 20 Uhr und 21 Uhr befanden wir uns auf dem Landeanflug. Als ich die Durchsage hörte, schaute ich aus dem Fenster und sah zu meiner großen Überraschung unter mir eine Unmenge bunter Lichter. Es wirkte auf mich wie Lampionketten bei einem Schrebergartenfest. Das konnte unmöglich Dakar, die Hauptstadt des Senegal, sein! So weit das Auge reichte, sah man nur diese bunten Lämpchen. Aufgeregt sah ich meinem Abenteuer entgegen. Ich spürte, dass mein Aufenthalt im Senegal zu einer der wichtigsten Erfahrungen meines Lebens werden sollte. Ich stieß auf eine mir völlig fremde Welt. Schon alleine die Tatsache, dass ich bei Afrikanern wohnte und ihr Leben in den kommenden Wochen teilen sollte, unterschied meinen Aufenthalt wesentlich von dem der europäischen

Touristen, die in ihren klimatisierten Hotels saßen und sich das Land von Touristenführern zeigen ließen.

Nach der Landung wurden der vordere und der hintere Ausgang des Flugzeugs geöffnet. Vergeblich versuchte ich, meine »Betreuerin« zu erspähen. Aber da waren so viele Menschen, dass mir nichts anderes übrig blieb, als mit den anderen Passagieren hinten auszusteigen. Draußen schlug mir eine stickige und feuchte Luft entgegen. Der Geruch, den ich später als Geruch Afrikas kennen lernte, machte mich ganz benommen. Es war eine Mischung ähnlich wie in den Pariser Metrostationen, jedoch nicht so unangenehm und beißend. Ich war wie betrunken und ließ allen Stress und die Hektik der vergangenen Monate von mir abgleiten. Ich stand unten an der Gangway und merkte gar nicht, dass ich mittlerweile alleine war. Vor mir nahm ich weit entfernt ein flaches, lang gezogenes Gebäude wahr. Die anderen Passagiere marschierten zügig mit ihrem Handgepäck darauf zu. Die Dunkelheit war ungewöhnlich für mich, es gab kaum elektrische Lichtquellen. Wo war der Transferbus, der die Reisenden sonst immer von der Maschine zum Flughafengebäude bringt? Der Gegensatz zu dem hypermodernen Flughafen Charles de Gaulle in Paris verursachte den ersten Schock. Ich nahm meine Tasche und folgte langsam der Passagiergruppe, die ich nur noch schemenhaft wahrnehmen konnte. Erst jetzt fiel mir auf, dass ich eigentlich gar nicht wusste, nach wem ich am Flughafen Ausschau halten sollte. Ich wusste weder, wie Marcels Mutter noch wie seine Schwester aussahen. Und von der Dame, die mir helfen sollte, war nichts mehr zu sehen. Doch als ich das Flughafengebäude betreten wollte, kamen mir eine kleine, ältere Frau und ein Junge entgegen, die mich ängstlich musterten.

»Sind Sie Jenny aus Deutschland?«, fragte die Frau.

»Ja!«, erwiderte ich fast erleichtert.

»Ich bin Mamie, Marcels Mutter, und das ist Michou, der Sohn von Marcel. Herzlich willkommen im Senegal!«, sagte sie und umarmte mich.

Mamie war wirklich klein. Sie reichte mir gerade bis zur Schulter. Ihre krausen Haare hatte sie glatt zurückgekämmt und in einem kleinen Dutt zusammengefasst. Sie hatte eine sehr helle, gelbliche Hautfarbe, denn sie war Kreolin. Ihre Gesichtszüge waren fein. Michou hingegen war etwa so groß wie ich und wesentlich dunkler als seine Großmutter. Er wirkte etwas schüchtern, was sich später rasch ändern sollte. Sie brachten mich ins Innere des Gebäudes. Dort erwartete mich Yoyo, Marcels ältere Schwester, eine moderne europäisch orientierte und selbstbewusste Frau. Stürmisch umarmte sie mich, als würden wir uns schon lange kennen. Die Fragen nach meinem Befinden und dem Flug konnte ich kaum beantworten. Zu viel Neues war in dem Moment auf mich eingestürmt, als ich das Flugzeug verlassen hatte. Seit Jahren war ich mit Afrikanern und Menschen aus der Karibik befreundet, doch hier war alles anders. Hier passte das eine zum anderen: die geheimnisvolle Dunkelheit, der Geruch Afrikas, die Menschen, die afrikanische Sprache, die durch den Raum hallte. Ich war bereit, in dieses Land einzutauchen, um es verstehen und vielleicht auch lieben zu lernen.

In zwei Reihen standen die Einreisenden geduldig bei der Passkontrolle an. Die beiden Beamten schienen die Bürokratie erfunden zu haben. Sie überprüften jeden Pass millimetergenau, stellten Fragen, nahmen Rücksprache mit einigen Polizisten, die schwer bewaffnet in der Nähe standen. Keine sehr vertrauenserweckende Atmosphäre.

»Gib mir deinen Pass!«, sagte Yoyo. »Ich kenne jemanden, so dass wir schnell hier rauskommen.«

Schon war sie mit meinem Reisepass verschwunden und

sprach mit einem der beiden Beamten. Der stempelte meinen Pass und keine zwei Minuten später hielt ich ihn in Händen. Wieder etwas, das ich nicht begriff. Aber mir blieb keine Zeit für lange Überlegungen. Yoyo und Michou packten kurzerhand mein Gepäck, und nachdem wir alles in ihrem Wagen verstaut hatten, fuhren wir durch die Dunkelheit auf die Stadt mit den zahllosen bunten Lichtern zu. Erst jetzt wurde mir die Weite des Landes bewusst. Die Straße führte fast schnurgerade durch eine Ebene, in der ich kein Haus entdecken konnte. Rechts und links erstreckte sich das Land in die Dunkelheit. Der Weg war staubig und schlecht asphaltiert. Wegen der stickigen Hitze waren alle Fenster des Wagens heruntergekurbelt, und der heiße Fahrtwind blies mir ins Gesicht. Da! Da war doch etwas! Am Straßenrand saßen riesige dunkle Gestalten. Für Tiere erschienen sie mir zu groß. Ihre Umrisse sahen aus wie die eines Buckligen.

»Was ist das denn?«, rief ich.

»Das sind Geier«, gab mir Yoyo zur Antwort.

Noch nie hatte ich solch riesige Vögel gesehen. Fast menschlich wirkten sie auf mich. Wir fuhren ganz dicht an ihnen vorbei. Ein bestialischer Verwesungsgestank drang in den Wagen. Als ich aus dem Fenster schaute, sah ich, wie hässlich diese Geier mit ihren nackten Hälsen aussahen. Plötzlich trat Yoyo auf die Bremse.

»Was ist passiert?«, fragte ich ängstlich.

»Paviane!«

Direkt vor uns auf der Straße saß eine Gruppe Paviane, wie ich sie aus dem Zoo kannte. Yoyo forderte uns auf, die Fenster zu schließen, und stellte den Motor ab. Die Affen schienen uns gar nicht wahrzunehmen. Sie lausten sich gegenseitig. Es dauerte etwa zehn Minuten, bis sich das Pavianmännchen erhob und langsam die Fahrbahn verließ. Die anderen folgten in gebührendem Abstand.

Yoyo erklärte mir: »Die Paviane werden bei uns verehrt. Manchmal gibt es regelrechte Verkehrsstaus, weil eine Gruppe sich mitten auf der Straße niedergelassen hat.«

»Warum mussten wir denn die Fenster schließen?« Ich öffnete mein Fenster und war froh, wieder Luft zu bekommen.

»Paviane können aggressiv reagieren, wenn sie gestört werden. Man sagt, sie hätten auch schon mal ein Kind getötet. Also zur Sicherheit solltest du einen Bogen um sie machen!«, meinte Mamie von der hinteren Sitzbank.

Wie verabredet wohnte ich bei Mamie. Mein erster Eindruck von dem Haus, in dem ich die nächsten Wochen verbringen sollte, ist nur schwer zu beschreiben. Es handelte sich im Vergleich zu den meisten Häusern der Stadt um ein recht hohes Gebäude, direkt an einer großen Straße am Ortseingang. Zunächst dachte ich, wir ständen vor einem Parkhaus, durch das wir ins eigentliche Wohngebäude gelangen würden. Aber das vermeintliche Parkhaus war das Wohnhaus! Treppenaufgänge und Zugänge zu den Wohnungen waren schmutzig und in rohem Beton belassen. Die Fenster hatten keine Scheiben. Es war zugig in den oberen Etagen. Als wir vor der Wohnung von Mamie ankamen, begrüßte uns ein etwa achtjähriger Junge mit grunzenden Lauten ... Er war offensichtlich geistig behindert, mongoloid, wie sich später herausstellte, und befand sich in einem unbeschreiblich schmutzigen Zustand. Obwohl er recht groß war, konnte er nicht gehen. Er bewegte sich wie ein Affe auf Knien und den gekrümmten Fingergelenken, die dick verschwielt waren und an Elefantenhaut erinnerten. Es war Mapo, der uneheliche Sohn von Marcels Bruder René. Er verbrachte sein Leben auf dem Boden im Schmutz, den andere nur mit Schuhen berührten. Ich war entsetzt!

Beim Betreten der Wohnung atmete ich auf. Wir befanden uns gleich im Wohnraum, der zwar recht kärglich eingerichtet war, aber im Gegensatz zu dem, was ich zuvor gesehen hatte, peinlich sauber gehalten wurde. Zur Straße hin lagen die Küche und das Kinderzimmer. Auch in der Wohnung gab es keine Fensterscheiben. Aus hygienischen Gründen war der ganze Boden nur gefliest. Teppiche, wie ich sie von zu Hause kannte, gab es nicht.

»Fanta, komm her und begrüße Jenny aus Deutschland!«, rief Mamie unwirsch.

Aus Erzählungen wusste ich, dass René zwei Kinder hatte, die bei Mamie Moran lebten, da die Mutter, eine junge Frau von der Elfenbeinküste, sich nicht für ihre Kinder interessierte. Eigentlich wusste niemand so ganz genau, wie viel Kinder René in die Welt gesetzt hatte, am wenigsten er selbst. Nach meinem Schock darüber, wie behinderte Kinder sich selbst überlassen wurden, war ich nun erstaunt, als ich Mapos Schwester sah. Zögernd kam ein kleines, zierliches Mädchen mit einer Zöpfchenfrisur auf mich zu. Ich beugte mich zu ihr herab, umarmte sie und gab ihr einen Kuss.

»Hallo, Fanta! Ich bin Jenny!«, sagte ich und spürte, wie sich ihr kleiner Körper an mich drückte. In diesem Moment hatte ich eine Freundin gefunden.

»Du wirst in meinem Schlafzimmer wohnen«, sagte Mamie. »Ich habe schon alles für dich fertig gemacht. Komm, ich zeige dir dein Zimmer. Du willst dich doch sicher erst einmal ausruhen, oder?«

Sie führte mich in einen Raum, der hinter der zur Straße führenden Küche lag. Hier gab es keine Fenster. Die Wand zur Küche reichte nicht ganz bis zur Decke, wodurch das Zimmer belüftet wurde. Der Raum war in ein schummriges Licht gehüllt. Die Einrichtung erinnerte mich an das Zimmer meiner Großmutter. Es gab ein großes massives Doppelbett, eine Frisierkommode mit Spiegel und einen Wäscheschrank aus Holz.

In dieser ersten Nacht schlief ich schlecht. Zu viele Eindrücke mussten verarbeitet werden. Zum Ausruhen fehlte mir die Lust. Da war ich nun weit weg von zu Hause, unter fremden Menschen, die mir über ihre Briefe so vertraut erschienen waren, doch von deren Leben ich eigentlich nichts wusste. Ich war mir darüber im Klaren, dass ich mich auf ein Abenteuer eingelassen hatte. Dennoch verspürte ich eher ein Gefühl des Zuhauseseins als der Fremde. Ich wollte leben, wollte entdecken, neue Erfahrungen sammeln.

Michou hatte gleich an meinem ersten Tag den Auftrag bekommen, mir ein wenig die Stadt zu zeigen. Ich trug ein leichtes Sommerkleid, denn die Hitze war besonders wegen der hohen Luftfeuchtigkeit kaum zu ertragen. Stolz führte mich der damals 13-jährige Michou überall herum. Er wollte alles über Frankreich und Deutschland wissen. Und ich versuchte mein Möglichstes, alle seine Fragen zu beantworten. Ich hatte nicht geglaubt, dass er mich so schnell akzeptieren würde. Bei einem Straßenhändler wollte ich ein paar Postkarten kaufen, als plötzlich die Sonne von schwarzen Wolken verdunkelt wurde.

»Schnell, komm! Es geht gleich los!« Michou zog mich auf die andere Straßenseite.

»Was geht gleich los?«, fragte ich, völlig überrumpelt.

»Der Regen, natürlich! Siehst du das denn nicht?« Michou zeigte auf die dunklen Wolken über uns.

»So schnell wird das schon nicht gehen.«

Kaum hatte ich diesen Satz ausgesprochen, schienen die Wolken über uns förmlich zu platzen. Ein Regen prasselte auf uns nieder, als hätte jemand eine Dusche aufgedreht. Schnell sprang Michou mit mir die überdachten Stufen zu einem großen, weißen Gebäude hinauf. Nachdem wir auf der obersten Stufe Platz genommen hatten, sah ich mich um. Die Straße war wie leer gefegt. Der Regen verwandelte den Staub der Straße in Sekunden in einen braunen Morast. Breite Wasserströme flossen an uns vorbei. Wir waren nicht alleine auf den Treppenstufen. Überall saßen Männer, die auf dem Weg zu einem Termin oder einer Verabredung vom Regen überrascht worden waren, Frauen, die ihre Einkäufe unterbrechen mussten. Man unterhielt sich angeregt. Niemand außer mir schien diesen sintflutartigen Regen wahrzunehmen. Man nahm alles einfach als gottgegeben hin und wartete in Ruhe ab, bis sich das Unwetter verzogen hatte. Der Regen war genauso plötzlich vorbei, wie er begonnen hatte, und wir setzten uns wie alle anderen wieder in Bewegung. Was man für kurze Zeit unterbrochen hatte, wurde fortgesetzt.

Die meiste Zeit des Tages hielt ich mich im Haus von Marcels Schwester Yoyo auf. Sie lebte mit ihrem Freund zusammen und hatte zwei Kinder, einen Jungen und ein Mädchen. Die beiden waren dreizehn und zehn Jahre alt. Ganz genau erinnere ich mich noch an die Haushälterin, die von allen »la grosse vache« genannt wurde. Denn sie war im siebten oder achten Monat schwanger und dadurch recht dick geworden. Ihren richtigen Namen habe ich nie erfahren. Sie erledigte all die Aufgaben, die in Deutschland die Hausfrau und Mutter übernimmt. Morgens kaufte sie auf dem Markt ein, dann plante und kochte sie das Essen für die Kinder, die sie rund um die Uhr betreute, sie hielt Haus und Innenhof in Ordnung, wusch und bügelte. In Dakar hatte fast jeder eine Haushälterin. Die jungen Menschen, die in die Hauptstadt strömen, haben kaum Chancen, einen Job zu finden. Viele von ihnen sind Analphabeten und haben keinen richtigen Beruf gelernt. Sie kennen nur das Leben auf dem Land. Besonders schwer haben es die Mädchen und jungen Frauen. Für sie gibt es nur zwei Alternativen: Haushälterin oder Prostituierte. Diese Haushälterinnen wohnen unter der Woche bei ihren Arbeitgebern und fahren übers Wochenende nach Hause in ihre Dörfer, um ihre Familien zu besuchen. So sind Züge und Buschtaxis regelmäßig überfüllt, denn wer in der Stadt Arbeit gefunden hat, muss auch die Familien auf dem Land mitversorgen. Ziegen, Hühner, Lebensmittel, Stoffe, alles wird mitgeschleppt.

»La grosse vache« schlief in Yoyos Haus nachts draußen auf der Terrasse auf einer Strohmatte. Auf meine Frage hin, warum man ihr denn kein Bett zur Verfügung stellte, antwortete Yoyo, dass sie es so gewohnt sei, sie wolle gar nicht in einem Bett schlafen, was mich nicht sehr überzeugte. Aber da das Hausmädchen nur »Wolof« und ich nur Französisch sprach, konnte ich diesen Tatbestand nicht hinterfragen. Trotz der Sprachschwierigkeiten hatten wir uns vom ersten Augenblick an gut verstanden. Sie lachte gern, viel und sehr laut, und ihr Spaß am Leben war einfach ansteckend. Von ihr lernte ich auch weitere Sätze auf Wolof (die ersten hatte ich von Marcel gelernt). Und sie freute sich immer wie ein kleines Kind, wenn ich etwas richtig aussprach oder wenn ich einen Ausdruck gebrauchte, den sie mir am Tag zuvor beigebracht hatte.

Bei Mamie Moran arbeitete eine ältere Frau als Haushälterin, die nur für ein paar Stunden ins Haus kam. Nachdem ich mein Zimmer bezogen hatte, befahl mir Mamie, nur nicht meine Wäsche selbst zu waschen. Das würde alles von der Haushälterin erledigt. Das tat ich natürlich mit Freuden, denn von zu Hause war ich einen solchen Luxus seit dem Tod meiner Mutter nicht mehr gewohnt.

Nach einiger Zeit fiel mir jedoch auf, dass ich nur noch eine saubere Unterhose besaß. Bis dahin war tatsächlich alles, was ich auf dem Boden hatte liegen lassen, wie von Geisterhand wieder sauber und ordentlich im Schrank gelandet. Ich ging in den Wohnraum und fragte Mamie nach meiner Unterwäsche.

»Nein, deine Unterhosen kann die Bonne nicht waschen, denn sie ist ja viel älter als du«, gab sie mir wie selbstverständlich zu verstehen.

»Aber Sie haben mir doch gesagt, dass ich meine schmutzige Wäsche nur auf den Boden werfen soll, die Bonne würde sie dann waschen!«

»Ja, das stimmt schon. Aber eine Frau wäscht niemals die Unterwäsche einer jüngeren Frau. Das schickt sich nicht. Deshalb sucht man sich auch immer ein Hausmädchen, das wesentlich jünger ist«, erklärte mir Mamie.

Nun wusste ich Bescheid. Ich musste noch viel lernen, um die fremden Gebräuche und Sitten dieses Landes kennen zu lernen.

Wegen der großen Hitze hielt ich mich bei Yoyo drinnen und draußen stets ohne Kopfbedeckung auf. Das Kopftuch trug ich nur auf der Straße. Für die Haushälterin war ich die weiße Frau ohne Haare und irgendwie etwas Besonderes. Sie sah mit ihrem afrikanischen Verständnis der Dinge meine Haarlosigkeit eher als etwas Gottgegebenes und war partout nicht davon abzubringen, dass ich übersinnliche und heilende Fähigkeiten besäße. Yoyo erklärte mir, dass die Medizinfrauen häufig rasierte Köpfe trügen. Auch wenn Nachbarn oder Freunde zu Besuch kamen, blieb ich ohne Kopftuch. Und es gab bei Yoyo fast täglich Besucher. Mehr als sonst, denn überall in der Stadt war erzählt worden, dass Jenny, die Freundin von Marcel aus Deutschland, kommen würde. Mit viel Liebe und Gastfreundschaft wurde ich von allen aufgenommen.

In der ersten Zeit wollte ich mich erholen. Es blieb noch Zeit genug, die Angelegenheiten für meinen Chef und für

Marcel zu erledigen. So vergingen die Tage mit Müßiggang. Meine Lieblingsbeschäftigung war es, bei Yoyo abends im Dunkeln auf den Stufen zur Haustür zu sitzen und das bunte Treiben in den Straßen zu beobachten. Leute gingen vorbei und transportierten alles Mögliche auf ihrem Kopf, während sie fast majestätisch über die Straße schritten. Einmal sah ich eine Frau, die zehn voll gepackte Eierkartons auf ihrem Kopf übereinander balancierte, ohne eine Hand zu Hilfe nehmen zu müssen. Yoyo lachte oft über mich.

»Was findest du denn so interessant daran, hier im Dunkeln zu sitzen?«

Sie konnte es nicht verstehen. Aber ich war fasziniert von dem völlig anderen Lebensstil.

Langsam wurde es Zeit, Marcels Freunde zu kontaktieren, die er mir auf die Liste geschrieben hatte. Der erste, den ich aufsuchte, war Lamine Guye, ein Schulfreund von Marcel, der in einer Bank in Dakar arbeitete. Ich kam mir immer noch merkwürdig vor, jemanden um Begleitung bitten zu müssen. Da war ich nun ganz allein in den Senegal geflogen und sollte abends nicht mal allein das Haus verlassen können.

Lamine erwies sich als treuer Freund und Begleiter. Er präsentierte mir die unterschiedlichsten Gesichter des Nachtlebens von Dakar. Da war zunächst einmal das Naheliegendste: der Kings-Club, in dem Marcel als Diskjockey gearbeitet hatte. Das Kings war eine Diskothek, wie es sie überall auf der Welt gibt. Aber auf der Straße vor der Diskothek spürte man, dass man in Afrika war. Dort waren einfache Holzbänke in einem Rechteck aufgestellt. Ein alter Mann verkaufte hier Brochettes und Milchkaffee. Hier traf man sich, nahm bei dem alten Mann auf der Bank Platz und aß sein Brochette. In einem merkwürdigen Singsang erzählte der Alte Geschichten auf Wolof. Obwohl ich die Bedeutung und den Inhalt der Geschichten nicht verstand, so ging doch von diesem alten Mann eine solche Ruhe aus, dass die Holzbank vor dem Kings bald zu meinem nächtlichen Lieblingsplatz wurde. Ein faszinierender Gegensatz: drinnen moderne Diskomusik, draußen das alte Afrika mit seinen Rhythmen und Riten.

Der Himmel schien ein merkwürdiges Licht abzustrahlen. Nirgendwo sonst auf der Welt habe ich einen derart gewaltigen Himmel gesehen. Er hängt über den Menschen wie ein riesiger Schirm und raubt ihnen den Atem, und zwischen der Endlosigkeit der Luft und der festen Erde wird man zu Boden gedrückt. Gerade wenn man denkt, man hätte einen Endpunkt gefunden, gerade wenn man sich einbildet, die Landschaft werde sich wieder schließen und man würde sich weniger ausgeliefert fühlen, hebt sich ein weiterer Vorhang vor einer weiteren Unermesslichkeit, und die Augen können noch immer nicht das Ende erreichen. Nachts schwirrten Schatten riesiger Vögel mit surrenden Lauten über uns hinweg. Es waren Flughunde. Unheimlich, wie sie sich in die Schluchten der engen Straßen stürzten, um kurz darauf wieder aufzusteigen und zu verschwinden.

Mamie reagierte auf meine nächtlichen Ausflüge mit völligem Unverständnis. Es hatte keinen Zweck, ihr zu erklären, dass ich nicht mehr die Freundin ihres Sohnes war und er mich verlassen hatte. Für sie war alles, was mit Nachtleben zu tun hatte, ein Sündenpfuhl.

Mit Kopftuch fiel ich auf der Straße nur deshalb auf, weil ich weiß war. Ansonsten war ich eine unter vielen Frauen, die mit kunstvoll gebundenen Tüchern um den Kopf auf der Straße zu sehen waren. Eine Nachbarin von Yoyo zeigte mir, wie die Afrikanerinnen ihre Tücher binden. Eine Praktik, die ich bis heute beibehalten habe und für mich kreativ weiterentwickelt habe. Diese Nachbarin war es auch, die mir eines

Tages von einem Jungen im Viertel erzählte, der den gleichen Haarausfall – auch kreisrund – gehabt hatte. Er besaß wieder volles Haar. Diese Information machte mich gleich neugierig. Bis dahin hatte ich eigentlich schon fast geglaubt, dass es sich bei meiner Krankheit um eine so genannte Zivilisationskrankheit oder eine Folge unserer Umwelteinflüsse handelt. Die Frau versprach, sich zu erkundigen.

Einige Zeit darauf erfuhr ich, dass der Junge von einer Marabou-Frau geheilt worden sei. Marabous nennt man im Senegal die Medizinmänner und -frauen, die mit natürlichen und spirituellen Hilfsmitteln helfen. Voodoo! Bereits vor meiner Reise hatte ich davon gehört. Marcel hatte mir erzählt, dass sein Bruder René von der Mutter seiner Kinder an der Elfenbeinküste verhext worden sei, nachdem er sie verlassen hatte. Kurze Zeit nach seiner Rückkehr in den Senegal wurde er sehr krank. Er bekam lebensgefährlich hohes Fieber und war nicht mehr ansprechbar. Mamie brachte ihn ins Krankenhaus von Dakar, an dem es sehr gute Ärzte gibt. Die meisten haben in Europa studiert und sind bestens in der Schulmedizin ausgebildet. Nach eingehender Untersuchung ließ der Arzt Mamie zu einer Unterredung ins Krankenhaus kommen.

»Wir können für Ihren Sohn nichts mehr tun, Frau Moran«, war die schlichte Erklärung.

»Alle medizinischen Untersuchungen sind negativ. Ihr Sohn müsste sich bester Gesundheit erfreuen.« Mamie Moran war verzweifelt.

Die afrikanischen Ärzte leben in zwei Welten: in der der Schulmedizin und der des alten afrikanischen Voodoo-Glaubens. Und so fuhr der Arzt fort:

»Es sieht ganz so aus, als ob Ihr Sohn mit einem Fluch belegt worden ist. Sie sollten einen Marabou konsultieren, sonst stirbt er.«

Mamie brachte ihn trotz des hohen Fiebers zu einem Marabou in ein Dorf außerhalb von Dakar. Der bestätigte, dass es sich um einen Zauber handelte. Er traf entsprechende Gegenmaßnahmen, und wenige Tage später ging es René wieder so gut, als ob er nie krank gewesen wäre.

Sicher muss man diese Dinge gesehen und erlebt haben, um daran glauben zu können. Was ein Marabou tut und wie er seine Patienten heilt, davon hatte ich keine Ahnung. Aus Fernsehberichten wusste ich etwas von Knochen- und Muschelbefragungen und Tieropfern. Dennoch willigte ich sofort ein, als ich gefragt wurde, ob man mit dieser Marabou-Frau in Kontakt treten solle. Seit fast fünf Jahren lebte ich bereits ohne Haare. Nur in Begleitung von Freunden zeigte ich mich ohne Kopfbedeckung, denn noch immer hatte ich Angst vor Beleidigungen und Bloßstellungen. Ich sah keinen Grund, warum ich diesen unbekannten Weg einer Behandlung oder vielleicht sogar einer Heilung nicht beschreiten sollte. Wenn die Marabou-Frau mir helfen könnte, wäre mein Problem endlich gelöst. Wenn nicht, müsste ich eben weiter kämpfen. Außerdem besaß ich ein uneingeschränktes Vertrauen in diese Menschen, die mich so warm und herzlich aufgenommen hatten.

Die Verhandlungen mit der Medizinfrau zogen sich über vier Wochen hin, da die Marabous allgemein nicht gern Weiße behandeln. Jedenfalls nicht die richtigen Marabous. Die Scharlatane, denen man häufig z. B. in Paris begegnen kann, empfangen jeden. Hauptsache, die Bezahlung stimmt. Im Senegal hingegen erfuhr ich, dass die Marabous kein Geld nehmen, sondern dass man ihnen ein Stück weißen Stoff überreichen muss, zum Zeichen der eigenen Unschuld. Die Medizinleute haben oft die Befürchtung, dass Europäer nach einer erfolgreichen Behandlung die afrikanische Medizin in einem Labor untersuchen lassen, um sie danach selbst herstellen und verbreiten zu können. Sie sind davon überzeugt, dass dadurch die Zauberkraft der Medizin gebrochen wird.

All diese Faktoren hatten die Verhandlungen verzögert. Endlich kam der große Tag. In Begleitung von Yoyo, der Nachbarin, die alles arrangiert hatte und einer weiteren Senegalesin begab ich mich auf den Weg. Wir fuhren aus Dakar hinaus, an den unendlich erscheinenden Slums von Dakar vorbei. Hütten, die wie alle anderen Baracken aus Wellblech und Sperrholz gebaut waren. Es gab weder Strom noch fließendes Wasser, überall verliefen offene Kloaken. In der Luft hing der beißende Geruch ewiger Rauchschwaden, die von den Müllbergen herüberzogen. Alles wirkte schal, als hätte jemand über die bunten Farben Afrikas eine graue Lasur gelegt.

Langsam fuhren wir auf der Hauptstraße in den Slum ein. Ich spürte jedes Starren, jeden Blick, der meine weiße Haut zur Kenntnis nahm. Die Gesichter, die unseren Wagen musterten, waren völlig anders als in der Stadt. Je weiter wir vordrangen, desto fragwürdiger erschienen mir meine vermeintlichen Kenntnisse von Dakar. Diese Gegend war vollkommen anders als alles, was ich bisher erlebt hatte, feindselig und unkontrollierbar.

Schließlich bogen wir nach rechts ab. Mir war ziemlich mulmig zumute. Ohne die mich begleitenden Frauen hätte ich es wahrscheinlich nicht einmal gewagt, dieses Viertel überhaupt zu betreten. Nie zuvor war ich in einem Slum gewesen. Hier war ich die einzige Weiße. An diesen Ort verirrten sich keine Touristen, wie man sie überall auf den Straßen und Märkten von Dakar sehen konnte. Dann mussten wir den Wagen zurücklassen, weil die engen Gassen zwischen den Hütten keine Autos mehr durchließen. Nun war mir klar, warum man darauf bestanden hatte, mich zu begleiten.

Es diente nicht nur zum Dolmetschen, sondern auch zu meiner eigenen Sicherheit. Hier konnte man sich nur in Begleitung Einheimischer aufhalten.

Drei Hütten waren so gebaut, dass in ihrer Mitte ein kleiner Innenhof gebildet wurde, in dem sich das Leben der gesamten Familie abspielte. Eine Frau führte uns zu einer Bank, auf der ich Platz nehmen sollte. Die Nachbarin, die bereits den Termin für mich ausgehandelt hatte, verschwand in einer dunklen Hütte. Wenige Minuten später wurde ich gebeten, zur Hütte zu kommen. Die Hütte war so niedrig, dass ich mich bücken musste. Der Kontrast zwischen dem gleißenden Sonnenlicht draußen und der dunklen Hütte war so groß, dass ich zunächst wie blind war. Nur durch ein Loch in der Wand drang etwas Tageslicht herein. Nachdem sich meine Augen an die Dunkelheit gewöhnt hatten, sah ich eine massige, alte Frau mit dicken Brillengläsern vor einem Matratzenlager auf dem Boden liegen. Man erzählte mir, dass die Medizinfrau gelähmt war. Ich tat, was man mir gesagt hatte, begrüßte sie und bedankte mich dafür, dass sie mich vorgelassen hatte. Dann musste ich mich wieder im Innenhof auf die Bank setzen. Kurz darauf schleppten zwei Frauen die alte Frau aus ihrer Hütte in den Hof. Sie sah mich an, berührte mit einer Hand einen Punkt auf meiner Stirn zwischen den Augenbrauen, nickte und sagte etwas auf Wolof. Dann verschwand sie wieder in ihrer Hütte. Leise fragte ich Yoyos Nachbarin, was denn los sei. Ich erfuhr, dass sie mich als Patientin akzeptiert hätte. Ich müsse nun warten, um die Medizin zu empfangen. Yoyo und meine anderen Begleiterinnen unterhielten sich lautstark auf Wolof mit den Frauen der Familie der Medizinfrau, während ich verschüchtert auf der Bank saß und abwartete. Dann wurde ich erneut in die Hütte gebeten. Die Alte zog unter dem Bett einen großen braunen Papiersack hervor und sprach zu meiner

Dolmetscherin. Dabei faltete sie äußerst geschickt aus einem weiteren Stück braunen Papiers ein kleines Tütchen, in das sie etwas von dem Inhalt des großen Sacks abfüllte. Tütchen für Tütchen wurden so verpackt, etwa sieben oder acht Stück. Es war ein rotbraunes Pulver, das wie Sägemehl aussah. Die Nachbarin übersetzte mir, dass ich dieses Mittel jeden Abend mit Vaseline auf den Kopf auftragen soll. Damit alles über Nacht gut einwirken könne, sollte ich darüber eine Plastiktüte und schließlich ein Tuch tragen. Gleichzeitig müsse ich etwas in ein Glas Wasser geben, verrühren und trinken. Ich nahm das sorgsam verpackte Pulver in Empfang. Die Frauen überreichten ihr das Stück weißen Stoff. Wir verabschiedeten uns. Das war mein erster Besuch bei einer afrikanischen Medizinfrau. Ich konnte es kaum abwarten, das Pulver auszuprobieren. Doch wegen der nächtlichen Hitze entschied ich mich, damit zu warten, bis ich wieder in Deutschland war.

Mamie Moran war Zeugin Jehova und versuchte ständig, mich zu den wöchentlichen Treffen mitzuschleppen. Meine standhafte Weigerung war wohl eine Enttäuschung für sie. Michou musste sie jede Woche begleiten. Fanta blieb zu Hause, um auf Mapo aufzupassen. Außerdem war Michou das uneheliche Kind ihres Lieblingssohns Marcel. Fanta und Mapo hingegen waren für Mamie Bastarde und wurden als solche behandelt. Pünktlich um acht Uhr abends legte sich Mamie auf ihre Couch im Wohnraum – ihr Bett und ihr Schlafzimmer hatte sie ja für mich reserviert –, hielt in der Hand eine Cola-Dose, die in Wirklichkeit ein Radio war, und hörte die Abendnachrichten. Oft lag neben ihr auf der Liege eine Lederpeitsche, die man als neunschwänzige Katze bezeichnet. Ich hatte so ein Ding vorher noch nie gesehen. Wenn Mapo sie störte, sauste die Peitsche schnell auf seinen nackten Rücken herab. Er jaulte kurz auf und verkroch sich sofort. Auch Fanta musste diese Züchtigung über sich ergehen lassen. Es kam häufig vor, dass ich sie zitternd und völlig verstört in der Küche unter der Spüle fand. Da saß sie dann zusammengekauert wie ein verängstigtes Tier. Mamie hielt Renés Kinder wie Tiere. Selbst Fanta durfte nicht mit mir am Tisch essen. Nur Michou hatte dieses Privileg. Beide Kinder spürten wohl instinktiv den Ekel und die Abscheu, die ich empfand, wenn Mamie sie schlug. Als ihre kleinen Zöpfe sich fast aufgelöst hatten, fragte ich Fanta einmal, warum ihr denn niemand die Haare in Ordnung bringe. Und sie antwortete:

»Ich habe kein Garn, um die Enden zu verknoten.«

Kurz darauf zog ich los und besorgte eine Rolle schwarzes Nähgarn. Fanta war überglücklich, gab mir einen Kuss und wich nun nicht mehr von meiner Seite. Auch Mapo schloss sich immer enger an mich an. Langsam hatte ich mich an seinen verwahrlosten Anblick gewöhnt. Wenn ich am Tisch saß und aß, rutschte er oft auf seinen verhornten Knien zu mir rüber, saß neben meinem Stuhl auf dem Boden und bewachte mich wie ein Hund. Er sah plötzlich zu mir auf, lächelte mich an und aus seinem Mund kam:

»Mama, Mama!«

Mir kamen die Tränen. Wie sehr musste sich dieser mongoloide Junge nach seiner Mutter sehnen, nach ein wenig Liebe. Doch es blieb keine Zeit für Sentimentalitäten. Im nächsten Moment zischte Mamies Peitsche nieder. Tief verletzt, mehr an der Seele als an seinem ohnehin mit Hornhaut übersäten Körper, zog sich Mapo in seinen Raum zurück. Außer diesem einen Wort, das er wieder und wieder zu mir sagte, habe ich ihn nie sprechen hören. Ich fühlte mich hin- und hergerissen zwischen meiner Zuneigung zu diesen armen Kindern und meiner Abscheu gegenüber diesen mittelalterlichen Methoden der Züchtigung. Es hatte keinen Zweck, mit Mamie zu reden. Sie flüchtete sich in ihrer Argumentation immer wieder zu Jehova. Und was hätte ich schon verändern können. Eines Tages würde ich nach Deutschland zurückkehren und müsste die Kinder doch wieder ihrem Schicksal überlassen.

Ich hatte oft das Gefühl, es dort nicht mehr auszuhalten, und erfand Ausreden, um zu Yoyo gehen zu können. Yoyo arbeitete als Sekretärin bei der Generalvertretung für Coca-Cola im Senegal. In der Zwischenzeit hatte sie sich Urlaub genommen, so dass wir einiges zusammen unternehmen konnten. Sie fand es völlig unverständlich, warum Marcel darauf bestanden hatte, dass ich bei seiner Mutter wohnte. Yoyo hätte eigentlich mehr Platz zur Verfügung gehabt. Einfach zu ihr zu ziehen wäre aber eine Brüskierung für Mamie Moran gewesen und hätte ihre Gastfreundschaft verletzt. Immerhin konnte ich mit Yoyo offen reden. Sie stand ihrer Mutter und den Zeugen Jehova sehr kritisch gegenüber. Sie riet mir, gleich nach meiner Rückkehr in Paris mit René zu reden und zu bewirken, dass er die Kinder zu sich holt oder wenigstens für Mapo einen Platz in einem Heim in Frankreich findet.

Yoyo hatte mich zu Fuß etwas außerhalb vom Stadtzentrum Dakars begleitet, um Marcels besten Freund, den Sohn irgendeines Bankdirektors aus Paris, aufzusuchen. Als wir vor dem Haus ankamen, machte uns niemand auf. Yoyo riet mir, einen Zettel im Briefkasten mit ihrer Adresse und Telefonnummer zu hinterlassen Als ich nach etwa zwei Wochen immer noch nichts hörte, entschloss ich mich, erneut – diesmal allein – dorthin zu gehen. Ich hatte Glück. Er war zu Hause. Ein Dienstbote öffnete mir. Ich betrat eine hochherrschaftliche Villa mit einem riesigen Grundstück und einem phantastischen Swimmingpool. Sie lag oberhalb der Klippen mit einem wunderschönen Blick aufs Meer. Im Haus schien gerade eine Party im Gange zu sein, als ich eintraf. Die meisten Gäste waren Franzosen, nur drei oder vier Senegalesen. Fast alle waren in Badekleidung. Ich stellte mich vor und erzählte wieder von Marcels Liste und seinem Vorschlag, allen seinen Freunden in Dakar einen Besuch abzustatten. Er hörte sich an, was ich zu sagen hatte, bot mir einen Drink an und zog sich mit ein paar hübschen Mädchen an den Pool zurück. Da saß ich nun im Wohnraum, nippte an meinem Drink, rauchte eine Zigarette nach der anderen und wusste nicht, ob ich nun wieder gehen oder bleiben sollte. Alle Anwesenden schienen aus reichen Familien zu stammen. Niemand beachtete mich. Und mir fehlte der Mut, mich selbst vorzustellen. Im Garten sah ich die hübschen Französinnen mit ihren langen Haaren. Ich fühlte mich unscheinbar und hässlich mit meinem verschwitzten Kopftuch. In allzu guter Erinnerung war mir die Zeit geblieben, als ich selbst noch zu diesen attraktiven Langhaarigen gehört hatte. Europa hatte mich eingeholt.

Ich weiß nicht mehr genau, wie lange ich da so in Gedanken versunken war. Es erschien mir wie eine Ewigkeit. Plötzlich kam Marcels Freund mit ein paar anderen wieder herein. Sie setzten sich zu mir und begannen, Fotos herumzureichen.

»Hier, das sind die Aufnahmen, die wir letztes Jahr gemacht haben, als Marcel hier war.«

Er reichte mir ein paar Bilder von der Zeit, als Marcel ohne mich im Senegal gewesen war, um die französische Staatsangehörigkeit zu beantragen. Plötzlich hielt ich ein Foto in Händen, auf dem mehrere Leute am Strand um ein Lagerfeuer saßen. Im Vordergrund sah ich Marcel, der ein Mädchen eng umschlungen hielt. Ich war wie erstarrt. Zu diesem Zeitpunkt war ich zu Hause geblieben und hatte sehnsüchtig jeden seiner Briefe erwartet. Und er hatte viele geschrieben. Einer romantischer als der andere. Hatte er mich auch hier betrogen? Ich war völlig durcheinander. Wie in Trance stand ich auf, murmelte etwas davon, dass ich gehen müsste, und verließ fluchtartig das Haus. Ich rannte in sengender Sonne durch die überhitzte Stadt, bis ich vor Yoyos Haus stand. Diese Freunde von Marcel habe ich nie mehr wiedergesehen. Für sie war es sicherlich ein Riesenspaß gewesen, mich auf diese Art zu vertreiben.

Einige Wochen später kehrte ich nach Europa zurück. Obwohl meine Ankunftszeit in Paris bekannt war, stand niemand am Flughafen, um mich abzuholen. Eigentlich hatten wir abgesprochen, dass Marcel mich erwarten würde. Ich dachte, dass sicherlich alle arbeiten müssten, immerhin war es mitten am Tag. Marcel hatte ja auch vorgehabt, in Paris ein wenig Geld zu verdienen, was dort für ihn wesentlich einfacher war als in Deutschland. Ich nahm mir ein Taxi und ließ mich in Asnières bei Sallah und René absetzen. Asnières sur Seine ist ein alter Vorort nordöstlich vom Pariser Zentrum. Kein typisches Schwarzenviertel.

Zunächst hinterließ ich an Sallahs Tür einen Zettel mit der Nachricht, wo er mich treffen könnte. Auch in Paris war es unerträglich heiß. Daher setzte ich mich bei herrlichstem Sommerwetter ins Café direkt gegenüber vom Bahnhof. Es war unser üblicher Treffpunkt, wenn ich keinen Haustürschlüssel hatte. Ich vertrieb mir die Stunden damit, das bunte und hektische Treiben zu beobachten.

»Aus dem Senegal zurückgekehrt?«

Sallah stand mit breitem Grinsen auf dem Gesicht vor mir.

»Es ist so schön, dich wiederzusehen, Brüderchen.«

Wir umarmten uns wie Geschwister, die sich ein Leben lang kennen.

Ich wollte noch ein paar Tage in Paris bleiben. Bei Sallah war ich gut untergebracht, auch wenn er sehr beengt in einem Hinterhaus lebte. Wir gingen mit meinem Gepäck über den Hof. Eine schmale Tür führte zu einem noch engeren Treppenaufgang. Ganz oben unter dem Dach besaß Sallah ein Mansardenzimmer. In einem kleinen Vorraum, der an eine Besenkammer erinnerte, befanden sich ein Waschbecken, ein Gasherd, Kühlschrank und darüber Regale an der Wand. In der Ecke unter dem Dachfenster war ein wenig Platz für einen winzigen Küchentisch und zwei Stühle. Hier saßen wir so manche Nacht und diskutierten über alles Mögliche bis zum Morgengrauen, oder Sallah spielte Gitarre und ich sang dazu meine selbst geschriebenen Texte. Direkt dahinter lag der Wohn- und Schlafraum. Eine riesige Matratze diente als Bett und Sofa zugleich. In niedrigen aus Kisten improvisierten Regalen bewahrte Sallah seine persönlichen Dinge auf. Waschen musste man sich am Waschbecken in der Küche. Die Toilette befand sich auf dem Hof. Trotz der sehr beengten und im Vergleich zu Deutschland fast schon primitiven Wohnverhältnisse war es bei Sallah ausgesprochen gemütlich.

Sallah hatte einen Job, mit dem er sein Musikergehalt etwas aufbessern konnte, und verließ schon in aller Herrgottsfrühe das Haus. Nachdem ich gefrühstückt hatte, machte ich mich daran, die Küche aufzuräumen. Plötzlich klopfte jemand an die Wohnungstür. Als ich öffnete, lehnte Marcel im Türrahmen.

»Na? Urlaub beendet?«, fragte er mit einem Ton in der Stimme, der nichts Gutes ahnen ließ.

»Das weißt du doch! Komm rein, ich habe dir deine Arbeitspapiere besorgt«, gab ich zurück.

»Und? Hat's dir gefallen?« Er schien ziemlich sauer zu sein.

»Ja, sehr!«, antwortete ich, während ich die Unterlagen aus meiner Tasche kramte.

»Das kann ich mir vorstellen.«

»Kannst du mir vielleicht mal erklären, was mit dir los ist? Ich kann mich nicht erinnern, dir etwas getan zu haben«, sagte ich. »Hier sind die Papiere.«

»Meine Mutter hat mir mehrmals geschrieben, während du im Senegal warst. Du kannst dir also vorstellen, dass ich auf dem Laufenden bin, was deinen Aufenthalt bei meiner Familie betrifft.«

Daher wehte also der Wind.

»Ach ja? Es gibt nichts, worüber du nicht informiert sein dürftest.«

Doch jetzt schien Marcel die Fassung zu verlieren.

»Du hast die Gastfreundschaft meiner Familie missbraucht. Treibst dich mit irgendwelchen Typen herum und das vor den Augen aller. Meine Freunde müssen mich ja für einen Idioten halten«, brüllte er mich an.

Was ging ihn mein Leben eigentlich noch an? Immerhin waren wir schon seit einigen Monaten nicht mehr zusammen. Die Beziehung hatte er beendet.

»Deine lieben Freunde haben sich einen Dreck für mich interessiert. Der Einzige, der sich um mich gekümmert hat, war Lamine. Und außerdem solltest du erst mal bei dir selber anfangen. Wer war denn die Frau, mit der du so eng umschlungen im letzten Jahr am Strand gesessen hast, während ich auf deine umwerfenden Liebesbriefe gewartet habe?«

»Das ist etwas ganz anderes. Ich bin dort zu Hause, aber du warst nur Gast.«

Es war eine sehr unerquickliche Auseinandersetzung. Gegenseitige Vorwürfe, jeder beharrte auf seiner Meinung. Ich hatte den Eindruck, als wenn Marcel zum ersten Mal eifersüchtig wäre. Ich konnte ein gewisses Gefühl der Genugtuung nicht unterdrücken. Und außerdem schienen Sallah, René und Robert das alles nicht so tragisch zu nehmen. Von Marcel sah ich nichts mehr. Dafür verbrachte ich fast jede Minute mit seinen Brüdern und Sallah.

So bot sich auch die Gelegenheit, mit René über die Kinder zu sprechen.

»Es ist unerträglich mit ansehen zu müssen, wie deine Mutter mit Fanta und Mapo umgeht, René. Die Kinder leben ja wie Tiere!«

René hörte mir aufmerksam zu.

»Du musst dich darum kümmern, dass Mapo in ein gutes Heim kommt. Vielleicht kann man dort noch etwas aus ihm machen. Jedenfalls würde er dort nicht mehr geschlagen wie bei deiner Mutter. Und was Fanta betrifft, so solltest du das Mädchen zu dir holen.«

»Was soll ich denn mit einem Kind, Jenny?«

»Wenn du sie nicht nimmst, hole ich sie nach Deutschland«, ereiferte ich mich.

»Ist es denn so schlimm?«, fragte René, offensichtlich wirklich besorgt.

»Schlimmer! Du kennst doch Mamie. Fanta ist für sie, wie auch Mapo, das Kind einer Hure und wird auch als solches behandelt.«

»Ich werde erst mal mit meiner Schwester Kontakt aufnehmen, um zu sehen, was man machen kann.«

Mehr konnte ich für die beiden Kinder nicht tun.

Nach meiner Rückkehr machte ich mich zu Hause sofort daran, die Medizin der Marabou-Frau anzuwenden. Nachts trug ich den Puder mit Vaseline vermischt auf die Kopfhaut auf und wickelte mir Plastikfolie und ein Tuch um den Kopf, damit alles gut einwirken konnte. Innerlich nahm ich die Medizin nur ein paar Mal. Sallah hatte mir davon abgeraten.

»Da könnten Bakterien drin sein, die einem Afrikaner nichts anhaben können, aber dir könnten sie gefährlich werden. Dein Körper ist an ganz andere klimatische und hygienische Verhältnisse gewöhnt.«

Da mir diese Erklärung einleuchtete, verzichtete ich auf die innerliche Anwendung und beschränkte mich darauf, allabendlich meinen Kopf damit einzureiben. Bereits nach einem Monat zeigte sich der erste Haarwuchs. Zu Weihnachten desselben Jahres waren bereits zwei Drittel meines Kopfes wieder bewachsen. Die Haare oben, in der Stirnpartie und an den Seiten waren schon voll und lang, wohingegen die Stellen am Hinterkopf noch kahl geblieben waren. Immerhin wuchsen auch sie von außen nach innen zu, wie es eigentlich typisch für diesen Haarausfall ist.

Das Weihnachtsfest und Silvester verbrachte ich bei René in Paris. Während Marcel zur gleichen Zeit zu Marion nach Deutschland unterwegs war. Inzwischen hatte ich eine Übergangslösung gefunden. Ich kämmte alle Haare aus dem Gesicht nach hinten und hielt sie mit einem zu einem Band geschlungenen Tuch fest, so dass die letzte kahle Stelle am Hinterkopf verdeckt wurde. In Paris trug ich auch manchmal meine neue Perücke mit Rastazöpfen und Perlen an den Enden. Ich schob sie immer ein wenig aus dem Gesicht, zog meine eigenen Haare in der Stirn heraus und kämmte sie mit den Haaren der Perücke nach hinten, wo ich diese Strähnen mit Spangen festmachte. Es war ein tolles Gefühl, wieder mit den eigenen Haaren etwas machen zu können. Mein Leben schien wieder in Ordnung zu sein. Meine Haare wuchsen, ich hatte die schlimmen Zeiten meiner Trennung von Marcel überstanden und dennoch war ich Mitglied einer Familie geworden. René, Robert und Sallah behandelten mich wie ihre kleine Schwester. Wann immer ich wollte, konnte ich nach Paris fahren und hatte stets eine Unterkunft.

Das Pulver reichte nicht ewig. Eines Tages war das letzte Papiertütchen verbraucht. Als ich zwei Monate später unter der Dusche stand, passierte es. Ich hatte Seife in die Augen bekommen und konnte nichts sehen. Aber ich spürte überall auf der nassen Haut etwas, das kein Shampoo zu sein schien. Als ich endlich ein Handtuch gefunden und mir die brennende Seife aus den Augen gewischt hatte, sah ich mit Entsetzen, was es war. An meinem ganzen Körper klebten Büschel von Haaren. Es war grauenhaft. Vor dem Spiegel sah ich das ganze Ausmaß der Katastrophe. In riesigen Flächen gingen mir die Haare aus. Ich konnte sie kaum anfassen, schon hielt ich sie in der Hand. Zwei Wochen später war mein gesamter Kopf wieder kahl. Ich konnte es nicht fassen. Alles fing wieder von vorne an. Jede Chance hatte ich wahrgenommen. Doch stets war die neu gewonnene Selbstsicherheit auf Sand gebaut. Dieses Auf und Ab, die ständigen neuerlichen Enttäuschungen waren schlimmer, als den Dauerzustand der Kahlheit zu bewältigen. Mir wurde schlagartig klar, dass ich mich nicht länger darauf konzentrieren durfte, wieder Haare zu bekommen. Solange man die Ursachen dieser Krankheit nicht kannte, musste ich mich mit den Tatsachen abfinden. Es gab nichts, was meinen Zustand entscheidend hätte verändern können! Ich konnte nicht mehr zurück in mein altes Leben mit Haaren.

4

Bei meinem letzten Besuch in Paris hatte man am Morgen meiner Abreise meinen Wagen aufgebrochen und alle meine Papiere gestohlen. Ich musste einen neuen Personalausweis beantragen. Nun brauchte ich für die neuen Papiere auch neue Fotos. Der Führerschein war nicht das Problem. Hierfür genügte ein Foto mit Kopftuch, das ich im Automaten machen konnte. Das war gut genug. Doch für den Personalausweis wollte ich zu einem Fotografen gehen. Ich entschied mich für den kleinen Laden in der Kinopassage, der von zwei alten Damen geführt wurde. Ich musste einen Augenblick warten und setzte mich im Verkaufsraum auf einen Stuhl. Ängstlich glitten meine Blicke über die unzähligen Aufnahmen, die hier an den Wänden hingen. Keiner dieser Frauen und Männer trug eine Kopfbedeckung. Da kam eine der beiden Damen nach vorne, stellte sich hinter die Ladentheke und lächelte mich unverbindlich an:

»Was kann ich für Sie tun?«

»Ich brauche neue Passfotos«, stammelte ich unsicher.

»Dann kommen Sie bitte mit mir nach hinten. Sie wollen sich sicher noch zurechtmachen?« fragte sie.

»Zurechtmachen? Eigentlich nicht.«

»Aber Sie müssen das Tuch doch abnehmen«, insistierte die ältere Dame. »Passfotos mit Kopfbedeckung sind nicht erlaubt. Sie müssen das rechte Ohr frei haben.«

»Aber ich habe keine Haare! Soll ich etwa ein Foto mit Glatze machen lassen?«, gab ich aufgebracht zurück.

Doch meine Gesprächspartnerin schien von dieser Offenbarung völlig unberührt.

»Tut mir Leid, aber wenn Sie das Foto für Ihren Ausweis benötigen, werden Sie wohl das Tuch abnehmen müssen. Ich kann auch nichts an den Vorschriften ändern.«

»Dann ziehe ich eben eine Perücke auf«, sagte ich eigensinnig.

»Das ist auch nicht gestattet. Das Foto muss Sie so zeigen, wie Sie sind«, gab sie ärgerlich zurück.

Ich war den Tränen nahe. Eine so simple Alltagsaktion wie das Anfertigenlassen eines Passfotos weitete sich nun für mich zur Katastrophe aus. Soll ich denn für den Rest meines Lebens mit einem Foto mit Glatze im Ausweis herumlaufen? Ich war den Tränen nahe, als ich ohne Kopftuch vor der Kamera saß und mich von dieser Frau ohne irgendwelche Emotionen ablichten ließ. Mein innerer Zustand war auf den Fotos nicht zu verkennen. Tapfer holte ich sie ab und reichte sie beim Einwohnermeldeamt zur Antragstellung für den neuen Pass ein. Obwohl ich bereits als Modell mit Glatze gearbeitet hatte, machte mir dies deshalb so zu schaffen, weil nun jeder, der nach meinem Ausweis verlangte, von meinem Geheimnis erfahren würde. Bis dahin hatte ich genau auswählen können, wer zu den Eingeweihten gehören durfte und wer nicht. Zunächst hatte ich ständig Angst, dass man meinen Ausweis sehen wollte. Wenn jemand nach meinem Pass fragte, behauptete ich immer, dass ich ihn zu Hause vergessen hätte. Doch mit der Zeit gewöhnte ich mich auch daran, und manchmal vergaß ich sogar, was für ein Foto in meinem Pass prangte. Eines Tages stellte es sich sogar als Vorteil heraus. Bei einer Verkehrskontrolle wurde ich mit meinem Wagen angehalten. Langsam kam der Polizist an das Fahrerfenster heran. Eigentlich brauchte ich mir keine Sorgen zu machen, da ich nie Alkohol trank. Aber ich hatte es eilig und keine Lust, lange aufgehalten zu werden.

»Ihre Papiere bitte!«, sagte er mit undurchdringlicher Miene. Er schien fest entschlossen, mich und mein Fahrzeug ganz genau zu überprüfen.

Ich kramte meinen Führerschein und den Fahrzeugschein heraus.

»Ich hätte gern Ihren Ausweis«, fügte er hinzu.

Trotzig reichte ich ihm meinen Pass. Er warf einen Blick hinein, sah mein Foto mit Glatze, blickte mich wieder an, sagte kein Wort, und dann geschah etwas, womit ich nicht gerechnet hatte. Er gab mir eilig meine Papiere zurück und wünschte mir eine gute Fahrt. Offenbar hatte ihn das Foto aus dem Konzept gebracht. Nicht ich hatte Probleme, sondern die anderen, die nicht wussten, wie sie damit umgehen sollten, dass eine Frau eine Glatze hatte. Wieder war ich einen Schritt weiter auf meinem Weg, mich selbst so zu akzeptieren, wie ich war. Ich machte mir sogar manchmal einen Spaß daraus, mein Foto vorzuzeigen, weil ich wusste, dass ich dann nirgends lange warten musste.

Einige Jahre später, als der fälschungssichere Ausweis eingeführt wurde und mein alter abgelaufen war, kam die ganze Prozedur wieder auf mich zu. Nur, dass ich diesmal um einige Erfahrungen reicher und selbstbewusster war. Beim hiesigen Einwohnermeldeamt trug ich mein Haarproblem offen vor und bat darum, ein Foto mit Kopftuch haben zu können. Der zuständige Beamte meinte daraufhin, dies sei nicht möglich. Auf Passfotos müsse grundsätzlich ein Ohr frei sein und dies sei bei meinem Tuch nicht der Fall. Ich wurde laut und zog die Blicke anderer in der offenen Schalterhalle auf mich.

»Dann hätte ich gerne Ihren Vorgesetzten gesprochen. Ich bin nicht bereit, noch länger mit einem Ausweis durch die Welt zu gehen, in dem jeder sehen kann, dass ich eine Glatze habe. Das ist Psychoterror!«

Natürlich hatte ich in meinem Fall leicht übertrieben, aber es bereitete mir Freude, den Beamten aus der Fassung zu bringen, weil er offenbar mit so einem Problem bis dahin noch nicht konfrontiert worden war. Er beriet sich mit einigen Kollegen, und schließlich kam eine freundliche Dame zu mir und teilte mir mit:

»Wir können Ihnen eine Sondergenehmigung für Fotos mit Kopftuch erteilen, wie wir es bei moslemischen Frauen tun, die sich auch nicht ohne Tuch zeigen dürfen.«

»Bekomme ich dann irgendeinen Balken in meinen Ausweis?«

»Nein, die Genehmigung wird bei uns hinterlegt. Sie erhalten einen ganz normalen Ausweis ohne Vermerke«, beruhigte sie mich.

Nachdem die Formalitäten erledigt waren, fragte sie mich:

»Wie kommt es denn, dass Sie keine Haare haben? Oder ist die Frage zu indiskret?«

Ich empfand es ganz und gar nicht als indiskret. Bereitwillig gab ich Auskunft über die Krankheit, deren Ursachen man nicht kenne und die jeden jederzeit befallen könne. Ich hatte mich durchgesetzt. Vielleicht würde dies anderen betroffenen Frauen helfen, wenn sie in ähnliche Situationen geraten.

Zur gleichen Zeit trug ich jedoch noch schwer an dem Problem, wie ich den Schülern gegenübertreten sollte. Niemals hatte ich es bislang gewagt, ohne eine schützende Kopfbedeckung zur Schule zu gehen. Ständig hatte ich den Eindruck, alle Schüler wüssten, wie ich unter dem Tuch aussehe, als hätten sie den Röntgenblick. Ich stand nicht nur unter dem Druck, meine neue Stelle gut auszufüllen. Ich wollte ernst genommen werden. Was ich allerdings dabei übersah, war, dass ich zunächst anfangen musste, mich selbst ernst zu nehmen, bevor ich dies von anderen erwarten konnte. Der Beginn der Berufstätigkeit hatte dazu geführt, dass ich einen Großteil meiner Zeit mit Menschen verbrachte, zu denen ich noch nicht das Vertrauen wie zu meinen exotischen Freunden aus der Hippieszene oder anderen Kulturen besaß. Mit der Zeit blieb von dem Stolz auf meine Glatze, der sich noch vor und in Afrika entwickelt hatte, nichts mehr übrig. Nur zu Hause trug ich keine Tücher, auch nicht, wenn gute Freunde zu Besuch kamen. Sobald es jedoch klingelte, brach ich in Panik aus. Stets hatte ich ein Handtuch oder einen Schal in der Nähe der Tür, damit ich schnell etwas um meinen Kopf wickeln konnte, wenn es sich um einen Fremden handelte. Sogar beim Fensterputzen zur Straße hin achtete ich darauf, meinen Kopf bedeckt zu halten.

Selbst der Kauf eines neuen Kleidungsstücks wurde zum Problem. Auf der Suche nach etwas, das mir gefiel, betrat ich ein Kaufhaus. Ich war dunkel gekleidet und trug wie immer ein farblich passendes Kopftuch. Beim Stöbern fiel mir ein grüner Pullover auf, den ich sofort zum Anprobieren mit in die Ankleidekabine nahm. Er saß wie angegossen! Nur das blaue Tuch passte absolut nicht. Es fiel mir schwer, mir die richtige Kombination vorzustellen, und ich entschloss mich, erst einmal außerhalb der engen Kabine in einem größeren Spiegel mein Outfit zu begutachten.

»Kann ich Ihnen helfen?« Eine ältere Verkäuferin baute sich vor mir auf.

»Ich wollte nur mal in einen großen Spiegel schauen.«

Die Frau war mir unsympathisch, und ich hatte keine Lust, mich von ihr beraten zu lassen. Zumal sie selbst äußerst schlecht gekleidet war. Der zu enge Rock brachte ihre Fettpolster erst richtig zur Geltung, und ihre Frisur erinnerte an Sauerkraut.

»Der Pullover steht Ihnen ausgesprochen gut.«

Dies war der typische Spruch der Verkäuferinnen, den ich hasste und der mich jedes Mal in Rage brachte.

»Mag sein. Aber ich bin mir nicht sicher, ob die Farbe die richtige ist«, antwortete ich gereizt.

»Da müsste man wissen, welche Haarfarbe Sie haben.«

»Keine.«

Verdutzt sah sie mich an.

»Wie keine?«, fragte sie nach, als wenn ich einen Scherz gemacht hätte. Aber mir war nicht nach Scherzen zumute.

»Ich habe keine Haarfarbe, weil ich keine Haare habe. Und den Pullover will ich nicht mehr.«

Ich drehte mich auf dem Absatz um, verschwand in der Kabine und ließ die verblüffte Verkäuferin ohne weitere Erklärungen zurück. Als ich die Kabine verließ und den Pullover wieder auf den Ständer hängte, sah ich, wie sie mit einer Kollegin tuschelte und mit dem Kopf in meine Richtung wies. Ich hatte mich geoutet, und eigentlich fühlte ich mich gar nicht mal so schlecht dabei. Hoch erhobenen Hauptes schritt ich auf die Straße, fest entschlossen, den Einkauf für heute zu beenden.

Kaum glaubte ich ein erfülltes und zufriedenes Leben führen zu können, wurde ich mit neuen Situationen konfrontiert, denen ich als haarlose Frau noch nicht begegnet war. In jedem Alltagsbereich musste ich neue Erfahrungen sammeln. Meiner Freiheit, so zu sein, wie ich war, wurden immer neue Grenzen gesetzt. Es war ein ständiges Auf und Ab. Ein weiteres Problem bestand darin, dass die Krankheit niemals zum Stillstand kam. Mal waren es die Augenbrauen, mal die Achsel- oder Schamhaare, die ausfielen und irgendwann – wenn auch oft nur für kurze Zeit – wiederkamen. Auf Freude über jedes neue Härchen folgte stets erneute Enttäuschung. Mein Leben wurde beherrscht von einem Wechselbad der Gefühle.

Es war die Tätigkeit als Lehrerin an der Sprachschule, die mich erneut mit der Musikszene in Kontakt brachte. Ein neuer Kollege, Michael, wurde im Bereich Deutsch für Ausländer eingestellt. Wie sich bald herausstellte, war er Gitarrist in einer Band. Ich kannte ihn flüchtig aus früheren Zeiten, als ich noch Haare hatte. Im Laufe der Monate freundeten wir uns an, und ich besuchte ihn und seine Freundin häufig. Oft sprachen wir über Musik und die Band, in der er spielte.

Eines Tages fragte er mich:

»Hast du keine Lust, für uns das Management zu übernehmen?«

Die Frage traf mich völlig überraschend.

»Ich habe doch keine Ahnung, wie man das macht?«

»Aber du besitzt ein hervorragendes Organisationstalent!«, antwortete Michael.

Da ich leidenschaftlich gern organisiere und es schon manches Mal bedauert hatte, dass ich diese Fähigkeit beruflich nie richtig ausleben konnte, witterte ich meine erste Chance zu zeigen, wozu ich imstande war.

»Was muss ich denn da tun?«, fragte ich.

»Jobs besorgen!«

»Ich habe doch gar keine Kontakte.«

»Das macht nichts. Wir geben dir unsere Adressenkartei. Na? Soll ich mal mit den Jungs sprechen?«

Michael sprach mit den anderen Musikern. Kurze Zeit darauf setzten wir uns zusammen, um alles zu besprechen. Kontakte zu Clubs und Kneipen der Umgebung gab es genug. Bis dahin hatte die Band ihre Auftritte eher zufällig bekommen. Niemand von den Musikern hatte so richtig Interesse daran, sich kontinuierlich um Engagements zu kümmern. Die Band hieß *Fadfinder* und bestand aus fünf Musikern. Sie hatten sich der neuen deutschen Welle verschrieben, die damals auf allen Radiostationen und in jeder Kneipe gespielt wurde. Eigentlich nicht meine Musikrichtung. Aber darauf kam es auch gar nicht an. Alle waren von der Idee begeistert, dass ich ab sofort das Management übernehmen sollte. Ein komplettes Programm, Demotapes, Fotos, Poster – alles war vorhanden. Ich nahm einen Karteikasten mit Kontaktadressen in Empfang. Der Nebenjob konnte beginnen. Tagsüber arbeitete ich als Lehrerin und abends saß ich am Telefon, um für die Band Engagements zu bekommen. Es war einfacher, als ich gedacht hatte. Die Musik lag voll im Trend, und die Jungs sahen alle ausgesprochen hübsch aus. Nur Brillo fiel total aus dem Rahmen. Er war wesentlich älter als die anderen und empfand sich als Vater der Punker. Seine Haare waren gelb gefärbt. Den Namen trug er aus zwei Gründen: erstens, weil er in Wirklichkeit unzählige Vornamen hatte, die eher an den Spross eines alten Adelsgeschlechts erinnerten. Außerdem trug er ziemlich extravagante Brillen. Als Sänger vor so viel maskuliner jungmännlicher Schönheit wirkte er nicht gerade attraktiv. Aber gerade das schien seine Stärke zu sein. Seine Stimme passte zur neuen deutschen Welle. Er schrie mehr, als er sang.

Die Band hatte unter meinem Management bald gut zu tun. Fast jedes Wochenende waren sie unterwegs. Manchmal gab es auch einen Auftritt mitten in der Woche. Die Arbeit machte mir großen Spaß, auch wenn die Belastung groß war und mich viel Freizeit kostete. Aber ich lernte unter den Veranstaltern viele interessante Menschen kennen. Mein Bekanntenkreis wuchs stetig an. Meine Selbstsicherheit nahm zu. Die Trennung von Marcel war endgültig überwunden. Ich fühlte mich wohl.

Als George Bush senior, in seiner Eigenschaft als Vizepräsident der Vereinigten Staaten, im Jahr 1983 meine Heimatstadt besuchte, veranstalteten Gegner von Bush auf einem Gelände am Stadtrand eine Gegendemonstration, bei der neben vielen anderen Musikgruppen und Künstlern auch die *Fadfinder* auftraten. An diesem Tag war es irrsinnig heiß, und so erschien mir mein neues Minikleid gerade passend. Ich hatte es aus Stücken von Fensterleder zusammengenäht und sah darin aus wie Tarzans Braut Jane. Schnell streifte ich das Kleid über. Aber auch das Kopftuch brachte mich zum Schwitzen. Der Schweiß rann mir sofort in Strömen über das Gesicht. Ich hatte Kopfschmerzen. Ich betrachtete mich im Garderobenspiegel. Mein Kopf war glatt rasiert, und ich war leicht gebräunt. Was sollte schon passieren, sagte ich mir. Die Jungs von der Band würden auf mich aufpassen. Kurzerhand ließ ich das Tuch an der Garderobe und verließ das Haus.

Einige Straßen waren bereits abgesperrt. Wegen des hohen Besuchs befürchtete man Ausschreitungen von militanten Gruppen, die aus allen Teilen der Republik nach Krefeld gereist waren. Daher war es besonders schwierig, sich mit dem Auto fortzubewegen. Als ich endlich einen Parkplatz in der Nähe der Veranstaltung gefunden hatte, wurde mir plötzlich bewusst, dass ich nun ohne das schützende Tuch ein gutes Stück auf der Straße zurücklegen musste. Noch nie hatte ich in der Öffentlichkeit wildfremden Menschen meine Glatze gezeigt. Meine Schritte wurden schneller. Von überall strömten Menschen auf den Platz. Ich eilte weiter, ohne jemanden anzusehen, aus Angst, dass man mich wahrnehmen könnte. An der Werkkunstschule hatte ich einem kleinen Kreis von Studenten gegenübergesessen. Auch beim Fotografieren musste ich letztendlich dem Betrachter dieser Aufnahmen nicht direkt Auge in Auge gegenüberstehen.

Ich war erleichtert, als ich die Band in der Nähe der Bühne sah. Massen von Menschen kampierten auf dem Platz wie bei einem Hippie-Happening. Verschiedene Künstler sollten Reden halten. Auch Joseph Beuys war dort. Ich hatte sogar die Gelegenheit, mich kurz mit ihm zu unterhalten. Dann musste er auf die Bühne, um eine Ansprache zu halten. Ein Übertragungswagen des WDR nahm große Teile der Veranstaltung auf. Während der Beuys-Rede stand ich direkt vor dem Wagen des WDR. Plötzlich hörte ich eine Stimme neben mir.

»Du siehst mal wieder echt stark aus.«

Es war Paco, der mich frech angrinste: »Hast du Beuys schon kennen gelernt?«

»Ja, wir haben uns vorhin kurz unterhalten.«

»Und?«

»Was und?«

»Was hat er zu deiner Glatze gesagt?«

»Er hat mir gesagt, dass ich eine gute Kopfform hätte, sonst nichts.«

Paco ging mir auf die Nerven.

»Lass dir doch den Kopf von ihm tätowieren!«

»Du bist wohl von allen guten Geistern verlassen.«

»Stell dich doch nicht so an! Dann hast du einen echten Beuys auf dem Kopf. Mensch, dann bist du ein richtiges Beuys-Objekt.«

»Und wenn ich mal kein lebendes Beuys-Objekt mehr sein möchte? Was mache ich dann? Soll ich mich dann skalpieren lassen?«

»Ich kann ja mal mit ihm reden, wenn er fertig ist.«

Paco hatte mir mal wieder überhaupt nicht zugehört. Zum Glück hatte er diese Idee bald wieder vergessen.

Nach der Veranstaltung schlug einer der Bandmusiker vor, noch in ein Lokal zu gehen. Alle waren einverstanden.

Mein Auftritt mit Glatze würde sich also bis in die Abendstunden verlängern.

»Aber soll ich da so hingehen?«, gab ich zu bedenken und wies auf meinen Kopf.

»Na, und?«, meinte Brillo. »Du siehst doch klasse aus!«

»Und außerdem sind wir ja bei dir«, beruhigte mich Robert, der Bassist.

In der Kneipe war es fast noch heißer als tagsüber in der Stadt. Ich war recht froh, mich nicht umgezogen zu haben. Aber vor allem war ich mächtig stolz auf meinen Mut. Zum ersten Mal als kahle Frau hatte ich einen ganzen Nachmittag in der Öffentlichkeit durchgehalten. Nichts war passiert. Niemand hatte mich belästigt. Eigentlich hatte man mich kaum wahrgenommen. Die Blicke von Männern, die mir aufgefallen waren, hatten wohl eher meinem äußerst kurzen Lederkleid als meinem Kopf gegolten. Lange hielt es mich nicht an der Theke. Langsam schlenderte ich alleine auf die kleine Tanzfläche in der Ecke. Die Musiker blieben an der Theke stehen.

»Hallo, Schwester.«

Jemand schreckte mich aus meinen Träumen auf. Ich drehte mich ruckartig um und sah in das Gesicht eines Skinheads mit Springerstiefeln, der mich vertraulich angrinste.

»Was hast du gesagt? Schwester?«, fragte ich ungläubig.

»Na klaro!«

Und wie um dieses Wort noch besonders zu betonen, strich er sich mit der flachen Hand über die Glatze.

»Ich bin nicht deine Schwester. Hau ab und lass mich in Ruhe!«

»He, he, he.«

Er kam mir bedrohlich nahe. Sein Schweißgeruch drehte mir den Magen um. Doch im gleichen Moment stand Brillo hinter ihm, packte ihn am Arm und zog ihn von der Tanzfläche. Nach kurzer Diskussion war der Skin verschwunden. Es war das erste und einzige Mal in zwanzig Jahren mit Glatze, dass ich direkt mit Skinheads in Berührung kam. Aber es schockierte mich. Diese ewige Einordnung in bestimmte Schubladen widerte mich an.

»Mir ist die Lust zum Tanzen vergangen. Ich hau ab«, sagte ich und verabschiedete mich von den Musikern.

Dennoch war es die richtige Entscheidung gewesen, mich mit meiner Glatze ganz offen zu zeigen. Die Menschen, denen ich seit Beginn meiner Krankheit begegnet war, hatten einen Großteil dazu beigetragen, dass ich den Mut dazu gefunden hatte. Ab sofort begann ich, meinen Kopf zu pflegen. Rasierte regelmäßig vereinzelt sprießende Haare ab, rieb die Kopfhaut mit Alkohol ab und massierte ausgiebig eine leichte Pflegecreme ein. Ich versuchte, für mich eine neue Form von Schönheit und Ästhetik zu schaffen. Diese Veränderung reflektierte meine neue Einstellung. Schließlich pflegt man nur das, was einem lieb ist.

Auf das Fehlen meiner Haare hatte ich keinen Einfluss, aber es lag durchaus in meiner Hand, meinen Körper zu trainieren. Schwimmen schien mir eine preiswerte und angenehme Alternative.

Doch als ich mich an einem Samstagvormittag erstmals zu einem Besuch des Hallenbades entschloss, hatte ich nicht einkalkuliert, dass auch dies wieder eine neue Situation für mich darstellte. Was für mich privat eine Selbstverständlichkeit geworden war, bereitete mir noch immer Probleme, wenn ich mich alleine einer fremden Umgebung gegenübersah. Ich verstand diesen Widerspruch oft selbst nicht und sah mich außerstande, ihn aufzulösen. Woher kam diese mysteriöse Angst, die wie ein plötzlich aufziehendes Sommergewitter immer wieder mein hart erkämpftes Glück mit dunklen Wolken bedrohte? So geschah es auch dieses Mal. Anstatt mich auf paar erfrischende Runden im kühlen Nass zu freuen, schlug ich mich mit diesen belastenden Überlegungen herum. Wie sollte ich mit einem Kopftuch schwimmen gehen? Wie würde man auf mich reagieren? Ich kaufte mir eine neue Badehaube und hielt das Problem zunächst für gelöst. In freudiger Erwartung fuhr ich zum Schwimmbad. Angezogen und mit einem Kopftuch betrat ich die Umkleidekabine, im Badeanzug und mit der Gummikappe auf dem Kopf verließ ich sie auf der anderen Seite wieder. Die Badehaube klebte unangenehm an der Kopfhaut. Aber ich war gerne bereit, dies auf mich zu nehmen. Immerhin würde ich dieses Mal nicht auffallen. Beim Betreten der Schwimmhalle war mein Entsetzen groß. Niemand – wirklich niemand – trug eine Badehaube, nur ich. Offenbar hatte man die Badekappenpflicht aufgehoben. Mein Plan ging nicht auf. Die anderen Besucher des Schwimmbads beobachteten mich erstaunt. Sie waren froh, ohne Badehaube schwimmen zu können. Für mich war es eine Katastrophe. Tapfer schwamm ich als Einzige mit meiner Kopfbedeckung aus Gummi ein paar Runden. Frustriert gab ich die Idee, meinen Körper durch Schwimmen zu trainieren, auf.

Mir wurde klar, dass ich mich in den letzten Jahren ausschließlich auf das konzentriert hatte, was ich für immer verloren glaubte. Meine Haare! So konnte ich niemals glücklich werden. War ich nicht unendlich reicher, als ich geglaubt hatte? Ich hatte ein attraktives Gesicht. Meine Lippen waren schön geschwungen. Ich besaß große Augen, die jedoch nur strahlen konnten, wenn das Licht von innen kam. Ich musste versuchen, die positiven Dinge in meinem Leben in den Vordergrund zu stellen, mich der Situation stellen. Warum also Geld ausgeben für einen Psychiater? Warum nicht Geld verdienen ohne Haare und sich dadurch selbst therapieren? Das Bedürfnis, mich mit meinem kahlen Kopf der Öffentlichkeit zu präsentieren, wuchs. Auch wenn es immer wieder Momente gab, in denen ich meine Haarlosigkeit als Makel empfand.

Dann kam der Aufruf des WDR, der nach Go-go-Girls für eine Musikshow suchte. Ich war fest entschlossen, mich dort zu bewerben. Ohne zu zögern, machte ich mich auf den Weg nach Köln zum Casting-Termin im WDR-Gebäude, mein Geheimnis wohl behütet unter einem Kopftuch verborgen. Der Pförtner war sehr freundlich und hilfsbereit.

»Nehmen Sie am besten den Aufzug!«, sagte er.

So fuhr ich in eins der oberen Stockwerke. Dort schlug mir schon ein Schwall von Stimmen entgegen. Als ich um die Ecke ging, stellte ich fest, dass ich fast eine der Letzten war. An die hundert Mädchen waren im Vorraum versammelt, sitzend, stehend, meistens plaudernd, dennoch einander ablehnend als Konkurrentinnen. Eine schöner zurechtgemacht als die andere. Mir war klar, dass ich bei diesem Casting der Exot war. Ich hatte kein bestimmtes Karriereziel wie die Mädchen, die sich bei jedem Casting und bei jeder Audition versammelten. Perfektes Make-up, gestylte Haare – unzählige Friseure schienen an diesem Casting verdient zu haben. Die lauten, schnatternden Unterhaltungen brachten die über allen liegende Nervosität zum Ausdruck. Jede wollte die Beste sein, jede wollte den Job bekommen. Da stand ich nun mit meinem Kopftuch und meinem ungeschminkten Gesicht. Das Make-up hatte ich in der Tasche. Ich hatte vorher keine Zeit mehr gehabt. Ich glaubte die Gedanken der Mädchen, die mich ansahen, lesen zu können.

»Was will die denn hier?«

»Was versteckt die unter dem Tuch?«

»Hat die vielleicht eine Frisur, die extravaganter ist als unsere?«

Ich befand mich in einem rücksichtslosen Konkurrenzkampf, in den ich eigentlich nicht hineingehörte. Ich fühlte mich nicht besonders wohl. Eine Frau kam auf mich zu. Sie hielt eine Polaroidkamera in der Hand.

»Kommen Sie zum Casting?«

»Ja.«

»Gut. Darf ich dann bitte Ihren Namen und Ihre Adresse haben?«

Ich gab ihr meine Daten.

»Jetzt müssen wir nur noch ein Foto machen. Stellen Sie sich bitte hier ans Fenster!«

»Soll ich das Tuch auflassen?«

»Es kommt ganz darauf an, wie Sie sich vorstellen wollen.«

»Ohne Tuch.«

»Dann müssen wir auch ein Foto ohne machen.«

Langsam griff ich nach dem Tuch, löste den Knoten und zog es mir wie in Zeitlupe vom Kopf. In dem Moment, in dem ich ohne Tuch vor dem Fenster stand, erstarben die Gespräche in diesem Raum. Es herrschte völlige Stille. Jeder schien mich anzuschauen. Ich stand da mit meinem kahlen Kopf. Unter mir lagen die Dächer von Köln. War irgendwo der Dom zu sehen? Ich nahm nichts mehr um mich herum wahr. Ich folgte nur noch der Stimme der Fotografin, die mir Anweisungen gab.

Als die Fotos gemacht waren, versuchte ich so locker wie möglich zu wirken. Ich ging auf eine Gruppe von etwa sechs Mädchen zu, die um einen Tisch saßen.

»Ist hier vielleicht noch ein Platz frei?«

Abschätzend und überrascht schauten sie mich an und nickten. Gleich nahmen sie ihr Gespräch wieder auf, doch ich merkte, wie ich aus den Augenwinkeln heraus beobachtet wurde. Die Zeit kroch dahin. Das Warten wurde zur Ewigkeit. Zwischendurch ging immer wieder die Türe auf, und zwei oder drei Mädchen wurden gleichzeitig hereingebeten. Die anderen betrachteten mich offensichtlich mit gemischten Gefühlen. Einerseits befand ich mich außer Konkurrenz wegen meiner fehlenden Haare, andererseits schien ich all diese Friseurbesuche ad absurdum zu führen.

»War es wirklich nötig gewesen, so viel Geld für den Friseur auszugeben?«, meinte ich ihren Gesichtern ablesen zu können.

»Warum sieht die so gut aus ohne Haare?«

Es dauerte sehr lange, bis auch ich endlich an der Reihe war. In der Zwischenzeit hatte ich mich auf der Toilette geschminkt und ein wenig frisch gemacht. Mit zwei anderen wurde ich schließlich hereingerufen. Auf dem Boden waren Kreidekreuze aufgezeichnet. Auf diesen mussten wir uns aufstellen, damit die Kamera uns im Bild hatte. Dann wurde die Musik abgespielt. Es gab zwei verschiedene Songs: einen schnellen von Michael Jackson und einen Slow. Zu beiden mussten wir etwa jeweils zwei Minuten tanzen.

»Danke! Das war's! Die Nächsten bitte!«, sagte ein Mann. »Sie hören von uns.«

Das war's! Und dafür die ganze Aufregung. Draußen zog ich mein Tuch wieder auf.

Ich bekam den Job nicht. Sicherlich hatte ich meine Tanzfähigkeiten überschätzt. Ich führte es jedenfalls diesmal nicht auf meine Glatze zurück. Meine Selbstsicherheit war inzwischen so gefestigt, dass ich mich durch meine Krankheit nicht mehr benachteiligt fühlte. Dieser Casting-Termin sollte nicht der einzige bleiben.

Eines Abends saß ich in meiner Küche am Tisch und war damit beschäftigt, mir etwas Neues zum Anziehen zu nähen. Im Hintergrund lief die Sendung »Mensch Meier« von Alfred Biolek. Eigentlich hatte ich kaum hingehört, weil ich mich völlig auf meine Näherei konzentrierte. Plötzlich drang eine Stimme an mein Ohr:

»In der nächsten Sendung ist unser Thema ›Haare – Lust oder Frust?‹ Wenn Sie sich für diese Sendung bewerben möchten, so schreiben Sie bitte an ...«

Schnell griff ich nach einem Stift. Die Fernsehzeitschrift war das einzige Papier in greifbarer Nähe. Ich kritzelte schnell die Adresse auf. Haare war ein Reizwort für mich. Wer konnte mehr zu diesem Thema sagen als ich?

In den nächsten Tagen stellte ich eine Mappe mit Fotos zusammen. Ich wollte einen Überblick über das Kommen und Gehen meiner Haare im Lauf der vergangenen zehn Jahre geben können. Mit einem Anschreiben schickte ich alles an die genannte Adresse. Es dauerte nicht lange, bis mich ein Mitarbeiter von Bioleks Firma anrief:

»Frau Latz, mein Name ist Andreas Lichter. Wir haben Ihre Unterlagen durchgesehen und würden gerne einen persönlichen Termin mit Ihnen vereinbaren.«

Eine Woche später fuhr ich nach Köln, um mich im Café am Dom mit diesem Herrn zu treffen. Er wollte alles Mögliche von mir wissen. Ob es auch lustige Begebenheiten gebe, von denen ich berichten könne. Ich erzählte ihm die Geschichte von der Kuss-Szene mit Bernd im Auto und davon, wie mir auf der Kirmes die Perücke wegflog, und von all den anderen Dingen, die mir im Laufe der Jahre zugestoßen waren.

»Ich werde Sie für die Sendung vorschlagen«, sagte er zum Schluss zu mir.

»Ich finde es toll, wie gut Sie mit Ihrem Haarausfall fertig werden. Außerdem können Sie gut erzählen. Aber Bio ist im

Moment in Urlaub. Und er hat immer das letzte Wort, was seine Gäste in der Sendung betrifft. Er ist in etwa vierzehn Tagen zurück, und dann sagen wir Ihnen Bescheid.«

Ich war sicher, dass es diesmal klappen würde. Vielleicht konnte ich anderen Menschen Mut machen, vor allem Frauen und jungen Mädchen, die ebenfalls unter dem kreisrunden Haarausfall litten. Aber vor allem würde mich persönlich ein Fernsehauftritt einen riesigen Schritt weiterbringen.

Als Herr Lichter wieder anrief, hatte er keine gute Nachricht für mich:

»Es tut mir Leid. Aber Bio hat abgelehnt. Er hat die Befürchtung, dass das Thema zu negativ besetzt ist.«

Einerseits war ich enttäuscht, andererseits glaubte ich, dass ich vielleicht für einen Auftritt vor Fernsehpublikum noch nicht gefestigt genug war. Ich schaute mir die Sendung an. Vor allem war ich neugierig auf das Mädchen, das Bio mir vorgezogen hatte. Sie war Mulattin und hatte sich die Haare in vier oder fünf verschiedenen Farben gefärbt. Was sie zu dem Thema zu sagen hatte, war leider nicht sehr viel. Ich gönnte ihr den Auftritt bei Mensch Meier. Aber immerhin war das Thema »Haare – Lust oder Frust?« gewesen. Der Frust kam in dieser Sendung allerdings entschieden zu kurz. Vielleicht war die Zeit einfach noch nicht reif dafür. Es kommt eben auch stets auf den richtigen Zeitpunkt an.

Das Foto von mir, das am größten vermarktet wurde, war eine Aufnahme mit Kopftuch. Ein Krefelder Fotograf hatte sich mit mir in Verbindung gesetzt, weil er ein Modell für einen größeren Auftrag für eine Modefirma suchte. Es stand bereits fest, welche Kleidungsstücke auf dem Bild zu sehen sein sollten: eine schwarze Hose aus Jeansstoff und eine weiße, dünne Baumwolljacke mit interessantem, ungewöhnlichem Kragen. Geplant war, eine ganz neue Art von Modefotos zu machen.

Als ich im Atelier ankam, wurde ich sofort zum Schminken beordert. Ein junges Mädchen sollte mir das Gesicht in Rot und Weiß nach den Masken chinesischer Tänzer schminken. Die ganze Aktion dauerte drei Stunden. Passend zu der weißen Jacke trug ich ein weißes Kopftuch, das ich in der üblichen Art geknüpft hatte. Ich musste vor einer weißen Leinwand posieren, während er Dias von Bäumen und Sträuchern auf mich projizierte. Diese Aufnahmen gefielen mir persönlich später am besten, doch brachten sie die Kleidung nicht zur Geltung. Daher kaufte die Modefirma schließlich eine Aufnahme, auf der nicht nur die Jacke und die Hose, sondern auch das auf dem Kragen aufgestickte Logo gut zu sehen waren. Das Foto erschien in einem übergroßen Hochglanzprospekt für Jeanshersteller.

Seit einiger Zeit war ich nun schon ohne festen Partner. Nach verschiedenen Affären, die zu nichts geführt hatten, empfand ich kein dringendes Bedürfnis danach, mich Hals über Kopf zu verlieben. Ich musste mir nicht mehr beweisen, dass ich begehrenswert war. Ich wollte mein Privatleben nun etwas überlegter und weniger spektakulär angehen.

»Der nächste Mann, in den ich mich verliebe, wird der Mann meines Lebens sein!«, hatte ich entschieden und lebte nun konsequent danach.

Der 2. Juli 1983 war ein Samstag. Ich fühlte mich hundeelend und hatte starke Bauchkrämpfe, so dass ich den ganzen Tag trotz des schönen Sommerwetters im Bett verbrachte. Eigentlich hatte *Fadfinder* am Abend einen Auftritt in Krefeld auf einem Festival mit zehn verschiedenen Bands. Ich hatte versprochen zu kommen. Doch nun war es fast sechs

Uhr und ich empfand nicht die geringste Lust, das Bett geschweige denn das Haus zu verlassen. Plötzlich klingelte das Telefon.

»Wo bleibst du denn?«

Es war Robert, der vom Festival aus anrief.

»Ich liege im Bett. Mir ist nicht gut.«

»Raff dich auf und komm her! Es ist eine tolle Atmosphäre mit guten Bands. Die anderen haben dich auch schon vermisst.«

»Ich weiß nicht. Eigentlich braucht ihr mich doch gar nicht da. Das ist doch alles ganz gut organisiert. Die Gage wird nächste Woche aufs Konto überwiesen. Ich dachte eigentlich, dass ich mal im Bett bleibe.«

»Ach komm doch! Du kannst ja immer noch nach Hause fahren, wenn es gar nicht geht. Ich warte an der Zufahrt zum Parkplatz auf dich, denn du brauchst ein Backstage-Schild, um reinzukommen. Also, bis gleich!«

Bevor ich etwas erwidern konnte, hatte er schon aufgelegt. Robert hatte es mal wieder geschafft, mich zu überreden. Ich nahm eine Tablette gegen die Schmerzen. Dann stand ich ratlos vor meinem Kleiderschrank und wusste natürlich wieder nicht, was ich anziehen sollte. Mir war ziemlich kalt. Ich entschloss mich für einen langen schwarzen Rock, unter dem ich Stiefel trug. Ein Pullover drüber erschien mir genau das Richtige. Aber da mir keiner meiner Pullover dazu in der Lage schien, meine Stimmung entscheidend zu verbessern, ging ich vorher noch kurz bei Judith vorbei.

»Hast du vielleicht Lust mitzukommen?«, fragte ich sie.

Aber Judith wollte stricken und erwartete noch Besuch.

»Eigentlich habe ich auch keine Lust. Kannst du mir einen Pullover leihen für heute Abend? Ich finde mal wieder nichts Passendes zum Anziehen.«

Judith lieh mir einen wunderschönen schwarzen Pullover

mit apfelgrünem Muster, der mich etwas frischer aussehen ließ.

»Du solltest unbedingt heute rausgehen«, meinte Judith. »Dein Horoskop sieht sehr gut aus. Warte mal !«

Sie kramte in den Zeitschriften und zog das Fernsehprogrammheft hervor.

»Für manche Jungfrauen werden Hochzeitsglocken läuten«, las sie triumphierend vor.

»Ich bin zwar ganz und gar nicht in der Stimmung, heute Abend den Mann meines Lebens kennen zu lernen. Aber man kann sich ja mal überraschen lassen.«

»Du musst unbedingt morgen vorbeikommen und mir berichten, ob es gestimmt hat oder nicht«, beharrte Judith.

Als ich an der Halle ankam, erwartete mich Robert bereits mit großer Ungeduld. Er klebte mir einen gelben Backstage-Sticker auf meinen Rock und schleppte mich um die Halle herum zum Hintereingang, wo die Busse der Bands standen und pausenlos ein- und ausgeladen wurde. Hinter der Bühne gab es ein großes Hallo. Die Musiker schienen sich sehr zu freuen, dass ich es doch noch geschafft hatte. Immerhin war dieser Job wichtig für sie. Als vorletzte Band zu spielen bedeutete, dass man ihnen inzwischen einen guten Ruf beimaß. Wir saßen auf einer Holzbank an der Wand und unterhielten uns, als die Band eintraf, die zum Schluss des Festivals spielen sollte. Es war eine Bigband mit zwölf Musikern. Alle kannte ich aus der Musikszene, bis auf einen. Ein Farbiger war mit der Gruppe gekommen, den ich noch nie zuvor gesehen hatte. »Das wird der neue Congaspieler sein«, dachte ich mir.

Kurz vor dem Auftritt von *Fadfinder* sprachen wir noch einmal das Programm durch. Inzwischen hatte die Tablette ihre Wirkung getan. Ich fühlte mich wesentlich besser. Ich lehnte an der Theke, die sich dort durch den ganzen Raum zog. Wir fertigten noch schnell Abschriften des Programms an. Doch die ganze Zeit hatte ich das Gefühl, von hinten mit Blicken durchlöchert zu werden.

»Ich drehe mich nicht um«, sagte ich leise zu mir selbst.

Dann waren wir fertig. Die Musiker von *Fadfinder* mussten auf die Bühne. Ich drehte mich um. Da saß er und lächelte mich an. Der neue Musiker. Ich grüßte höflich mit einem Kopfnicken zurück. Zu mehr Zugeständnissen war ich nicht bereit, obwohl er mir ganz und gar nicht unsympathisch war.

Als *Fadfinder* anfingen, war es hinter der Bühne schlagartig leer geworden. Die meisten Bands, die im Laufe des Nachmittags gespielt hatten, waren abgefahren. Nur die Musiker der Bigband hatten sich direkt hinter der Bühne versammelt, um sich *Fadfinder* anzuhören.

»My name is Wayne. Who are you?«

Ich fuhr herum und blickte in das freundliche Gesicht des Congaspielers.

»My name is Jenny«, antwortete ich mechanisch und bemerkte plötzlich, dass wir beide ganz alleine waren.

»Was machst du hier?«, wollte er weiter wissen. Er sprach breites amerikanisches Englisch.

»Ich bin die Managerin der Band, die gerade spielt.« Ich fasste Mut und fragte zurück. »Was machst du denn? Bist du der neue Congaspieler von Supersession?«

»Nein«, lachte er und zeigte eine lückenlose Reihe weißer Zähne.

»Ich bin Gastsänger bei Supersession.«

Offenbar hatte ich mich dieses Mal mit meiner Einschätzung ziemlich verkalkuliert. Wir begannen, uns angeregt zu unterhalten. Ich erfuhr, dass er aus Los Angeles kam und Profisänger im Bereich Jazz und Soul war. An diesem Abend würde er Standards von Sinatra und anderen singen. Wir verstanden uns auf Anhieb.

»Kannst du mir einen Gefallen tun? Ich muss mich jetzt umziehen, und dann ist keiner hinter der Bühne, wenn ich raus muss. Kannst du meine Sachen bis nachher in deiner Tasche aufbewahren?«

Ich hatte meine große Strohtasche vom letzten Ibizaurlaub mitgenommen. Ehe ich mich versah, steckte Wayne sein Portemonnaie, seine Schlüssel, Papiere und einige andere Utensilien in meine Tasche. Er schien blindes Vertrauen zu mir zu haben. Ich versprach, mir seine Show anzusehen. Als er auf die Bühne ging, suchte ich nach meinen Musikern. Sie saßen alle zusammen auf den oberen Rängen, die sich wie eine Tribüne im Rechteck um die Fläche vor der Bühne gruppierten.

»Mann, hat der Typ eine starke Stimme«, sagte Brillo anerkennend, als ich mich neben ihn setzte.

Wayne konnte tatsächlich phantastisch singen und riss das Publikum sofort mit, obwohl er in seinem Smoking und den Lackschuhen so gar nicht in diese Umgebung zu passen schien. Gebannt lauschte ich seiner Stimme, die Tasche fest an mich gepresst.

»Ich glaub, der ist Ami«, vernahm ich wieder Brillos Stimme neben mir.

Ich schreckte hoch.

»Stimmt, aus L. A.«, gab ich zurück.

»Woher weißt du das denn?«

»Wir haben uns die ganze Zeit unterhalten, während ihr gespielt habt. Guck mal hier«, ich hielt meine Tasche auf. »Er hat mir seine gesamte Barschaft anvertraut.«

Nach seinem Auftritt gab ich Wayne seine Sachen zurück.

»Wo können wir denn um diese Uhrzeit noch was essen?«, fragte er mich.

»Jetzt hat eigentlich nur noch die *Flimmerkiste* auf«, antwortete ich. Es war fast ein Uhr nachts.

»Let's go!«

Wir packten seine Sachen in meinen Wagen und fuhren in die Innenstadt. Doch als die Gulaschsuppe kam, für die die *Flimmerkiste* so berühmt war, hatten wir beide keinen Appetit mehr. Der Blitz war eingeschlagen! In dieser Nacht waren wir die letzten Gäste.

Am nächsten Tag ging ich gleich zu Judith.

»Und?«

An meinem Gesicht konnte man sicherlich schon sehen, dass ich mich verliebt hatte.

»Ich glaube, ich habe seit gestern eine neue Beziehung, zumindest für zwei Monate«, erklärte ich unsicher.

»Also hat das Horoskop gestimmt! Ich hab's ja gleich gesagt«, triumphierte Judith. »Aber warum nur für zwei Monate?«

»Er ist Sänger aus den Staaten und wird hier mit einer Band für zwei Monate touren, dann geht er wieder zurück.«

In den folgenden Wochen sahen wir uns, sooft es möglich war. Wayne wohnte für die Dauer seines Aufenthalts bei Freunden im Ruhrgebiet. Als Marcel mich verlassen hatte, war ich überzeugt gewesen, nie mehr so tiefe Gefühle für einen Mann empfinden zu können. Doch ich wurde eines Besseren belehrt. Ich erlebte Romantik pur. Oft wartete er in der Schule mit einem Strauß roter Rosen auf mich, wenn ich von Zeit zu Zeit abends noch einen Spätkurs unterrichtete. Es schien so, als ob wir uns schon ein ganzes Leben kannten. Zwei verwandte Seelen. Unsere Liebe schwebte auf Wolken aus Musik. Die Zeit flog dahin.

Zu meiner Glatze hatte er nur gesagt:

»Na und? Wo ist das Problem? Ich hatte früher in L.A. mal eine Freundin mit Glatze. Allerdings rasiert. Aber wo ist der Unterschied? Ich bin schwarz, und du hast keine Haare. Ich kann meine Hautfarbe nicht verstecken. Du brauchst dich auch nicht zu verstecken. Wir sind, wie wir sind.«

Wayne war siebzehn Jahre älter als ich. Er hatte unter Martin Luther King den gewaltlosen Widerstand geprobt. Er hatte schmerzvoll erfahren, was es bedeutete, anders zu sein. Es war schön, wieder so intensiv lieben zu können. Wayne gab mir das Gefühl, die schönste Frau auf der Welt zu sein. Er selbst sah sehr gut aus. Er war einen Kopf größer als ich und hatte eine Figur, von der Frauen träumen.

Doch der Tag seiner Abreise rückte unaufhaltsam näher. An einem Wochenende besuchte ich ihn. Als wir abends in eine Kneipe gingen, fragte er mich:

»Willst du meine Frau sein?«

»Wie?«, stotterte ich völlig überrascht.

»Ich weiß, dass du gut organisieren kannst. Du wärst eine hervorragende Managerin für mich. Aber Berufs- und Privatleben vermischen, das geht nicht gut. Du solltest dich also entscheiden. Willst du meine Frau oder meine Managerin sein?«

Ich hatte mich bereits entschieden. Wir wurden ein Paar. Er ging nicht nach Amerika zurück, baute sich in Deutschland eine Karriere auf. Ich war glücklich. Wir lebten zusammen in zwei Wohnungen in verschiedenen Städten. Wenn er nicht bei mir sein konnte, spürte ich seine Nähe. Ich fühlte mich nie einsam, auch wenn ich oft allein war. Nur ab und zu fuhr ich zu einem seiner Konzerte. Ich musste ihn auf der Bühne sehen, seine charismatische Ausstrahlung erleben, seine phantastische, warme Stimme hören. Dann wusste ich, wofür ich die Stunden und Tage ohne ihn auf mich nahm. Dieser Mann war zum Sänger und Entertainer geboren. Was ich an ihm aber am meisten liebte, war seine absolute Solidarität. Er war richtig stolz auf seine Frau mit Glatze.

»Du brauchst deinen Kopf nicht zu verstecken, wenn du das Haus verlässt«, versuchte er mir Mut zu machen.

Dann geschah etwas, womit ich nie gerechnet hatte. Die

Sprachschule wurde verkauft. Von heute auf morgen standen wir Lehrer auf der Straße. Zunächst versuchte ich, bei einem anderen Sprachinstitut unterzukommen. Doch inzwischen überschwemmten viele arbeitslose Lehrer, die nicht mehr im Staatsdienst unterkamen, den Markt. Im Sprachbereich wurden die Möglichkeiten, Geld zu verdienen, immer rarer. Dann erzählte mir eine Freundin, deren Mann im Fortbildungszentrum von Toshiba beschäftigt war, dass dort eine Stelle frei sei. Ich besaß alle geforderten Qualifikationen. Ich hatte bei inlingua neben meiner Tätigkeit als Lehrerin im Lauf der Jahre auch Erfahrungen in der Kundenbetreuung gesammelt, war verantwortlich gewesen für die Einteilung des Stundenplans und hatte mehrfach bewiesen, dass ich Organisationstalent besaß. Doch nach mehreren gescheiterten Bewerbungen nagte die alte Unsicherheit wieder an mir. Würde mich jemand einstellen ohne Haare? Auf meinen Bewerbungsfotos wollte ich mich so darstellen, wie man mich tagtäglich im Alltag sehen konnte, mit Kopftuch. Aber ich hatte nicht mit der japanischen Mentalität gerechnet.

Beim Vorstellungsgespräch lief alles wie geplant. Am Ende des Gesprächs hielt ich es für fair, darauf hinzuweisen, warum ich ein Kopftuch trug.

»Ich trage übrigens das Tuch ständig, weil ich an kreisrundem Haarausfall leide. Aber Sie sind ja sicherlich nicht daran interessiert, was ich auf dem Kopf, sondern was ich darin habe«, gab ich selbstbewusst von mir.

Kurze Zeit später kam die Absage. Man habe sich leider für einen anderen Bewerber entschieden. Das Übliche, was Stellensuchende immer wieder lesen können. Doch in meinem Fall war es anders. Über meine Freundin erfuhr ich, dass man mich aufgrund meines Kopftuchs abgelehnt hatte. Fairness und Offenheit schienen sich nicht bezahlt zu machen.

Ich passte nicht in die strengen Vorstellungen der Japaner, die sogar bei über 30° im Schatten von ihren weiblichen Mitarbeitern das Tragen von Strümpfen fordern. Es blieb nicht das letzte Mal, dass ich aufgrund meiner äußeren Erscheinung trotz entsprechender fachlicher Qualifikation abgelehnt wurde. Es machte mich wütend und gleichzeitig traurig.

Dann rief mich meine Freundin Hannelore an, die als Beraterin für die Otto-Benecke-Stiftung arbeitete. Sie hatte jeweils am Ende eines Kurses die Vietnamesen aus unserer Schule über ihre Weiterbildungsmöglichkeiten in Deutschland beraten. Hannelore hatte gleich bei unserem ersten Zusammentreffen einen starken Eindruck bei mir hinterlassen. Sie wog weit über zwei Zentner und war 1.85 m groß. Eine imposante Erscheinung, wo immer sie auftauchte. Komplexe hatte sie offenbar keine, obwohl sie mit einem Gesicht ausgestattet war, welches nicht gerade zum festen Repertoire von Männerträumen gehörte. Groß, rund und massig war es, wie ihr ganzer Körper. Sie kompensierte ihr Übergewicht mit einer ungeheuren Intellektualität. Wir mochten uns auf Anhieb und entwickelten rasch eine enge Freundschaft. Ich hatte gelernt, die Menschen nicht nach ihrem Aussehen zu beurteilen. Persönlichkeit und Charakter waren in den Vordergrund getreten. Hannelore wurde für mich eine Freundin, auf die ich mich jederzeit verlassen konnte.

»Wo sind denn deine Bewerbungsunterlagen?«

Ich hatte keine Ahnung, wovon sie redete.

»Ich habe dir doch vor einigen Wochen gesagt, dass bei uns alles umstrukturiert wird und wir zehn neue Lehrer für Deutsch als Fremdsprache suchen. Da wolltest du dich doch bewerben. Aber der neue Direktor hat mir gesagt, dass er von dir bis heute nichts bekommen hat.«

»O Gott, das habe ich total vergessen!« Ich hatte es wirklich völlig vergessen. Als sich abzeichnete, dass die Schule verkauft würde, hatte ich ihr davon erzählt, und sie hatte mir geraten, mich bei der Stiftung zu bewerben. Dort wurden junge Aussiedler und Asylberechtigte in acht Monaten Sprachkurs auf ein Studium beziehungsweise den Abiturkurs in Deutschland vorbereitet. Die Bezahlung, angeglichen an die Gehälter der Lehrer im Staatsdienst, war sogar besser als bei inlingua.

»Nun musst du dich aber beeilen, es ist nur noch eine Stelle frei.«

Ich bekam die Stelle. Beim Eintritt in das neue Kollegium fühlte ich mich jedoch schnell als Außenseiterin. Alle kannten sich von der Universität oder vom Lehrerseminar. In den Pausen im Lehrerzimmer begegnete man mir mit höflicher Distanz. In private Unterhaltungen wurde ich nicht einbezogen. Ich fürchtete Umgebungen, Situationen und Menschen wie diese, die mir unbekannt waren und die ich nicht einschätzen konnte. Ich führte das kühle Verhalten meiner neuen Kollegen darauf zurück, dass ich täglich mit einem Kopftuch zur Arbeit erschien. Ich war die Einzige. Alle hatten Haare und zeigten sie auch. Nur ich versteckte meinen kahlen Kopf unter diesem Stück Stoff. Es war die Normalität der anderen, die mich unsicher machte. Doch ich war fest entschlossen, meine neue Stelle mit Kompetenz und Engagement auszufüllen, um mir einen Platz im Kollegium zu erkämpfen.

Es machte mir auch zu schaffen, vor neuen Schülern zu stehen. Die Spätaussiedler aus Polen besaßen eine völlig andere Mentalität als die Schüler der inlingua Sprachschule. Für diese jungen Menschen gehörte ein Kopftuch eher zu einer Bäuerin oder Marktfrau als zu einer modernen Lehrerin. Besonders die jungen Männer waren richtige Machos und nahmen mich nicht ernst. Durch mein Tuch und das

Bewusstsein, darunter keine Haare zu haben, fühlte ich mich wieder so unsicher wie früher. In den ersten Klassen, die ich als Klassenlehrerin übernahm, kam es häufig zu Getuschel und Gelächter während des Unterrichts. Es hatte sicher nicht immer etwas mit mir zu tun. Aber ich bezog solche Reaktionen grundsätzlich auf mich und meinen haarlosen Zustand. Manchmal dachte ich darüber nach, wieder eine Perücke zu tragen. Aber dann hätte es jeder gewusst, wenn ich monatelang mit Kopftuch und plötzlich von einem Tag auf den anderen mit Haaren erschienen wäre. Vielleicht nach dem Urlaub? Doch ich traute mich nicht. Es ging so weit, dass ich versuchte, bestimmte Vokabeln wie Friseur oder Glatze zu vermeiden. Immer wieder kam es vor, dass ein Schüler im Unterricht unter Gekicher fragte:

»Frau Latz, wie sagt man, wenn jemand keine Haare hat?«

Jedes Mal war ich völlig irritiert und reagierte verärgert auf solche Äußerungen, was mein Verhältnis zu den Schülern nicht gerade entspannte. Es ärgerte mich, dass ich nicht in der Lage war, auch die berufliche Situation so locker anzugehen, wie es mir im Privatleben inzwischen gelungen war. Doch ich wollte nicht aufgeben und mir weiter meine Freiheit zurückerobern. Eines Tages – ich spürte es tief in meinem Innersten – würden auch diese letzten Bedenken zerstreut, und es wäre mir egal, wer mich wie und wo sieht.

Am schlimmsten waren für mich an der neuen Schule die mehrtägigen Klassenfahrten. Das bedeutete Unterbringung in einer Jugendherberge, ein Gästezimmer für Lehrer, das ich im schlimmsten Fall mit einer mir völlig fremden Kollegin hätte teilen müssen. Hinzu kam die nächtliche Aufsichtspflicht für die weiblichen Schüler. Für meine Kollegen stellten solche Wochenendtrips stets eine willkommene Abwechslung dar, ein voll bezahlter Kurzurlaub. Außerdem erhielt man anschließend Freizeitausgleich. Nur ich zierte mich stets hartnäckig, solche Fahrten mit Übernachtung mit meinen Klassen zu veranstalten. Alles in mir sträubte sich gegen diese ungewollte Nähe mit Menschen, die mich in solch einer Situation jederzeit mit kahlem Kopf erwischen konnten. Ich empfand dies als Einbruch in meine Privatsphäre. So unternahm ich mit meinen Schülern meistens nur eintägige Ausflüge.

Nur einmal half alles Lamentieren nichts. Ich musste mit einem Kollegen zusammen mit zwei Klassen für drei Tage nach Würzburg reisen. Der Alptraum war da! Ich zog den Sozialpädagogen unserer Schule, der die Fahrten organisierte, ins Vertrauen. Zum ersten Mal vertraute ich mich jemandem an, mit dem ich ausschließlich beruflich zu tun hatte, jemand, der kein Künstler, Musiker oder Fotograf war. Nie hatte ich es gewagt, mit einem, aus meiner Sicht, *normalen* Menschen über mein Geheimnis zu sprechen. Es hatte mich viel Mut gekostet. Doch meine Angst stellte sich als unbegründet heraus. Er reagierte sehr verständnisvoll und telefonierte gleich mit der Jugendherberge, damit ich ein Einzelzimmer bekäme. Das machte die Angelegenheit ein wenig erträglicher.

Nach einiger Zeit freundete ich mich zaghaft mit einigen Lehrerinnen an. Ich wurde mittlerweile sogar zu privaten Anlässen eingeladen. Bei einer dieser Feiern fasste ich Mut und erklärte ihnen, warum ich ständig Tücher trug. Das ersparte mir zumindest das verstohlene Getuschel und Spekulationen über meinen Gesundheitszustand. Doch wieder erlebte ich eine Überraschung. Anstatt mich zu verurteilen, wie ich es immer erwartet hatte, begegnete man mir auch hier mit Verständnis und Interesse. Ich musste viele Fragen beantworten, warum mir die Haare ausgefallen waren und ob man wirklich nichts dagegen tun könne.

»Mein Gott, wenn ich mir vorstelle, dass mir plötzlich die Haare ausfallen würden«, meinte eine meiner Kolleginnen bestürzt, »ich weiß nicht, wie ich damit klarkäme.«

Vielleicht spielten sich viele Dinge wirklich nur in meinem Kopf ab. Vielleich bildete ich mir ein, dass alle Leute etwas gegen mich haben? Aber darüber reden war eine Sache, meinen Kopf zu zeigen, eine andere.

Steve war ein amerikanischer Freund von mir, der für die Modefirma Cartoon in Neuss arbeitete. Seit Wochen hatte ich ihn nicht mehr gesehen. Eines Tages rief er mich an und fragte:

»Hast du Lust, Privatunterricht zu geben?«

»Weißt du nicht, dass ich inzwischen eine neue Stelle habe?«

»Mensch, gratuliere! Aber vielleicht hast du ja doch Zeit für eine neue Schülerin? Ein Freund von mir ist aus Amerika zurück und hat seine amerikanische Freundin mitgebracht. Sie spricht kein Wort Deutsch.«

Ich fühlte mich kaum in der Lage, nebenbei noch Privatunterricht zu geben. Aber versuchen konnte ich es ja. Wenn es zu stressig würde, könnte ich immer noch aufhören.

Ich unterrichtete Joyce dreimal in der Woche in der Wohnung ihres Freundes. Es machte Spaß, denn wir verstanden uns auf Anhieb. Bald wurden wir enge Freundinnen. Die Unterrichtsstunden entwickelten sich immer mehr zu privaten Treffen. Dietmar, der deutsche Freund von Joyce, arbeitete in derselben Modefirma wie Steve. Auch Joyce hatte für Cartoon / Triangle in Los Angeles gearbeitet. Dietmar gehörte zu den erfolgreichen Jungmanagern, die alles und überall mit einer ihrer unzähligen Kreditkarten bezahlen, einen dicken Wagen fahren und doch letztlich todunglücklich sind. Sie versuchen, in kürzester Zeit das zu leisten, was von anderen während ihres ganzen Arbeitslebens gefordert wird. Für eigene Wünsche und Privatleben bleibt nur wenig oder oft gar keine Zeit. Joyce saß in der Zwischenzeit mutterseelenallein in dem Ein-Zimmer-Appartement. Mit ihrem Touristenvisum für drei Monate durfte sie nicht arbeiten. Die ersten Sprachkenntnisse reichten nicht einmal für die grundlegendste Konversation, so dass ich für sie der einzige Kontakt zur Außenwelt war. Eines Tages vertraute sie mir an:

»Dietmar trinkt!«

»Gut, er trinkt oft mal ein Glas zu viel. Das habe ich auch schon festgestellt«, versuchte ich sie zu beruhigen.

»Nein, ich meine, er ist Alkoholiker. Er hat sich dann nicht mehr unter Kontrolle und schreit mich an. Manchmal macht er mir richtig Angst. Wenn das nicht besser wird, fliege ich nach Hause zurück. Dafür bin ich nicht nach Deutschland gekommen und habe alles zurückgelassen.«

Ich begann, mir ernsthafte Sorgen zu machen. Einerseits war ich besorgt um Joyce, andererseits würde ihre Rückkehr nach Amerika bedeuten, dass ich vielleicht die beste Freundin verlieren würde.

Am 23. Dezember klingelte das Telefon: »Jenny, kannst du mich sofort abholen?«

Joyce war völlig aufgelöst. Ich hatte sie noch nie so gehört.

»Was ist passiert?«

»Er war mal wieder total betrunken und wollte mich schlagen. Ich sitze hier mit meinen gepackten Sachen. Komm mich bitte holen!«

Und tatsächlich stand Joyce mit ihren beiden Koffern bereits an der Tür, als ich etwa eine Viertelstunde später den Wagen parkte. Dietmar war abgehauen, in volltrunkenem Zustand. Zu Hause quartierte ich Joyce auf der Couch im Wohnzimmer ein und versuchte telefonisch, die nächsten

Flüge nach New York zu erfragen. Aber es sah schlecht aus über Weihnachten.

»Lass uns doch noch zusammen Weihnachten feiern!«, schlug ich vor.

»Wayne hat am 25. Dezember sowieso wieder einen Job in Hamburg. Da bin ich auch wieder allein. Und am nächsten Tag, wenn er von Hamburg zurück ist, fliegen wir gleich nach Portugal.«

Joyce nahm meinen Vorschlag gerne an. Obwohl sie als Jüdin eigentlich gar nicht Weihnachten feierte. Der Heilige Abend war ein Dienstag. Joyce und ich nahmen noch schnell die Gelegenheit wahr, in der Stadt die letzten Geschenke zu besorgen. Sie bestand darauf, Wayne einen wunderschönen, dicken Bademantel und mir einen Strickrock zu kaufen.

Gleich nach den Feiertagen bekam Joyce einen Flug nach New York. Ich flog nach Portugal, um mich dort mit Wayne zu treffen. Er arbeitete mit einem Freund über Silvester in den Spielkasinos an der Algarve im Mitternachtsshowteil. Es waren verrückte zwei Wochen, die wir dort unten verbrachten. Fast den ganzen Tag ließ ich das Tuch im Hotelzimmer. Mit Wayne an meiner Seite und eingebettet in die südländisch fröhliche Mentalität fühlte ich mich sicher.

Je mehr ich in der Lage war, mich zu akzeptieren, um so stärker veränderte sich meine Einstellung zu anderen Frauen. Viele Jahre lang hatte ich den Eindruck gehabt, nicht konkurrenzfähig zu sein. Nun war ich jedoch immer mehr davon überzeugt, anderen Frauen gegenüber nicht zurückstehen zu müssen. Mit der Zeit spürte ich, dass die fehlende Konkurrenzfähigkeit auch Vorteile hatte. Viele Frauen wurden zugänglicher, wenn sie erfuhren, dass ich keine Haare hatte. Merkwürdig, dass man die Menschen von einer ganz anderen Seite kennen lernt, wenn man auf irgendeine Art gezeichnet ist. Sei es, dass man übergewichtig, behindert oder einfach nur haarlos ist.

Mit Joyce telefonierte ich unzählige Male. Drei Monate lang hatte ich jeweils eine Telefonrechnung von 800 Mark. Das war schon mehr als das Geld für das Flugticket gewesen. Immer wieder hatte sie mich eingeladen.

Anfang Oktober 1986 war es endlich so weit. Ich saß im Flugzeug nach New York. Es war so schön, Joyce wiederzusehen. Als wir aus dem Flughafengebäude des John F. Kennedy Airport kamen und auf die Straße traten, glaubte ich meinen Augen nicht zu trauen. Joyce hatte mir zu Ehren eine Limousine gemietet. Der Fahrer stieg sofort aus, um mein Gepäck zu verstauen.

»Das ist Chico«, stellte Joyce ihn mir vor. »Er ist der Inhaber der Limousinenfirma.«

Chico reichte mir gerade bis zur Schulter. Dabei war er ziemlich breit und hatte kurze Beine. Er schien Puertoricaner zu sein. Ein Mann so zwischen vierzig und fünfzig. Er passte so gar nicht zu diesem riesigen Auto. Ich hatte in meinem ganzen Leben noch nicht in einer Limousine gesessen. Wir saßen im Fond und hatten eine Bar, Fernseher und Telefon zu unserer Verfügung. Es gab so viel Platz, dass ich mir richtig verloren vorkam. So fuhren wir langsam über Queens nach Manhattan rein. Es war wie im Film. Ich werde ihr nie vergessen, dass sie meinen ersten Besuch in Manhattan so phantastisch vorbereitet hatte. Chico machte mit uns eine kleine Tour durch Manhattan, damit ich einen ersten Eindruck bekam. Es war schon dunkel. Die Häuser bildeten endlose Lichterketten. Diese Stadt faszinierte mich. Ich hatte den Eindruck, dass alles möglich ist. Jede Idee schien hier eine Chance zu bekommen.

Joyce wohnte auf der anderen Seite des Hudson-River, in Hoboken, woher auch Frank Sinatra stammte. Sie konnte keinen Urlaub nehmen, fuhr frühmorgens mit dem Path-Train nach Manhattan und kehrte erst spätabends zurück. Also verbrachte ich die Wochentage alleine. Ich machte mir ein amerikanisches Frühstück mit Pancakes, breitete den Stadtplan von Manhattan auf dem Boden aus und überlegte, was ich mir ansehen wollte. Es gibt Hunderte interessanter Ecken in dieser Stadt. Den ganzen Tag war ich zu Fuß unterwegs. Sah mir alles an. Hier wurde ich von niemandem beobachtet. Manchmal überlegte ich sogar, ob ich es nicht einmal wagen sollte, ohne Kopfbedeckung durch die Stadt zu gehen. Gegen Abend suchte ich nach einem netten Restaurant, rief Joyce im Büro an und sagte ihr, wo sie mich treffen könne.

»Mein Gott, wo hast du das denn schon wieder entdeckt«, sagte sie oft. »Ich bin hier geboren und aufgewachsen, und du zeigst mir Ecken, von denen ich bis heute noch nicht einmal geahnt habe, dass sie existieren.«

So ging es mir eigentlich immer, wenn ich irgendwo im Ausland war. Ich brauchte keinen Stadtführer. Häufig hatte ich aber auch schon vorher Informationen gelesen, die mir weiterhalfen.

An einem Freitagabend entschlossen wir uns, eine Disko zu besuchen. Wir konnten uns nur schwer entscheiden, wohin wir gehen sollten. Die Auswahl war groß. Wir entschieden uns für eine, die damals von vielen bekannten Stars besucht wurde. Mit dem Taxi fuhren wir durch den Tunnel nach Manhattan. Die Gegend, in die der Taxifahrer uns brachte, wurde bald immer düsterer. Wir schienen in der Nähe der Kais zu sein. Dunkle Straßen, überall Müll, kaum Straßenlaternen. Dann hielt er mitten in diesem unheimlichen Viertel.

»Wo sind wir hier?«, fragte ich ängstlich.

»Wir sind da«, sagte der Taxifahrer.

»Da. Wo?«

»Da ist die Diskothek. Sehen Sie?« Er zeigte nach links aus dem Fenster.

Ich sah etwa fünfzig bis siebzig Leute, die vom Eingang bis auf die Straße Schlange standen.

»O God«, stöhnte Joyce. »Da kommen wir nie rein. Sollen wir woanders hinfahren?«

Ich hatte mir zu Hause die Leggings eines Trikotkleides wie einen Turban um den Kopf gebunden. Inzwischen war ich recht kreativ, was Kopfbedeckungen anging. Seit meinem Afrika-Aufenthalt erschien mir so ziemlich alles geeignet, um es um den Kopf zu schlingen – T-Shirts, Sweatshirts, Schals, Leggings – man musste nur Ideen haben.

Ich löste den Turban und sagte: »Überlass das mir! Wir gehen rein.«

Joyce gab dem Taxifahrer das Geld und folgte mir. Ich schritt hoch erhobenen Hauptes mit kahlem Kopf an den wartenden Menschen vorbei. Niemand murrte, niemand meckerte: »Sie sind ja noch gar nicht dran. Stellen Sie sich hinten an!«

Alle schauten mich nur bewundernd an. Vielleicht dachten sie, sie müssten mich kennen? Der Türsteher machte nur eine Bewegung mit dem Kopf und sagte:

»Get in!«

»Was war das denn?«, fragte mich Joyce, nachdem wir die Disko betreten hatten.

»Siehst du! Manchmal hat es doch einen Vorteil, keine Haare zu haben«, sagte ich lachend, »sogar in New York City!«

Wir verbrachten einen wunderschönen Abend, lernten viele nette Leute kennen. In dieser ganzen Nacht zog ich meinen Turban nicht mehr auf. Die tolerante Atmosphäre tat mir gut.

Die Zeit, die ich in New York verbrachte, führte mich ein großes Stück weiter auf meinem Weg zur völligen Selbstsicherheit als Frau ohne Haare. Ich hatte gelernt, aus meiner Kahlheit etwas Positives zu machen. Dennoch gab es noch Situationen, in denen ich keineswegs frei war. Dies war New York, die Stadt der unbegrenzten Möglichkeiten. Würde ich mich zu Hause genauso frei fühlen können wie hier?

Tatsächlich hatte ich das Gefühl, dass alles möglich ist, als ich nach Deutschland zurückkam. Meine Einstellung zu meiner Glatze hatte sich radikal verändert. Ich musste mir auch einen anderen Umgang mit den Hilfsmitteln Tuch und Perücke aneignen. Ich durfte sie nicht mehr als Prothesen betrachten, unter denen ich mich verstecken konnte. Wenn ich Perücken trug, dann aus Spaß daran, mein Aussehen beliebig verändern zu können. Ich konnte mich so darstellen, wie ich wollte. Plötzlich spürte ich, dass die Krankheit langsam ihre Macht über mich verlor. Ich war auf dem Weg, die Kontrolle über mich und mein Leben zurückzuerobern.

In den letzten Jahren hatte ich immer andere gemanagt. Warum sollte ich das jetzt nicht für mich machen? Ich nahm Gesangsunterricht, trainierte meinen Körper regelmäßig und war entschlossen, mich ab sofort als Fotomodell ohne Haare zu vermarkten. Der Künstlername war schon in meiner Pariser Zeit kreiert worden. Einer von Marcels Brüdern hatte mir den arabischen Vornamen Jamina gegeben, und ich selbst entschied mich für das englische Wort »bald«, was übersetzt glatzköpfig, kahl bedeutet. Also Jamina Bald. Der Anfang war gemacht und gefiel mir gut.

Es gibt unzählige gut aussehende Menschen. Doch was ist Schönheit wert, wenn die Ausstrahlung fehlt? Ich scherte mich immer weniger darum, was andere dachten. Die Energie macht die Ausstrahlung aus. Sie kommt von innen. Was für eine Rolle konnten da noch Haare spielen? Für Setkarten, wie sie die Topmodels besitzen, hatte ich kein Geld. Daher ließ ich Abzüge von den Fotos machen, die mir am besten gefielen. Mit Glatze, mit einer lockigen Perücke, die ich in New York erstanden hatte, mit einer weiteren mit Zöpfchen und Perlen an den Enden und mein Lieblingsfoto mit dem Turban, den ich aus den beigen Leggings gebunden hatte. Der Phantasie waren keine Grenzen gesetzt. Ich wollte zeigen, wie vielfältig man ohne Haare aussehen kann, wie viele verschiedene Personen und Typen man darstellen kann. Aus den Fotos stellte ich eine Mappe zusammen, um sie bei jedem persönlichen Termin mitzunehmen.

Am unkompliziertesten und schnellsten erschien es mir, einen Job bei einem Bodypainter zu finden. Bodypainting bedeutet, dass der Künstler keine Leinwand benötigt. Er trägt seine Farben direkt auf menschliche Körper auf. Wenn dann diese Körper noch entsprechend miteinander verwoben werden, können die phantastischsten optischen Täuschungen entstehen. Gerade die Drei-Dimensionalität der Körper führt den Betrachter in die Irre. Der wohl bekannteste in Deutschland war Bernd Bauer aus Köln. Ihn und seine Arbeit hatte ich in einer Fernsehsendung gesehen. Gezeigt wurde ein riesiger Hamburger mit Tomatensauce, Salatblatt, Hackfleisch und allem, was sonst noch so dazugehört. Tatsächlich aber handelte es sich um mehrere Personen, deren nackte Haut bemalt worden war. Ineinander verschlungen nahm man die einzelnen Körper nicht mehr wahr. Außerdem wurden Bilder von einem Wasserfall aus Menschen gezeigt, der mich in seiner Schönheit ganz besonders faszinierte.

Um mich zu bewerben, verschickte ich vorab das Foto, das mich vor einer dunklen Papierwand stehend zeigt; dunkel gekleidet, die Arme hinter dem Kopf verschränkt, schaue ich nach unten in die Kamera. Es ist eines der Fotos mit Glatze.

Ich hatte Erfolg. Bald bekam ich den ersten Job. In dem stimmungsvollen Ambiente der alten Flora in Köln führte Bernd Bauer Make-up-Kurse durch. Ich war eines von vielleicht zehn bis fünfzehn Modellen, die von Bauers Schülern geschminkt wurden. Meine Glatze machte mich besonders flexibel, man konnte fast alles aus mir herausschminken. Kurze Zeit später kam der nächste Auftrag.

»Ich mache eine Performance bei Henkel in Düsseldorf. Ich werde live den Wasserfall darstellen«, sagte Bernd Bauer zu mir am Telefon.

Ich sagte mit einem etwas flauen Gefühl im Magen zu. Mehrfach hatte ich mit Schülern an Betriebsbesichtigungen bei Henkel in Düsseldorf teilgenommen. Der Wasserfall sollte live dargestellt werden. Das bedeutete, dass ich mich vor Publikum nackt zeigen musste, um langsam unter den blauen Farben mit den anderen zu einem Wasserfall zu verschmelzen. Die Befürchtung, jemandem zu begegnen, den ich zuvor als Lehrerin kennen gelernt hatte, machte mich unsicher. Ich führte ein Doppelleben. Wenn ich mit den – aus meiner Sicht – normalen Menschen in der Schule, im Supermarkt oder auf der Straße in Berührung kam, erfasste mich ein panisches Bedürfnis, meine Kahlheit zu verstecken. Und dennoch drängte mich etwas dazu, immer wieder Kontakte in Kreisen zu suchen, wo ich glaubte, akzeptiert zu werden. Künstlern und Fotografen stand ich Modell, baute Stück für Stück mein verlorenes Selbstbewusstsein wieder auf. Ein mühsamer Weg, der immer wieder durch Rückschläge in neue Sackgassen führte. Kaum hatte ich zwei Schritte nach vorne getan, warfen mich unvorhergesehene Ereignisse wieder um einen zurück. Manchmal kam es mir so vor, als forderte ich mein Schicksal geradezu heraus. Es war nur eine Frage der Zeit, wann mein Geheimnis von allen entdeckt würde.

Die Performance fand in einem Galerieraum der Firma statt. Die zu dieser Umgebung passenden Leute aus der Szene der Künstler und Kunstinteressierten standen mit Gläsern in der Hand herum und fachsimpelten hochintellektuell über Kunst. Zum Glück kam mir keines der Gesichter bekannt vor. Eine Ecke des Raumes war mit einem Vorhang abgetrennt, hinter dem wir uns ausziehen konnten. Dann wurden wir von Bernd so drapiert, dass ich dem Publikum meinen Rücken zuwenden konnte. Natürlich arbeitete ich auch an diesem Tag mit Glatze. Während Bernd die kalte Farbe auf unsere Haut auftrug, vernahm ich die Ahs und Ohs des Publikums. Auch die Presse war vertreten. Ein Film wurde gedreht. Bewegen durften wir uns nicht. Aber das Stillsitzen hatte ich bereits an der Kunstschule trainiert. Es dauerte recht lange, bis Bernd aus uns einen Wasserfall gemacht hatte. Dann wurden schnell die Fotos geschossen, um die Performance auch für die Nachwelt auf Zelluloid zu bannen. Es war merkwürdig, denn wir fühlten uns gar nicht als eine Einheit und schon gar nicht als ein Wasserfall, sondern als einzelne Individuen, die gezwungen waren, für eine gewisse Zeit ganz eng aneinander zu rücken. Meine Angst, erkannt zu werden, war völlig unbegründet gewesen.

Fest entschlossen weiterzumachen, schickte ich Briefe an die wichtigsten deutschen Regisseure. Etwa 14 Tage später rief ich an, um mich zu erkundigen, ob mein Foto in die richtigen Hände gekommen war. Die Reaktionen waren tatsächlich sehr unterschiedlich.

»Vielleicht kann ich Sie mal für einen Horrorfilm gebrauchen«, sagte mir ein Regisseur.

Doch ich ließ mich nicht entmutigen. Auch an Herrn Geißendörfer, der gerade große Erfolge mit der »Lindenstraße« feierte, hatte ich geschrieben. Unter der Münchener Telefonnummer bat man mich, bei der Produktionsfirma in

Köln anzurufen. Dort teilte mir wiederum eine freundliche Dame mit:

»Wir haben Ihr Foto an Horst Scheel, den Casting-Direktor weitergeleitet. Wenn Sie sich bitte mit ihm persönlich in Verbindung setzen. Ich gebe Ihnen die Rufnummer.«

Ich rief Horst Scheel an.

»Ja, ich weiß, wer Sie sind«, sagte er freundlich.

Nach den vielen Absagen und Unverschämtheiten, die ich erlebt hatte, tat ein wenig Sympathie gut. Die Zeit war vielleicht noch nicht reif für eine Frau ohne Haare. Doch Horst Scheel fügte zu meiner Überraschung hinzu:

»Ihr Foto hat mir sehr gut gefallen. Sie sind doch die Frau ohne Haare, oder?«

»Ja.«

»Ich möchte Sie gerne persönlich kennen lernen. Ich glaube, ich habe da etwas für Sie. Könnten Sie bitte Ende August noch mal anrufen, um einen Termin zu vereinbaren?«

Natürlich konnte ich! Genau einen Tag nach meinem 32. Geburtstag fuhr ich nach Köln. Ich musste mit dem Aufzug in die oberste Etage fahren. Als ich aus dem Lift stieg, stand ich vor einer schweren Eisentür, die über und über bemalt war. »Lindenstraße« stand in großen Buchstaben darauf. Der Mann, der mir öffnete, war nicht viel größer als ich und trug eine kleine runde Brille. Er wirkte eher wie ein Philosoph und hätte sicherlich gut in eines der Cafés auf Montmartre in Paris gepasst. Es war Horst Scheel. Er bat mich hereinzukommen. Ich hatte ein Büro mit Sekretärin und allem Drum und Dran erwartet. Doch dies war eine Wohnung, in amerikanischem Stil eingerichtet, mit Ledersofas und offener Barküche im Wohnraum. Alles war bereits vorbereitet. In einer Ecke des Raumes stand eine Videokamera auf einem Stativ. Er kam direkt zur Sache.

»Setzen Sie sich bitte dort auf das Sofa vor die Wand. Ich habe die Kamera darauf eingestellt.«

Ich nahm Platz.

»Ich möchte mich jetzt mit Ihnen unterhalten und werde dabei unser Interview auf Video aufnehmen.«

Meine anfängliche Nervosität war schnell verflogen. Ich beantwortete bereitwillig alle Fragen, die mir Horst Scheel stellte, und hatte die Kamera bald vergessen.

»Rufen Sie bitte in der nächsten Woche an! Dann kann ich Ihnen mehr sagen.«

Das war zunächst alles.

Eine Woche später hielt ich es nicht mehr aus. Genau sieben Tage nach meinem Casting-Termin in Köln rief ich Horst Scheel an. Leider war die Regisseurin erkrankt, und ich wurde vertröstet. Auch bei meinem nächsten Anruf, eine Woche später, war noch nichts entschieden. Am 6. Oktober 1987 bekam ich endlich einen neuen Termin. Er bat mich, noch mal nach Köln zu kommen, um eine Probeszene zu drehen. Gleich nach der Schule fuhr ich hin. Ich sollte eine Szene spielen, in der ich einen Grufti darstellte. So viel hatte er mir am Telefon erzählt. Ich hatte es für besser gehalten, mich schon vorab entsprechend zu schminken. Wieder musste ich mich auf das Ledersofa vor die Wand setzen, damit Horst Scheel mich aufnehmen konnte.

»Der Film, für den ich Sie haben möchte, handelt von der Grufti-Szene. Also von jungen Leuten, die sich die Gesichter weiß schminken und auf Friedhöfen herumlaufen. Die Hauptrolle soll Heinz Bennent spielen. Ihre Rolle heißt die Spinne. In der Szene, die ich als Test aufnehmen möchte, sitzen Sie in einem Szenelokal in der Ecke. Heinz Bennent kommt herein und sucht ein Mädchen. Er spricht Sie an. Den folgenden Dialog können Sie sich kurz durchlesen. Reichen zehn Minuten?«

»Ich denke schon«, antwortete ich, während er mir ein Blatt überreichte.

»Gut, den Part von Bennent werde ich lesen.«

Dreimal spielten wir die Szene durch. Dann meinte Horst Scheel:

»Ich denke, wir schauen uns das jetzt mal an.«

Er führte uns die Einspielungen vor.

»Was meinen Sie, wo waren Sie am besten?«

»In der ersten Szene«, antwortete ich.

»Genau das ist auch meine Meinung. Genauso habe ich mir das vorgestellt. Was glauben Sie, auf welches Alter kann man Sie zurückschminken?«

Immerhin war ich mit 32 Jahren schon recht alt für meine erste Filmrolle.

»Zehn Jahre jünger dürfte kein Problem sein.«

Ich sah wirklich jünger aus, als ich war. Es geschah häufig, dass mich Schüler fragten, ob ich denn schon mein Studium abgeschlossen hätte. Ohne Haare war ich zeitlos geworden. Es war schwierig, mein Alter zu schätzen. Horst Scheel erklärte mir, dass die Regisseurin eigentlich ein 17-jähriges Mädchen für diese Rolle haben wollte. Aber es gebe Schwierigkeiten, eine passende Besetzung für diese Rolle zu finden, da niemand bereit wäre, sich eine Glatze zu rasieren. Er bestätigte mir noch mal, dass ich für ihn erste Wahl sei. Er müsse jedoch zunächst mit der Regisseurin sprechen und würde mich dann anrufen.

Eine Woche danach hatte sich die Regisseurin noch nicht entschieden. Auch nach weiteren sieben Tagen stand noch alles in den Sternen. Dann kam die Absage:

»Es tut mir sehr Leid«, sagte Horst Scheel, »aber die Regisseurin meint, Sie seien zu alt für diese Rolle. Ich hätte Sie wirklich gerne genommen. Aber wenn Sie nichts dagegen haben, nehme ich Sie in meine Kartei auf.«

Meine Enttäuschung war unbeschreiblich. Langsam legte ich den Hörer auf. Mein Blick fiel in den Spiegel, der über dem Telefon an der Wand hing. Es lag nicht an den Worten von Horst Scheel. Er war sehr sympathisch und hatte mir viel Mut gemacht. Im Grunde meines Herzens hatte ich immer von einer Schauspielkarriere geträumt, aber wegen meines Haarausfalls nie gewagt, diesen Traum zu realisieren. Welche Schauspielschule hätte mich schon ohne Haare genommen? Ich hatte stets gehofft, dass meine Haare eines Tages wieder wachsen würden. Erst durch die Absage wurde mir schlagartig klar, dass ich diese Chance verpasst hatte, denn nun war ich wahrscheinlich zu alt.

Ein Jahr nach New York entschloss ich mich, eine Katze ins Haus zu holen. Wayne blieb oft in seiner Wohnung im Ruhrgebiet, um sich auf Konzerte vorzubereiten oder neue Songs zu komponieren. An Wochenenden oder Feiertagen, wenn andere ihre Freizeit genießen konnten, musste er singen. Immer öfter fühlte ich mich einsam abends in meiner Wohnung. Ich stellte es mir schön vor, wenn jemand nach der Arbeit auf mich warten würde. Ich überlegte nicht lange und rettete einen schneeweißen, ausgewachsenen Kater aus dem Tierheim. Jemand hatte ihn zur Urlaubszeit ausgesetzt. Er bekam den Namen Aladin, nach dem Märchen von Aladin und der Wunderlampe, denn er brachte Licht in mein Leben. Doch mein Vermieter wollte mir die Tierhaltung verbieten. Er verlangte, dass ich den Kater wieder zurückbrachte. Nein, das kam für mich auf keinen Fall in Frage. Ich entschloss mich kurzerhand umzuziehen. Schnell fand ich eine Wohnung, die mir gefiel. Die großzügigen Räume mit ihren hohen Decken und den schönen Holzfenstern besaßen eine phantastische Atmosphäre. Es war eine Wohnung über zwei Etagen. Vom Balkon aus hatte man einen wunderschönen Blick auf alte Gärten und Bäume. Schon bald nach dem Einzug kündigte sich durch die ersten wärmenden Sonnenstrahlen und steigende Temperaturen der Frühling an. Seit Jahren hatte ich von einem größeren Balkon geträumt. Ich zog los und besorgte Balkonkästen, Erde und die entsprechende Bepflanzung, um mir mein Zimmer im Freien für die nächsten Monate gemütlich einzurichten. Ich pflanzte munter drauflos und freute mich auf den bevorstehenden Sommer. Aladin bekam eine Ecke mit einer kleinen Wiese, die er über alles genoss.

Doch der Balkon hatte einen entscheidenden Nachteil. Er war nachträglich angebaut worden. Über meiner Wohnung befand sich das Dachgeschoss mit drei in die Dachschräge eingelassenen Balkons, so dass die Nachbarn genau über mir einen vollen Ausblick auf meinen Balkon genießen konnten. Es wurde ein heißer Sommer. Ich glaubte, es riskieren zu können, ohne Kopfbedeckung auf den Balkon zu gehen. Ängstlich blickte ich nach oben. Niemand war zu sehen. Die meisten Nachbarn schienen nachmittags noch bei der Arbeit zu sein, während ich als Lehrerin oft schon mittags nach Hause gehen konnte. Ich wollte selbst die Entscheidung treffen, wem ich wann meinen bloßen Kopf zeigte. Wenn sich schon mein Körper meiner Kontrolle entzog, so wollte ich zumindest Einfluss darauf nehmen können. Ich fasste Mut und setzte mich in meinen Liegestuhl, um den schönen Nachmittag zu genießen und ein wenig gleichmäßig zu bräunen. Im Sommer hatten die Kopftücher nämlich einen weiteren entscheidenden Nachteil. Da ich sehr schnell braun werde, habe ich sofort eine scharfe Linie dort, wo das Tuch sitzt. Dann ist mein Gesicht gebräunt und der Kopf kalkweiß. Daran hoffte ich nun unbeobachtet etwas ändern zu können. Plötzlich passierte es!

»Wunderschön, wie Sie den Balkon bepflanzt haben!«

Ich glaubte, mein Herz blieb stehen. Die Stimme kam von oben. Es gab keine Möglichkeit der Flucht. Zögernd blickte ich auf. Schräg über meinem Balkon lehnte ein älterer Herr über dem Geländer und grüßte freundlich. Mir blieb keine Wahl. Ich musste die Unterhaltung aufnehmen, so wie ich war. Zu meinem Erstaunen gab es keine Fragen, warum ich so aussähe. Ich musste keine Erklärungen abgeben. Es war ein Gespräch unter Nachbarn, das mit größter Selbstverständlichkeit geführt wurde.

Da meine erste Erfahrung so positiv verlaufen war, machte es mir bald nichts mehr aus, auf dem Balkon mit Glatze gesehen zu werden. Wenn ich dahingegen einmal zum Briefkasten oder zur Mülltonne in den Keller musste, zog ich immer eine Mütze oder ein Tuch auf. Manchmal fragte ich mich, warum ich in diesen Situationen so großen Wert darauf legte, ein Kopftuch zu tragen. Wo war der Unterschied, ob man mich auf dem Balkon oder im Hausflur »oben ohne« antraf? Es war ein Teil meiner Intimsphäre. Ein Handicap, ein Gebrechen, das ich nicht gern öffentlich zur Schau trug, denn es zeigte letztendlich, wie verletzlich ich war. Wer möchte schon seine Schwächen offen präsentieren, wenn es nicht unbedingt sein muss? Noch immer hatte ich Fremden gegenüber ein Gefühl der Nacktheit. Emotional war es sicherlich vergleichbar mit jemandem, der zum ersten Mal an einen FKK-Strand geht. Ich fühlte mich verwundbar mit kahlem Kopf. Würde ich es eines Tages schaffen, mich überall und immer so zu zeigen, wie ich war: eine Frau mit Glatze?

Als kurze Zeit später die Schule in Konkurs ging, wurde ich erneut mit alten Problemen konfrontiert. Um meinen Anspruch auf Arbeitslosengeld nicht zu verlieren, meldete ich mich zunächst beim Arbeitsamt. Außerdem wollte ich mich über andere Berufsmöglichkeiten beraten lassen. Aber so einfach war es nicht mehr. Mit steigender Arbeitslosigkeit waren neue, kreative Ideen gefragt. Mein Berufsberater gab mir den Rat, mich mit Perücke zu bewerben, um einen Job zu bekommen. Nach der Probezeit könnte ich dann immer noch mit Kopftuch zur Arbeit erscheinen. Er meinte es sicherlich nur gut, doch ich lehnte diesen Vorschlag sofort ab. Dafür hatte ich nicht all die Jahre gekämpft.

»Entweder man nimmt mich so, wie ich bin, oder die Firma ist nicht die richtige für mich. Mit Perücke fühle ich mich unsicher und komme mir selbst fremd vor. Wie soll ich mich auf eine neue Aufgabe konzentrieren, wenn ich mich nicht sicher fühle, ständig Angst haben muss, dass jemand etwas merken könnte?«

Bei einem Personalberatungs-Unternehmen in Düsseldorf war der Chef offenbar schockiert von meiner direkten Art, mit der ich die Sache auf den Punkt brachte. Über eine Mitarbeiterin fand ich heraus, dass ich mit Haaren sicherlich eingestellt worden wäre. Ich hielt es für müßig, gegen diese erneute Form der Diskriminierung anzugehen. Immerhin hielt ich keine eindeutigen Beweise in Händen. Ich musste meine besondere Situation erneut überdenken, brauchte Ruhe und Abstand. Ich musste die Ängste überwinden. Aber wie? Kurz vor Weihnachten war die finanzielle Durststrecke überwunden. Das Konkursausfallgeld war gezahlt und anteilig war im November sogar ein Weihnachtsgeld überwiesen worden. Ich wollte mir eine Woche Tapetenwechsel gönnen, um Zeit zu gewinnen und über meinen weiteren beruflichen Weg nachdenken zu können. Eine Freundin brachte mich auf die entscheidende Idee, als sie davon erzählte, was für eine herrlich entspannende Zeit sie auf einer Schönheitsfarm verbracht hatte. Ich fuhr zu einem Reisebüro, um mich beraten zu lassen.

»Ich möchte übernächste Woche zu einer Schönheitsfarm fahren.«

»Da muss ich mal sehen, wo noch etwas frei ist«, sagte die Angestellte des Reisebüros. Frei war die Schönheitsfarm von Gerda Paul im Dorint-Hotel am Bitburger Stausee. Ich buchte für vier Tage. Es war eine Flucht, von der ich nicht wusste, wohin sie mich führen würde.

An der Rezeption wurde ich mit einem Begrüßungsschreiben wie ein VIP-Gast empfangen. Ich fühlte mich genauso, wie man sich als Kundin fühlen sollte. Ich wurde umworben und verwöhnt. Am gleichen Abend war ich zu einem Cocktail an der Hotelbar eingeladen. Ich war nicht die Einzige, die sich auf der Schönheitsfarm aufhielt. Fünf andere Frauen waren am gleichen Tag angereist. Eine Schauspielerin aus Köln mit ihrer Freundin, zwei verheiratete Frauen im mittleren Alter und eine ältere Dame aus irgendeinem Bad Sowieso, die genau wie ich alleine angereist war. Ich erschien zu diesem Treffen wie üblich mit Kopftuch. Doch am nächsten Tag hatte ich die ersten Termine auf der Schönheitsfarm. Es begann mit einem Körperpeeling und einem anschließenden Schönheitsbad. Nun musste ich mit der Wahrheit rausrücken. Nur zu gut erinnerte ich mich an verschiedene Besuche eines Kosmetik-Instituts zu Hause. Zwar hatte ich die Kosmetikerin vorab stets über meinen Haarausfall informiert, doch auch hier war mir eine Notlösung eingefallen. Ich bat darum, einen Minute alleine im Behandlungsraum bleiben zu dürfen, und wickelte mir schnell ein Handtuch um, das ich eigens zu diesem Zweck mitgenommen hatte. Ich spulte also auch dieses Mal meine üblichen Erklärungen ab:

»Ich hoffe, dass es für Sie kein Problem ist. Aber ich habe keine Haare. Ich müsste dann das Kopftuch abziehen.«

»Aber warum sollte das für uns ein Problem sein? Sie dürfen sich bei uns ganz wie zu Hause fühlen«, gab mir Gerda Paul, die Inhaberin der Schönheitsfarm, zur Antwort.

Sie hatte Recht. Warum sollte es ein Problem für irgendjemanden sein, dass ich keine Haare hatte? Warum um Gottes willen meinte ich immer, mich entschuldigen zu müssen? Ich zog mein Kopftuch ab und blieb für die kommenden vier Tage ohne Kopfbedeckung. Die Zimmer für die Gäste der Schönheitsfarm lagen auf derselben Etage, so dass man nicht durch das ganze Hotel laufen musste. Man konnte einfach in Bademantel und Latschen den Flur entlanggehen, und schon war man da.

Am letzten Abend trafen wir uns nach dem Essen noch mal alle an der Bar mit Frau Paul und ihrem Lebensgefährten, Gerhard. Er war ein gut aussehender, schlanker Mann mit leicht grau melierten Schläfen und einem dicken Schnurrbart. Allerdings fand ich es etwas merkwürdig, dass er stets eine Hand in der Jackentasche trug. Wir kamen ins Gespräch, und ich wurde gefragt, wodurch ich meine Haare verloren hätte. Bereitwillig gab ich Auskunft, denn in den vergangenen vier Tagen hatte ich zu Gerda und ihrem Team Vertrauen gefasst. Es war immer eine Frage von Vertrauen gewesen, wem ich mich öffnete, was meine Haare oder genauer gesagt den Verlust meiner Haare anging.

»Du siehst phantastisch aus!«, sagte Gerhard zu mir.

Plötzlich zog er den Arm aus der Tasche und legte ihn auf den Tisch. Unwillkürlich schaute ich dorthin. Gerhard hatte lediglich einen Unterarm auf den Tisch gelegt, ihm fehlte die Hand etwa oberhalb des Handgelenks. Der Stumpf war sauber verheilt, nur dass dem Unterarm die Muskulatur fehlte. Gerhard sah meinen stummen Blick.

»Siehst du? Ich weiß, wovon ich rede«, sagte er lachend.

»Wie ist das passiert?«

»Ein Arbeitsunfall. Eine Maschine hat mir als junger Mann die Hand abgerissen«, seine Antwort war völlig emotionslos.

Plötzlich war eine Nähe da. Gerhard und ich waren auf derselben Wellenlänge. Beide entsprachen wir nicht der Norm, obwohl wir uns ansonsten nicht darüber beklagen konnten, von der Natur benachteiligt zu sein. Selbstverständlich gab es gravierende Unterschiede. Aber wer mag darüber urteilen, was schlimmer ist, eine Hand zu verlieren oder seine Haare. Entscheidend ist alleine, wie man damit umgeht. Gerhard erzählte mir, wie er Gerda kennen gelernt hatte, von seinen Ängsten, ihr beim Tanzen die fehlende Hand zu zeigen. Gerda lächelte zu uns herüber.

»Ich habe wirklich nichts davon mitgekriegt«, sagte sie.

»Stimmt«, lachte Gerhard. »Sie fragte mich nur, warum ich den Arm so steif halte. Da habe ich es ihr gesagt.«

»Und?«, fragte ich gespannt zurück.

»Sie meinte nur, dass ich es ihr zeigen solle, weil sie damals noch in einem Kurhotel arbeitete und sich auch mit Amputationen auskannte. Es war gerade diese Normalität, mit der sie mir begegnete, die mir Mut machte. Heute macht es mir eigentlich nichts aus, meinen Arm zu zeigen. Nur auf der Farm bin ich bei einigen Kundinnen etwas zurückhaltend. Doch letztendlich haben immer die anderen die Probleme.«

»Warum trägst du keine Prothese?«, fragte ich neugierig.

»Weil ich auch ohne dieses Ding alles machen kann. Ich habe mich daran gewöhnt, nur eine Hand zu haben. Außerdem will ich mich nicht verstecken.«

Wir diskutierten, wie man den Menschen begegnen musste, wenn man »anders« war. Gerhard war derselben Meinung wie ich, dass es immer von einem selbst abhängt, wie die Außenwelt reagiert. Wenn man zu sich selber steht, kann man auch mehr Verständnis von anderen erwarten. Warum das ganze Leben in Trauer begraben? Wir lebten genauso gut oder schlecht wie alle anderen Menschen, mit Händen und Haaren oder ohne.

Am nächsten Morgen reiste ich ab. Doch diese beiden Menschen hatten mir ein großes Stück weitergeholfen. Die Chance hierzu hatte ich mir selbst gegeben, indem ich bereit gewesen war, über meine Probleme zu sprechen. Hätte ich mich unter einer Perücke versteckt, wäre dieses Gespräch niemals zustande gekommen. Wieder einen Schritt weiter!

Zu Hause angekommen, erhielt ich die gute Nachricht, dass einige Kollegen vorhatten, sich selbstständig zu machen und unsere alte Schule fortzuführen. Man wollte wissen, ob ich mitmachen würde. Ich überlegte nicht lange und sagte zu. Es klappte tatsächlich. Wir erhielten die nötigen Gelder und unterrichteten wie zuvor Spätaussiedler und Asylberechtigte in der deutschen Sprache. Mein Arbeitsproblem schien zunächst gelöst.

Was den Verlust meiner Haare betraf, so hatte ich trotz allem die Hoffnung auf eine mögliche Heilung nicht völlig aufgegeben. Ich hielt mich stets über die neueste medizinische Forschung zum Haarausfall auf dem Laufenden. Da erfuhr ich von einer neuen Behandlungsmethode an der Universitätsklinik Bonn, die keine Nebenwirkungen haben sollte. Ich wollte es auf einen Versuch ankommen lassen, obwohl ich schon so viele schlechte Erfahrungen gemacht hatte. Wie zehn Jahre zuvor an der Uniklinik in Münster wurden zunächst gründliche Untersuchungen im Labor durchgeführt. Dr. Lutz, der mich untersuchte, war ein sehr sympathischer und kompetenter Hautarzt, der auf dem Gebiet der Alopecia Areata forschte und maßgeblich an der Entwicklung dieser Zinktherapie mitwirkte. Er besaß vor allem die unter seinen Kollegen seltene Fähigkeit, auf seine Patienten einzugehen, und erklärte mir detailliert die Behandlung:

»Mithilfe der Blutuntersuchung können wir feststellen,

ob bei Ihnen ein Zinkmangel vorliegt. Wir müssen feststellen, wie hoch die tatsächlich in der Zelle vorhandene Zinkmenge ist.«

»Was soll denn diese Zinktherapie bewirken?«, fragte ich.

»Die Zinktherapie beruht auf der Erkenntnis, dass es sich bei der Alopecia Areata um eine Störung des Immunsystems handelt. Dies weiß man durch eine Vielzahl von wissenschaftlichen Untersuchungen. Der Körper sieht das eigene Haar als Fremdkörper an und versucht die Haarzwiebel mit einer Entzündung zu zerstören. Das dem Körper zugeführte Zink stimuliert das Immunsystem und sorgt für einen Ausgleich dieses Missverhältnisses.«

»Wie oft muss ich denn nach Bonn kommen? Ich bin nämlich berufstätig.«

»Für den ersten Termin müssen wir die Laborergebnisse abwarten. Danach genügt es, wenn Sie alle drei bis vier Monate zu Blutuntersuchungen kommen. Die Tabletten nehmen Sie nach Vorschrift zu Hause ein.«

Ich nahm die Tabletten über ein halbes Jahr lang ein. Es zeigten sich die ersten kleinen Erfolge. Einzelne Inseln von Haaren zeigten sich. Doch es wurde mir lästig, immer an die Tabletten denken zu müssen. Immer häufiger kam es vor, dass ich die Einnahme vergaß. Meine Haare wiederzubekommen war offenbar nicht mehr das Wichtigste in meinem Leben. Ich hatte mich mit diesem Haarausfall arrangiert. Ich war kerngesund, hatte einen verständnisvollen Partner an meiner Seite, besaß ein schönes Gesicht, pflegte mein Äußeres und achtete in Maßen auf meine Figur. Wozu sollte ich jeden Tag Tabletten schlucken? Gut, die Behandlung zeigte eindeutigen Erfolg. Doch, war es nicht bei jeder Therapie bislang so abgelaufen? Wie oft hatte ich mich darüber gefreut, dass meine Haare wieder wuchsen? Die Haarpracht zu behalten bedeutete jedoch, dass ich ein Leben lang Medikamente nehmen musste. Wenn ich damit aufhörte, begann alles wieder von vorne. Ich konnte es nicht mehr ertragen, dass meine Hoffnungen aufs Neue enttäuscht wurden. Das ewige Auf und Ab hielt ich nicht mehr aus. Es war mir klar, dass der einzige Ausweg aus diesem Dilemma bedeutete, dass ich mich mit dem Haarausfall abfinden musste. Allmählich fing ich an, mich aus meiner Vergangenheit zu lösen und in eine neue Ordnung hineinzuwachsen.

5

Wayne war fest davon überzeugt, dass ich genügend Kraft besäße, um auch anderen Menschen mit Haarausfall Mut zu machen, zu sich zu stehen und auch ohne Haare Glück anzustreben. Viel hatte ich in den letzten Jahren für meine eigene Freiheit erreicht. Es war schon schwer genug gewesen, mich selbst ein kleines Stückchen zu lieben. Was kümmerten mich die anderen? Ein Jahr zuvor war ich Mitglied im Verein »Alopecia Areata Deutschland e.V.« geworden, der Selbsthilfeorganisation für Menschen mit kreisrundem Haarausfall. Mit meinem Mitgliedsbeitrag tat ich genug. Ich hatte keine große Lust, mich mit den Problemen fremder Menschen auseinander zu setzen. Mir lag die Rolle der Einzelkämpferin. Auch als ich im September 1995 eine Ortsgruppe des Vereins in meiner Heimatstadt ins Leben rief, hatte ich keine Ambitionen, mich für die Belange von anderen einzusetzen. Ich hatte von Zeit zu Zeit jemanden mit kreisrundem Haarausfall auf der Straße gesehen. Meistens waren es Männer. Ich fand die Idee interessant, dass sich diese Betroffenen untereinander austauschen könnten. Stärker wollte ich mich nicht einbringen. Die lokale Gruppe war gegründet und bestand anfangs aus etwa 20 Teilnehmern. Es war mir nicht leicht gefallen, anderen kahlen Köpfen gegenüberzusitzen. Wieder eine neue Erfahrung. Nun wollte ich mich zurückziehen. Aber es sollte ganz anders kommen.

Im Mai 1995 verbrachten Wayne und ich unseren Urlaub auf Spiekeroog im Haus einer Freundin. Ein Urlaub mit Stress. Auch wenn wir zu Hause täglich miteinander telefoniert hatten, prallten nun unterschiedliche Erwartungen aufeinander. Einerseits tat die räumliche Distanz unserer Beziehung gut. Wir gingen uns nicht mit alltäglichen Marotten auf die Nerven. Doch nach zwei oder drei Wochen des Wartens voller Vorfreude auf ein Wiedersehen waren die Erwartungen oft so groß, dass wir bei einem gemeinsamen Wochenende immer stärker unter Druck gerieten.

Zwei Tage vor unserer Abreise hörte ich den Anrufbeantworter zu Hause ab, um zu sehen, ob es wichtige Nachrichten gab. Mehrere Anrufe waren für Wayne. Die letzte Nachricht kam von einer Media-Firma aus Köln. Ein Herr Kreuel bat mich um dringenden Rückruf. Ich hatte nicht die geringste Vorstellung, was man von mir wollte. Einen Tag nach unserer Rückkehr rief ich in Köln an. Herr Kreuel machte das Casting für eine Fernsehserie und suchte nach einer Frau ohne Haare.

»Leider haben Sie zu spät angerufen«, sagte er mir. »Wir mussten uns schnell entscheiden, und da wir nichts mehr von Ihnen gehört haben, haben wir die Sache erst einmal fallen lassen. Darf ich Sie fragen, warum Sie keine Haare haben? Ich habe nämlich Ihr Video bei Horst Scheel gesehen«, fragte er mich.

Ich erzählte ihm in Kürze die Geschichte meines Haarausfalls.

»Haben Sie etwas dagegen, wenn ich das einer Freundin erzähle? Sie ist Journalistin und interessiert sich für Frauenschicksale. Sie würde Sie sicherlich gerne einmal anrufen, um sich mit Ihnen persönlich zu unterhalten.«

Ich hatte nichts dagegen. Eine Woche später erhielt ich

einen Anruf von Giovanna, die meine Story so interessant fand, dass sie sie einer Fernsehshow anbieten wollte. Es war komisch. Jahrelang hatte ich alle erdenklichen Anstrengungen unternommen, und nun sollte ich plötzlich ins Fernsehen. Wayne hielt es für eine gute Entscheidung. Den Gedanken daran, um welche Sendung es sich handeln könnte und wie viele Menschen mich sehen würden, verdrängte ich, so gut es ging. Monatelang hörte ich nichts mehr von meinem geplanten Fernsehauftritt. Dann erfuhr ich, dass Stern-TV Interesse daran hatte, mich einzuladen. Stern-TV! Mein Gott, das waren ja Millionen von Zuschauern! Mit dieser Sendung würden auf einen Schlag all diejenigen von meinem Haarausfall erfahren, vor denen ich ihn bislang immer hatte verbergen wollen. Am liebsten hätte ich die ganze Sache wieder abgeblasen.

Doch mir blieb keine Zeit zum Luftholen und Nachdenken.

Eines Abends erhielt ich einen Anruf von der stellvertretenden Vorsitzenden des Selbsthilfevereins. Sie hatte von meiner Gruppe gehört und erzählte mir, dass der Verein dringend einen neuen Vorsitzenden brauche. Herr Rafalski, einer der Mitbegründer von Alopecia Areata Deutschland, hatte sich mit so viel Einsatz mit der Leitung des Vereins befasst, dass er nun, nach vier Jahren, Familie und Ehrenamt zeitlich nicht mehr miteinander vereinbaren konnte. Die Frage, ob ich bereit sei, zu kandidieren, traf mich völlig unvorbereitet. Ich war mit so vielen Dingen beschäftigt, die Schule, eine Englischprüfung, auf die ich mich vorbereiten musste. All das kostete Zeit. Wie sollte ich da noch den Vorsitz in einem Verein übernehmen? Wayne und ich sahen uns ohnehin selten genug. Ich erbat mir Bedenkzeit. Sollte ich mich als Einzelkämpferin weiterhin nur für meine eigenen kleinen Freiräume einsetzen, oder war es vielleicht sinnvoller, in der Gruppe zusammenzuarbeiten? Manch harte Zeiten hatte ich erlebt. Fast immer war aus Unglück Fortschritt erwachsen. Nie hatte ich jemanden gefunden, der mir ein Vorbild gewesen wäre. Ich hatte mir meinen Weg – mithilfe von Freunden – erkämpfen müssen. Es folgten aufregende Wochen. Immer wieder kamen Anrufe vom Verein, um nachzufragen, wie weit ich mit meinen Überlegungen sei. Gleichzeitig liefen die Vorbereitungen für Stern-TV. Ein kleiner Film wurde über mich gedreht. Wayne und ich führten nächtelang Gespräche darüber, was zu tun sei. Er war der Auffassung, dass ich mich auch für andere Menschen einsetzen sollte. Mir wurde klar, dass es kein Zurück mehr gab. Im Januar 1996 wurde ich auf einer außerordentlichen Mitgliederversammlung zur Vorsitzenden vom Alopecia Areata Deutschland e.V. gewählt.

Ich übernahm eine Organisation mit etwa 90 Mitgliedern aus allen Teilen Deutschlands und hatte nicht die geringste Ahnung, was da auf mich zukam. Neben der von mir gegründeten Gruppe gab es noch eine in Hamburg und in Bonn. Den Verein leitete ich von meinem privaten Arbeitszimmer aus. Ich begann zunächst damit, die Unterlagen zu sichten. Wochenlang war ich damit beschäftigt, Ordner anzulegen und Papiere zu sortieren. Vor meiner Wahl hatte ich nicht geahnt, was für ein Chaos ich übernehmen sollte. Nachmittage und Abende saß ich zu Hause und las versunken die vielen Briefe, die Menschen in ihrer Not an den Verein gerichtet hatten. Zum ersten Mal wurde ich mit geballter Kraft mit unzähligen Schicksalen konfrontiert. Ich fand meine eigene Lebensgeschichte, meine Qualen und Ängste tausendfach widergespiegelt. Ich konnte diese Menschen nicht alleine lassen. Doch um wirklich helfen zu können, musste der Verein erst professionell durchorganisiert werden. Ich arbeitete Tag und Nacht. Tagsüber, um Geld zu verdienen, nachts für den Verein. So viele Leute hatten ihre ganze Hoffnung in den Verein gesetzt. Ich konnte sie nicht enttäuschen! Ich baute eine telefonische und persönliche Beratung auf, gründete neue Ortsgruppen, um den Verein zu vergrößern. Ich schrieb Mitglieder an und bat um Unterstützung vor Ort. Wayne ermutigte mich weiterzumachen, wenn ich mich überfordert fühlte. Gleichzeitig zog er sich immer mehr zurück. Doch mir blieb zu wenig Zeit, mir über mein Privatleben Gedanken zu machen. Erst wollte ich meine neue Aufgabe erfüllen. Die unzähligen Anrufe von Betroffenen motivierten mich immer wieder aufs Neue und zeigten mir, dass mein Engagement einen Sinn hatte. Ich konnte helfen, indem ich anderen Menschen Mut machte, ihr Leben wieder in die Hand zu nehmen. Nur allzu vertraut war mir das Leid, das der Verlust der Haare nicht nur bei Frauen, sondern auch bei Männern verursachen kann. Probleme bereitete mir allerdings, dass ich allen Menschen, die einen anderen als den kreisrunden Haarausfall hatten, eine Absage erteilen musste. Der Verein hatte sich in seiner Satzung nur dieser einen Form von Haarverlust verpflichtet. Mehr hätten wir auch nicht bewältigen können. Diese Überlegungen waren zweifellos allesamt sehr ehrenwert. Was ich dabei jedoch übersehen hatte, war die Tatsache, dass sich der Verein mit Telefon, Fax und Anrufbeantworter in meiner Wohnung befand. Für ein Büro gab es nicht genug Geld in der Kasse. Das führte unweigerlich dazu, dass ich plötzlich 24 Stunden mit den Problemen wildfremder Menschen konfrontiert wurde. Zweimal wöchentlich nachmittags stand ich für telefonische Beratung zur Verfügung. Das Telefon stand nicht mehr still. Niemand fragte mehr, wie es mir geht. Jeder lud seine gesamte Seelenqual in den Beratungsstunden oder auf dem Anrufbeantworter ab. Ob abends, nachts oder am Wochenende, es gab keine Freizeit mehr für mich. Man erwartete, dass ich rund um die Uhr im Einsatz war. Jedes dieser Schicksale ging mir sogleich unter die Haut.

Im Sommer 1996 war ich Gast in der Sendung Stern-TV. Obwohl ich mich für den kurzen einführenden Film mit Glatze gezeigt hatte, verließ mich vor der Sendung der Mut. Ich war zu aufgeregt, vor Studiopublikum und mit dem Wissen, dass Millionen von Zuschauern mich auf dem Bildschirm sahen, so dass ich in der Sendung ein Kopftuch trug. Es hätte mir sehr geholfen, Wayne in meiner Nähe zu wissen. Doch er hatte es vorgezogen, die Sendung von zu Hause aus zu verfolgen. Ich fühlte mich allein auf diesem neuen und verwirrenden Terrain der Fernsehwelt.

Ich hatte ein kleines vierjähriges Mädchen aus unserem Verein und ihre Mutter mitgebracht. Die kleine Sabine war ein zierliches Kind mit blasser Haut, die jede Ader durchscheinen ließ. Das Einzige, was sie von anderen Mädchen in ihrem Alter wirklich unterschied, war die Tatsache, dass sie keine Haare hatte. Wenn ich nicht die gleiche Krankheit hätte, wäre meine Reaktion sicherlich ähnlich falsch gewesen wie die vieler Menschen, die sagen: »Mein Gott, ein Krebskind. Wie lange das arme Mädchen wohl noch zu leben hat?« Aber Sabine war kerngesund. Wir beantworteten beide tapfer die Fragen von Amelie Fried und trugen unseren Teil dazu bei, darüber aufzuklären, dass ein kahler Kopf nicht zwangsläufig mit Chemotherapie zu tun hat.

Als ich spät in der Nacht nach Hause kam, war der Anrufbeantworter des Vereins voll und das Faxgerät quoll über. Ich war von diesem Ansturm völlig überwältigt.

Auch am nächsten Tag wurde es nicht ruhiger. Ständig klingelte das Telefon, kaum dass ich ein Gespräch beendet hatte. Ich hatte mir einen Tag Urlaub genommen, weil ich eine Möbellieferung erwartete. Die Spediteure klingelten, und ich öffnete die Wohnungstüre in der dritten Etage, damit sie gleich die Möbel reintragen konnten. Als sie endlich oben angekommen waren, sah mich einer der Männer überrascht an und sagte:

»Habe ich Sie nicht gestern im Fernsehen gesehen?«

Erschrocken fasste ich mir an den Kopf. Tatsächlich hatte ich zum ersten Mal vergessen, noch schnell ein Tuch umzubinden.

»Das fand ich ganz toll!«, fuhr er fort. »Wissen Sie, meine Nichte hat nämlich auch diesen kreisrunden Haarausfall.«

Mit einem Mal hatte ich auch das letzte Stück Freiheit errungen, das mir noch zu meinem haarlosen Glück gefehlt hatte. Ich stand kahlköpfig im Flur meiner Wohnung zwei wildfremden Männern gegenüber und unterhielt mich mit ihnen über Haarausfall und seine psychischen Folgen. Keine meiner Befürchtungen trat ein. Niemand lehnte mich ab. Im Gegenteil. Die beiden erklärten sich sogar bereit, die sperrigen Möbelkisten über die schmale Wendeltreppe ins Wohnzimmer zu bugsieren. Mein Engagement für andere hatte mich selbst einen großen Schritt weitergebracht.

An einem Freitagabend kam ich müde und abgespannt nach Hause und freute mich auf ein ruhiges Wochenende. Es war eine Marotte von mir, als Erstes den Anrufbeantworter abzuhören. So auch an diesem Abend. Nein, kein Anruf für mich. Doch gleich neben meinem stand das Gerät des Vereins, das mit unübersehbarem Blinken signalisierte, dass jemand eine Nachricht hinterlassen hatte. Ich spulte zurück und spielte die Aufnahme ab. Ich hätte es lieber auf Montag verschieben sollen.

»Hilfe, Hilfe, warum hilft mir niemand?«, vernahm ich die verzweifelte Stimme einer Frau. »Ich kann nicht mehr.«

Sie sprach abgehackt, panisch, machte immer wieder Pausen. Wie gelähmt starrte ich auf das Gerät. Dann plötzlich:

»Ach, egal, es hat alles keinen Sinn mehr!«

Klack! Die Frau hatte offenbar aufgelegt. Wieder und wieder hörte ich diesen Hilferuf ab. Der Feierabend war vergessen. Was konnte ich tun? Was hatte sie damit gemeint, dass es keinen Sinn mehr hat? Wollte die Frau sich umbringen? Weil sie ihren Haarausfall nicht mehr ertragen konnte? Ich kannte weder Namen noch Telefonnummer der Unbekannten. Warum war ich nicht früher nach Hause gekommen? Dann hätte ich vielleicht ein Leben retten können. Es wurde kein angenehmes Wochenende. Stets lauschte ich auf das Klingeln des Telefons, in der Hoffnung, dass sie noch einmal anrufen würde. Nichts geschah. Tagelang quälten mich Gewissensbisse. Ich sprach mit einem befreundeten Psychologen. Er gab mir den Rat, das zu tun, was ich konnte, und mich in der übrigen Zeit abzuschotten.

»Sonst gehst du daran kaputt!«

Er hatte Recht. Niemandem war damit geholfen, wenn ich eines Tages nicht mehr die psychische Kraft besaß, Hilfe zu bieten. Es dauerte lange, bis ich lernte, Beratungen abzuhalten und dieses Engagement für den Verein klar von meinem Privatleben abzugrenzen.

Während meine Beziehung mit Wayne nun schon über zehn Jahre andauerte, gab ich die Hoffnung nie auf, dass wir vielleicht doch eines Tages zusammenziehen würden. Aber je stärker ich mich für Menschen mit Haarausfall einsetzte, umso schwieriger wurde unser Verhältnis zueinander. Da auch ich nun neben meiner Arbeit häufiger Termine für den Verein wahrnehmen musste, sahen wir uns immer seltener. Ein Urlaub im Frühjahr und die Weihnachtszeit blieben die einzigen längeren Abschnitte im Jahr, in denen wir ein gemeinsames Leben führten. Neben meiner Berufstätigkeit steckte ich meine gesamte Freizeit in den Verein. Die Zahl der Mitglieder und Ortsgruppen nahm stetig zu. Viele Hochs und Tiefs hatte es in meinem Leben gegeben. Manchmal war ich hervorragend mit dem Haarausfall fertig geworden, dann wieder hatte es Zeiten gegeben, in denen ich neue Hoffnung in eine Therapie gesetzt hatte und mir nichts sehnlicher wünschte, als endlich wieder so wie die anderen auszusehen. Doch an meinem Zustand ließ sich dauerhaft nichts ändern. Und nun hatte ich auch noch die Verantwortung für andere Menschen übernommen. Der stetige Erfolg bewies, dass ich auf dem richtigen Weg war.

Beruflich stand mir ein weiterer Neubeginn bevor. Unser Schulprojekt scheiterte kläglich. Als mir die Chance geboten wurde, als freie Mitarbeiterin für eine Unternehmensberatung zu arbeiten, griff ich sofort zu. Nun kamen mir diverse Kurse und Nebenjobs, die ich im Laufe der Jahre nebenbei gemacht hatte, zugute. Hätte ich nach meiner Zeit als Lehrerin eine feste Stelle im Büro angenommen, so wäre mir neben einer acht- bis zehnstündigen Berufstätigkeit keine Zeit mehr für meine Vereinsarbeit geblieben. Der Sprung in die Selbstständigkeit und in neue berufliche Betätigungsfelder eröffnete mir auch die Gelegenheit, vollends zu mir zu stehen. Schnell bewies ich, wozu ich in der Lage war. Man akzeptierte und respektierte mich nun für das, was ich im Kopf hatte. Ich erstellte Kundenzufriedenheitsanalysen, betrieb Marketingberatung und organisierte Events. Meine Glatze – einst Makel und Stigma meines Lebens – war zum Markenzeichen für Jenny Latz geworden.

Den zweiwöchigen Urlaub auf Teneriffa im Mai 1997 hatten wir beide dringend nötig. In diesem Urlaub wollte ich mich ohne Kopfbedeckung in die Sonne wagen. Nahtlose Bräune am ganzen Kopf hatte ich bislang nur auf dem eigenen Balkon oder Garten erlangt. Bei Urlaubsreisen hingegen hatte ich es nie gewagt, das Tuch abzunehmen. Ich hatte im Laufe der Jahre die tollkühnsten Konstruktionen entworfen, damit niemand sah, dass ich eine Glatze hatte. Um die Trennlinie zwischen Weiß und Braun an meiner Stirn zu vermeiden, hatte ich mir vor Jahren einen Sonnenschutz gekauft, wie man ihn von Schirmmützen oder Baseball-Kappen kennt, so dass mein Gesicht im Schatten lag. Das machte die ganze Angelegenheit zumeist noch wärmer. Der Schweiß lief mir jedes Mal übers Gesicht. Diesmal sollte es anders werden!

Wir hatten uns im Norden von Teneriffa den Ort Puerto de la Cruz ausgesucht. Endlich in den warmen Süden! Im Rheinland waren die Temperaturen von kaum zehn Grad plus kaum noch zu ertragen. In der Maschine wurden wir mit Videos auf unseren Urlaub eingestimmt, und die Fahrt mit dem Bus in den blühenden Norden der Insel versetzte uns dann auch schnell in Begeisterung. Die Landschaft wurde immer faszinierender. Eine Farbenpracht, wie man sie sich schöner nicht hätte vorstellen können. Das Hotel und seine Außenanlagen waren durchaus ansprechend. Überall hörte man Deutsch in allen Klangfarben der verschiedenen Dialekte unserer Republik. Wir befanden uns offenbar in einer deutschen Kolonie. Nicht gerade das, was wir uns als Urlaubsort erträumt hatten. Schnell packten wir aus, um uns noch vor dem ersten Abendessen im kühlen Wasser des Swimmingpools erfrischen zu können. Ich trug eine kurze Jacke über meinem Bikini und hatte ein Handtuch als Turban um den Kopf gewickelt, denn ich war schon ein wenig nervös, während ich durch die auf den Liegen platzierten, vorwiegend älteren Gäste schreiten musste. Aufgrund unserer unterschiedlichen Hautfarben wurden wir ohnehin angestarrt. Wayne war der einzige Farbige unter den Gästen des

Hotels. Die Nachbarschaft in der hintersten Ecke schien freundlich und uns wohlgesonnen. Wir nahmen zwei Liegen nebst Handtüchern und einen Sonnenschirm in Besitz. Ich zog zunächst die Jacke aus, dann fiel der Turban. Einige Köpfe flogen herum, ungläubige Blicke waren auf mich gerichtet. Ich war froh, Wayne an meiner Seite und die Hecke in meinem Rücken zu haben. Dann wagte ich es zum ersten Mal zurückzuschauen. Doch plötzlich wandte man den Blick von mir ab. Offenbar wussten die anderen noch viel weniger als ich, wie sie sich zu verhalten hatten. Ich kannte die Reaktionen. Gerade ältere Frauen, die schon einige schwere Krankheiten durchleiden mussten, dachten sogleich: »Die arme Frau!« Chemotherapie und Krebs waren in den Köpfen der Menschen eng verbunden mit dem Verlust von Haaren. Woher hätten sie wissen sollen, dass es noch andere Ursachen gab, wenn niemand es wagte, darüber zu sprechen? Ich war diejenige, die den ersten Schritt machen musste. Schließlich lernt man leider in keiner Schule, wie man in solchen Situationen reagieren soll.

Bei genauerem Hinsehen stellte ich fest, dass es im Grunde genommen keinen Einzigen unter den Anwesenden gab, der den geltenden Schönheitsnormen entsprach. Bikinikörbchen versuchten erschlaffte Brüste in Form zu halten, schwabbelige Männerbäuche ließen den Ansatz der Badehose nur erahnen. Die wenigsten Herren konnten sich voller Kopfbehaarung erfreuen. Worin bestand also das Problem? Auch an solche Anblicke hat man sich nach so manchem Urlaub an südlichen Stränden bereits gewöhnt. Was mir auf dem Kopf fehlte, konnte ich mit meinem Gesicht und meiner Figur tausendmal wieder wettmachen. Es war alles eine Frage der Gewöhnung.

Zum Abendessen machten wir uns schick. Ich trug Brauntöne und dazu einen passenden Turban, diesmal nicht, um zu verstecken, sondern als modisches Accessoire. Beim Betreten des Speisesaals wurden wir von fast allen Seiten freundlich gegrüßt. Die bösen Blicke, die ich erwartet hatte, blieben aus. Man hatte mich akzeptiert, ohne dumme Fragen zu stellen. Ich hatte es geschafft, mich in einem normalen bürgerlichen Umfeld durchzusetzen. Es war wunderbar, ohne Badehaube zu schwimmen, das kühle Wasser am Kopf zu spüren, ohne Tuch in die Stadt bummeln zu gehen. Ich genoss die neu gewonnene Freiheit in vollen Zügen. Wir lernten viele nette Menschen kennen. Geduldig beantwortete ich alle Fragen: Warum mir die Haare ausgefallen waren, ob es Heilungschancen gebe, ob das jeder bekommen könne. Je mehr die Leute wussten, umso mehr schienen sie mich zu mögen. Nach kurzer Zeit hatte ich einen richtigen Fanclub von Damen um mich versammelt. Ich hatte mein Glück gefunden.

Im Herbst 1998 wurde mein erstes Buch, »Haar-Los«, veröffentlicht. Ich bot einen Ratgeber an, wie ich ihn mir zu Beginn meines eigenen Haarausfalls gewünscht hätte. Oft hatte ich mich von Ärzten nicht verstanden und allein gelassen gefühlt. Mein Buch zeigte den Betroffenen Möglichkeiten auf, mit diesem optischen Defizit zu leben. Ich stellte dar, wie man mit dem »Haarmangel« leben, was man dagegen unternehmen kann und was das für den Einzelnen bedeutet. Schließlich wollte ich zeigen, wie man diese als negativ empfundene Situation zum Positiven wandelt. Tipps zur Selbsthilfe und eine Liste von wichtigen Adressen und Anlaufstellen ergänzten das Gesamtkonzept.

Nach Erscheinen des Buches begann der Presserummel erst richtig. Die Ereignisse überschlugen sich! Mein Leben war im Umbruch!

Was für ein Jahr, das Jahr, in dem mein erstes Buch erschien. Perücken und Tücher trug ich nun nur noch aus modischen Gründen oder um einen kleinen Pickel auf dem Kopf zu verbergen. Ich machte keinen Unterschied mehr zwischen den Menschen, die von meinem Haarverlust wissen durften, und denen, die ich ausschließen wollte. Mein Doppelleben war vorüber. Es war ein so wunderbar freies Gefühl, im Sommer mit kahlem Kopf über den Wochenmarkt schlendern zu können. Endlich konnte ich wieder alles tun, wozu ich Lust hatte, ohne mich verstecken zu müssen. Wenn mich die Leute anschauten, lächelte ich zurück. Und siehe da! Ich erhielt in den meisten Fällen ein verlegenes, aber auch erleichtertes Lächeln zur Antwort. Dass ich mein früheres Ich jetzt endlich und endgültig begraben hatte, jagte mir ein wenig Angst ein und kam mir vollkommen verrückt vor. Es erschien mir wie ein anderes Leben. Merkwürdig, wie sehr wir uns alle immer nach Veränderung sehnen, und wenn sie dann endlich eintritt, überrumpelt sie uns wie ein Schlag ins Gesicht. Seit Monaten stand ich im Mittelpunkt des Interesses. Zahlreiche TV-Sender strahlten Reportagen über meine Person, mein Leben, meine Arbeit aus. Die Presseberichte füllten bald eine dicke Mappe.

Um ein wenig Ruhe zu finden, zog ich mich alleine nach Spiekeroog zurück. Ich unternahm lange Strandspaziergänge. Die Natur war überwältigend. Fetzen von Sätzen, Wortfragmente gingen mir beim Anblick dieser phantastischen Szenerie durch den Kopf, jagten am Horizont meines Geistes daher, ganz so wie der stürmische Wind der Nordsee die Wolken in einem leichten Spiel vor sich her trieb. Einfangen musste ich diese Ideen. Nicht nur in meiner Haut, sondern auch in der Natur, die mir zur schützenden Heimat wurde, konnte ich frei sein, und in meinen Texten. Ich kaufte mir im Dorf ein kleines Büchlein, in dem ich meine Eindrücke festhalten konnte. Hier oben, auf meiner geliebten Insel, konnte ein neues Buch entstehen. Ein Buch über meinen langen Weg zum Glück: meine Lebensgeschichte. Vermutlich schrieb ich, weil ich so, wie ich war, nicht hatte werden dürfen. Deshalb ging ich in die innere Emigration, lebte mein eigentliches Leben in meiner Literatur, in der ich alles erneut durchlitt. Ich schirmte mich ab gegen die Illusionen jener, die nur von mir gefordert hatten, wieder so auszusehen, wie ich nie mehr sein würde.

Ich war auch deshalb alleine nach Spiekeroog gefahren, weil sich die Krisen zwischen Wayne und mir häuften. »Wenn du deine Ziele erreichen willst, kannst du keine normale Beziehung haben«, hatte er gesagt. Er war derjenige gewesen, der mich immer wieder angetrieben hatte, in die Öffentlichkeit zu gehen, das Tabu Glatze zu brechen, mich für andere Menschen zu engagieren. Nur durch eine größere Aufmerksamkeit konnte ich darauf hoffen, dass eines Tages jeder Einzelne für sich allein entscheiden kann, ob er sich mit oder ohne Perücke zeigt. Als ich noch als Lehrerin arbeitete, hatte ich mich in meiner freien Zeit auch immer für Waynes Beruf eingesetzt. Ich hatte seine Songtexte am Computer getippt, von Zeit zu Zeit seine Buchhaltung erledigt und stets ein offenes Ohr für seine Sorgen und Nöte gehabt. Nun wollte ich meine eigenen Geschichten und Erlebnisse erzählen, wollte meine Ideen und Visionen mit ihm teilen. Unmerklich waren wir miteinander in Konkurrenz getreten. Wer hat mehr zu erzählen? Wessen Probleme sind wichtiger?

»Geh deinen Weg und kümmere dich nicht um mich«, sagte er oft zu mir. Es tat mir weh, denn alles, was ich wollte, war, meine Visionen zu realisieren und mein Leben mit Wayne zu teilen. Unsere Liebe sollte niemals erlöschen. Darum hatte ich unermüdlich gekämpft. Wenn er aufgeben wollte, hatte ich alle erdenklichen Anstrengungen unternommen, ihn zurückzuholen. Nun, in der Einsamkeit von

Spiekeroog wurde mir bewusst, wie erschöpft ich wirklich war. Ich hatte die Warnsignale nicht verstanden. Es war zu spät. Wayne brauchte eine Frau, die ihm Stabilität in seinem unsteten Leben als Musiker bieten konnte. Ich hingegen war auf dem besten Weg, selbst in ein solches Dasein zu gleiten. Meine Gedanken kreisten ständig um den neuen Inhalt meines Lebens, mein Engagement für all die Menschen, denen ich mit meinen Erfahrungen helfen konnte. Die größte Liebe meines Lebens hatte ich meiner neuen Aufgabe untergeordnet. Der Preis war unsere Trennung. Ich vermisste Wayne sehr. Ohne ihn wäre ich niemals so weit gekommen. Doch nun musste ich meinen Weg ohne ihn fortführen. Kann eine Frau, die für ihre Ideale kämpft, wirklich einen Partner finden, der bereit ist, das alles zu akzeptieren?

Ich erhielt Berge von Briefen Betroffener. »Sie sind das Licht an meinem Horizont!« »Sie machen mir Mut!« Wie konnte ich da Zweifel haben? So viel war noch zu tun. Wer kann sich vorstellen, dass eine Sprecherin ohne Haare die Nachrichten verliest? Nicht weil sie sich wie Demi Moore die Haare rasieren ließ. Nein, einfach aus dem Grund, weil sie keine hat. Es gab noch so viele Bereiche unseres Lebens, in denen haarlose Menschen einfach keine Chance bekamen. Erst wenn wir so weit sind, wollte ich Ruhe geben. Ich musste weitermachen. Es ist leicht, sich den Kopf zu rasieren. Man weiß, dass die Pracht jederzeit wieder wachsen kann. Aber die Haare zu verlieren, einfach so?! Das bedeutet, dass man die Kontrolle über den eigenen Körper verloren hat. Ein schwer zu ertragender Zustand.

Der Verein hatte es in wenigen Jahren auf über 700 Mitglieder gebracht und betreute örtliche Selbsthilfegruppen in Deutschland, Österreich und der Schweiz. Es gelang mir, zu einer niedrigen Miete ein Büro zu finden. Zwei Damen arbeiteten dort stundenweise mit großem Engagement und erledigten die wichtigsten Büroarbeiten und einen Großteil der Post. Unsere Organisation war zu einem professionellen Partner von Medizinern, Pharmaindustrie, Krankenkassen, Kosmetik- und Perückenbranche gewachsen. Inzwischen hielt ich Vorträge auf Ärztekongressen und bei Friseurinnungen. Den Betroffenen Mut machen und bei Ärzteschaft und Gesellschaft für mehr Verständnis zu werben, das waren meine wichtigsten Ziele. Ich hoffte, dass es andere dadurch eines Tages leichter haben würden als ich, dass ihr Hautarzt sich verständnisvoller verhält, dass sie auf Anhieb die richtige Zweitfrisur finden, die ihnen wieder ein glückliches Leben ermöglicht. Jeder von ihnen sollte frei entscheiden können, ob er sich mit einer Perücke bedeckt oder den kahlen Kopf hoch erhoben in aller Öffentlichkeit zeigen will. Unermüdlich schritt ich voran. Immer häufiger saß ich in irgendeinem Zug oder Flugzeug, um neue Projekte zu realisieren. Ich wohnte bei Freunden oder Verwandten, wenn es sich irgendwie einrichten ließ. Denn eigentlich bin ich nicht besonders gerne unterwegs. Früher war das einmal anders.

Sich zu Hause fühlen, wo man eigentlich nicht zu Hause ist. Eindrücke und Erlebnisse der vergangenen Wochen verarbeiten. Ein kurzer Tag zum Durchatmen zwischen zwei Leben. Der Freundschaft zum Abschied vom Alten eine Chance geben. Auch wenn das Loslassen noch so schwer fällt. Neugier und Verlangen nach dem noch Verborgenen, das die Zukunft für mich bereithielt.

Fremde Umgebung, die mir so vertraut ist. Fremd? Nein! In mir selbst zu Hause. Liebe und Harmonie auf die Umgebung ausstrahlen. Um mich herum ablegen, um mich davon einhüllen zu lassen. Momentaufnahmen der Muße.

Die Angst vor Veränderungen? Sie war verschwunden. Ich

hatte gelernt loszulassen. Die unzähligen schmerzhaften Erfahrungen der Vergangenheit waren meine Lehrer gewesen. Mein ganzes bisheriges Leben war geprägt von der Furcht, die Kontrolle zu verlieren. Die Macht über etwas, das niemals in meinen Händen lag. Die Dinge fügen sich zusammen, wachsen und gedeihen, dann lösen sie sich wieder auf und zerfallen. Nun wusste ich, dass beide Prozesse notwendig und eng miteinander verbunden sind. Manchmal ist es schwierig, diese Verbindung zu erkennen. Aber das kommt durch den Blickwinkel, von dem aus man den Wechsel betrachtet. Der eigene Standpunkt kann die Fähigkeit zum klaren Denken beeinträchtigen. Mein Leben war so lange im Ungleichgewicht, bis ich selbst die Veränderung herbeigeführt habe. Wertvoll wird das Ganze erst, wenn man die einzelnen Momente zu genießen weiß. Warum sollte ich mich darüber ärgern, dass der Himmel graublau bewölkt ist? Bereitete es nicht letztlich viel mehr Genuss, sich darüber zu freuen, wenn in kurzen Augenblicken die Sonne Körper und Seele erwärmt? Ich trieb dahin im Meer des Lebens, machte mich ganz leicht, lag oben auf dem Wasser und schaute dem Himmel entgegen. Ich war offen für all die Dinge, die meinen Weg ab heute kreuzen würden. Ich liebte mein Leben, freute mich auf all die Überraschungen, die mir geschenkt würden.

Dies war die Story meines Lebens. Ich spürte nicht mehr, wie schlimm es war, ich wusste es nur noch. Das war ein schrecklicher Unterschied. Meine Sinne erinnerten sich schlechter als mein Hirn, und eines Tages würden sie vielleicht ganz aufhören, sich zu erinnern. Ehe dies eintrat, musste ich meine Geschichte niedergeschrieben haben. Ich war angewiesen auf spärliche Notizen. Spärlich, weil ich nie damit gerechnet hatte, diesen Bericht zu schreiben, und ich fürchtete, dass sich in meiner Erinnerung vieles anders ausnimmt, als ich es wirklich erlebte. Dieser Mangel haftet wohl allen Berichten an. Ich schrieb, weil es sich eben so für mich ergeben hatte, dass ich schreiben musste.

Daran, dass man mir etwas genommen hatte, was mir rechtmäßig zustand, war ich gewachsen, und ich erkannte, dass alles zwei Seiten hat. Ich erkannte, dass ich aufgrund meines Haarausfalls die Möglichkeit zu einer Prüfung erhalten hatte, selbst wenn die Umstände mir anfangs sehr negativ erschienen waren. Ich hatte gelernt, aus allem einen spirituellen Gewinn zu ziehen. Der Verlust meiner Haare hat mir eine besondere, außergewöhnliche Lebensqualität geschenkt. Ich will meine Gedanken nicht daran verschwenden, was geschehen wäre, wenn ich meine Haarpracht hätte bewahren dürfen. Alles ist genauso gekommen, wie es kommen musste. Ich hatte Freunde, verdiente meinen Lebensunterhalt und konnte anderen Menschen helfen. In all den Jahren ohne Haare hatte ich zu keinem Zeitpunkt erlebt, dass sich ein Mann dafür schämte, mit mir zusammen zu sein. Ich musste mir nichts mehr beweisen. Ich litt nicht mehr darunter, keine Haare zu haben. Ich konnte wieder jeden Tag in den Spiegel schauen und sagen, dass ich mich schön finde.

Zwanzig Jahre hatte es gedauert, bis ich lernte, damit zu leben. Ich habe den Kümmernissen nicht erlaubt, ihren Schatten auf mein Leben zu werfen. Ich habe meine Entscheidungen getroffen. Anstatt darüber nachzugrübeln, was mir fehlt, weiß ich heute zu würdigen, was das Leben mir gegeben hat. Um glücklich zu sein, musste ich lernen, mich selbst zu lieben. Wenn ich mich selbst liebe, besitze ich eine unsichtbare Stärke, die andere spüren. Jeder Mensch ist ein außergewöhnliches Wesen. Niemand ist so wie ich. Haarlosigkeit ist nur ein Teil der Vielfältigkeit des Lebens. Glück stellt eine ganz eigene Welt dar, die jeder in sich entdecken kann. Es ist ein Gefühl, das mit bloßen Sätzen nicht zu erklären ist. Es gibt meinen und deinen Weg, nicht aber den einen Weg. Das Glück kommt zu denen, die Kraft haben und stark sind. So ist das, so funktioniert das.

Umschlaggestaltung: Charlotte Löbner, Mainz
Umschlagfotografie: Ansgar M. van Treeck
Gesetzt aus der Adobe Garamond
Satz: Fotosatz Reinhard Amann, Aichstetten
Druck und Bindung: GGP Media, Pößneck
Printed in Germany
ISBN 3-85842-543-5